企业项目化管理系列丛书

追求卓越：
企业项目化管理能力修炼

任 一 潘海涛 刘均炜 著

U0336304

机械工业出版社
CHINA MACHINE PRESS

本书概述了企业创新驱动发展的必要性和面临的挑战，阐明了企业可以借助项目化管理模式提升创新实践能力，阐释了项目化管理范式理论与要义，深入挖掘企业高层、中层、基层在项目化管理中存在的动力不足和能力缺失等问题，以能力修炼为核心，通过分层级阐述具体如何修炼来解决能力缺失问题，并分别结合不同层级实际案例，绘就了企业全层级提升项目化管理能力修炼的路线图。本书理论与实践密切结合，实用性和可阅读性强，适合不同层级的企业管理人员和项目管理人员阅读。

图书在版编目（CIP）数据

　　追求卓越：企业项目化管理能力修炼／任一，潘海涛，刘均炜著. -- 北京：机械工业出版社，2025. 1.（企业项目化管理系列丛书）. -- ISBN 978-7-111-77728-1

　Ⅰ. F272

　　中国国家版本馆 CIP 数据核字第 2025GF9227 号

机械工业出版社（北京市百万庄大街 22 号　邮政编码 100037）
策划编辑：张星明　　　　　　责任编辑：张星明　陈　倩
责任校对：郑　婕　张昕妍　　责任印制：刘　媛
涿州市京南印刷厂印刷
2025 年 4 月第 1 版第 1 次印刷
170mm×242mm · 17. 25 印张 · 267 千字
标准书号：ISBN 978-7-111-77728-1
定价：66. 00 元

电话服务　　　　　　　　　　网络服务
客服电话：010-88361066　　机　工　官　网：www. cmpbook. com
　　　　　010-88379833　　机　工　官　博：weibo. com/cmp1952
　　　　　010-68326294　　金　书　网：www. golden-book. com
封底无防伪标均为盗版　　机工教育服务网：www. cmpedu. com

序　言

能够为《追求卓越：企业项目化管理能力修炼》作序，我感到十分高兴和欣慰。这本书是企业项目化管理系列丛书的新成员，为项目化管理的蓬勃发展增添了新动力，让我从一个侧面再次感受到实践层面对项目化管理的非常渴求，以及传导回理论研究层面的价值凝聚。这本书另辟蹊径，以"人"的角度作为切入点，抓住了企业实施项目化管理的主体因素，以能力修炼为主线，以能力提升为目标，并结合主要作者亲身实践进行了深入浅出的分析总结，能够对广大项目化管理的研究者和实践者起到很好的借鉴和辅助作用。

从我提出企业项目化管理概念，到鼓励推进其在实践中应用，我向来主张对企业项目化的认知要从信任层面提升到信仰层面。阅读本书后，我深深地感受到作者们对企业项目化管理有一种执着的感情、对事业有一种可贵的激情，我非常赞赏他们对企业项目化管理的执着精神。作为企业一线实践者，他们虽然没有系统从事过理论研究，但是能一边工作、一边学习、一边践行，经年累月，久久为功，能够用两年多的时间专心完成这样一本著作，我为他们感到高兴，更为企业项目化管理的生机勃勃感到欣慰。可以说，他们是企业项目化管理忠实的学习者、研究者和实践者。

我常说："忆过去、论当今、想未来"，我们每一个人都应该知道国家需要什么，进而明确自己能为国家做什么，在自己的工作岗位上脚踏实地、踔厉奋发、干出实绩。愿此书能够从一个新视角为企业的灵魂建设和永续发展提供一种创新性思维和管理方法，为中国式现代化加快推进大背景下的世界一流企业建设做出一点贡献。

张金成

南开大学教授、博士生导师、MBA 专家委员会主席

　　党和国家高度关注企业建设与发展，企业特别是世界一流企业对中国式现代化的全面推进具有非常重要的作用。党的二十大报告中提出，要完善中国特色现代企业制度，弘扬企业家精神，加快建设世界一流企业。党的二十届三中全会通过的《中共中央关于进一步全面深化改革、推进中国式现代化的决定》中明确，支持和引导各类企业提高资源要素利用效率和经营管理水平、履行社会责任，加快建设更多世界一流企业。

　　一流的企业需要一流的管理。在企业管理学科的 4 个发展阶段（传统管理阶段、科学管理阶段、现代管理阶段和当代管理阶段）中，各类代表性的管理理论层出不穷，如科学管理理论、质量管理理论、精益管理理论、竞争战略理论、流程再造理论等，均对不同时期的企业创新与发展起到了不同程度和不同方面的重要作用，产生了巨大的经济效益和社会效益。其中，企业项目化管理以其思想的深邃性、体系的完整性、实践的可操作性和成果的丰硕性，成为广大理论界研究和实践界应用的焦点和亮点。

　　自 2010 年以来，企业项目化管理进入发展快车道，相关丛书相继出版，如《企业项目化管理实践》（李文、李丹、蔡金勇等著，机械工业出版社）、《企业项目化管理范式——企业整体管理系统解决方案》（韩连胜著，机械工业出版社）、《物业服务项目化管理指南——物业服务项目基于项目管理知识体系的系统解决方案》（刘长进编著，机械工业出版社）、《驱动力：数字化时代项目管理范式》（丁涛、王梅、张涛编著，机械工业出版社）等，均围绕企业项目化，从理论和实践等不同角度进行了系统阐述，不断推进项目化管理走深走实。

　　我们长期以来对企业项目化管理"情有独钟"，不仅深入学习研究其理论体系，还将其有效运用于岗位实践，并取得了一定的成果成效。基于多年的理论研究和实践探索，今撰写这本《追求卓越：企业项目化管理能力修炼》，旨在响应世界百年未有之大变局下，中国社会经济从传统的要素驱动型、政策驱动型向"创新驱动型"发展转化的趋势需要，针对社会创新主体——企业在创新项目化管理应用过程中人员能力不足的瓶颈和难题，以企业项目化管理能力修炼为主题，面向企业创新的高层、中层、基层三个层级的人员，以能力提升为核心，从短板挖掘，到思路方法，再到手段技巧，给出颇具价值的能力修炼的内容参考和价值提升路径。相信本书的出版，必将从理论知识延展和实践应用拓展等方面，带给正在从事企业创新实践的读者以有益启示。

本书开篇基于创新驱动发展的新时代背景，阐述了创新驱动发展的时代特征，分析了企业要通过创新实践驱动自身发展、要通过项目化管理应用落地落实落细，阐释了项目化管理范式的重点内容。之后深入挖掘企业高层、中层、基层在项目化管理中存在的动力不足和能力缺失等问题，以能力修炼为核心，通过分层阐述如何具体修炼解决能力缺失问题，绘就了企业全层级进行项目化管理能力修炼的路线图。最后依据我们在企业实践中的项目化管理提升经历，完成对以上内容的诠释。在撰写本书的过程中，我们的具体分工如下：任一，在本书长达两年多的撰写过程中尽心尽力、亲力亲为，牵头和主导了各章的撰写工作，撰写约 15 万字；潘海涛和刘均炜参与了部分章节的撰写工作，分别撰写约 1 万字、5 万字。

本书作为企业项目化管理系列丛书的一名新成员，希望能够为企业全员的项目化管理能力提升继续创造条件，为企业的长远发展添砖加瓦，助力企业在奋进中国式现代化的新征程中扬帆远航，共同为"第二个百年奋斗目标"和"中国梦"的实现贡献力量！

目　录

第1章 新时代创新驱动发展呼唤企业项目化管理

2017年10月18日，习近平总书记在党的十九大报告中做出了具有里程碑意义的重大判断："经过长期努力，中国特色社会主义进入了新时代，这是我国发展新的历史方位。"随着新时代的到来，我国经济社会发展已从追求高速增长转向追求质量效益并重的高质量发展阶段。这一转变标志着我国正逐渐减少对传统资源和政策的过度依赖，中国式现代化的道路愈发清晰。

2022年10月16日，习近平总书记在党的二十大报告中明确："必须坚持科技是第一生产力、人才是第一资源、创新是第一动力，深入实施科教兴国战略、人才强国战略、创新驱动发展战略，开辟发展新领域新赛道，不断塑造发展新动能新优势。"在这一背景下，人工智能、量子计算、自动驾驶、新能源等前沿科技的融合应用，日益成为推动经济社会高质量发展的重要力量。因此，只有通过不断创新才能找到有效解决方案，才能提高国家综合实力和国际竞争力。创新的战略价值在中国式现代化的进程中极为重要。

经济转型升级的壮阔画卷正徐徐展开，必须充分利用现有条件，积极培育新的经济增长点，努力构筑具有中国特色的独特竞争优势，有效应对和解决经济社会发展过程中存在的各种矛盾与挑战，从而实现经济结构优化升级，促进质量和效益双重提升。

然而，发展过程中往往充满挑战，单边主义横行、资源环境约束、技术瓶颈制约等问题交织并存。在此背景下，创新不仅是解决当下问题的关键方法，更是驱动未来可持续发展的不竭动力。在创新驱动发展战略的实施过程中，企业作为国家经济发展的主力军和社会生产力的核心推动者，在创新驱动发展战略中有着举足轻重的地位。然而，企业的创新之路面临重重考验。从思想理念革新到管理体系重塑，从市场深度拓展到尖端技术突破，从人才教育培养到核心竞争力培育，每个环节都需精心谋划、周密部署。企业的创新实践，实则是一场涉及多维度的系统性工程、一场全面而深刻的变革之旅，需要企业统一思想、明确方向、找准路径、凝心聚力，共同推进。

为助力企业在创新道路上稳步前行，在破解发展难题上坚定信心，本章将系统阐释项目化管理范式。通过深入剖析项目化管理的概念内涵、价值意义及应用实践，为企业提供一盏指路明灯，使其在纷繁复杂的创新世界中豁然开朗，更好地把握项目化管理的精髓，进而加速创新步伐，推动中国式现代化进程中的新质生产力蓬勃发展，为"第二个百年奋斗目标"和"中国梦"的实现贡献智慧和力量。

1.1　创新驱动发展的时代特征

在当今快速发展的全球化时代，创新已成为推动社会进步的核心力量。创新驱动发展，不仅是一个国家、一个民族持续繁荣的关键，也是企业和个人在激烈竞争中脱颖而出的关键。我国经济的发展从要素驱动到政策驱动，再到创新驱动，这一过程不仅反映了国家经济发展策略的不断调整和优化，也体现了国家对持续、健康、稳定发展的不懈追求。特别是在党的十九大报告中，习近平总书记做出重要判断，我国经济已由高速增长阶段转向高质量发展阶段。在2023年中央经济工作会议上，习近平总书记强调，必须把坚持高质量发展作为新时代的硬道理。唯有深入了解和掌握我国经济的发展脉络，方能深刻理解和把握国家发展战略的走向。

1.1.1　要素驱动发展阶段

1. 资源优势

改革开放之初，我国经济基础虽相对薄弱，但拥有得天独厚的资源优势。

（1）劳动力资源优势

我国人口基数大，构成了独一无二的劳动力资源宝库，这一得天独厚的条件在我国经济社会发展历程中起到了举足轻重的作用。尤其是，我国农村地区有大量富余劳动力，在改革开放这一大背景下，越来越多的农民怀揣着对美好生活的向往与追求，毅然决然地离开自己熟悉的故土，前往城市寻找更广阔的天地和更多的机遇。随着我国城市化进程的飞速推进，他们如同一股不可阻挡的时代洪流，深刻地重塑了城乡的面貌，并改变了人们的生活轨迹。他们不仅是城市建设的中坚力量，更是推动社会进步与经济发展的重要力量，为我国工业化进程的持续推进提供了源源不断的人力资源支撑。

（2）土地成本优势

除以劳动力资源作为经济腾飞的重要基石，我国土地成本优势同样显著。当时的土地成本相对较低，这一有利条件极大地促进了土地资源的优化配置与高效利用。企业得以在成本可控的前提下，灵活布局产业，实现规模化、集约化经营，从而增强市场竞争力。与此同时，随着城市化进程的加速和工业化的蓬勃发展，土地需求如同潮水般汹涌，持续增长。相对廉价的土地成本犹如磁石，不仅吸引了国内外资本纷纷涌入，为城市注入了新鲜血液与活力，还极大地促进了企业茁壮成长与转型升级。它成为连接资本与土地、促进产业融合与创新的桥梁，为区域经济的繁荣奠定了坚实的基础。面对这一历史性的发展机遇，政府展现出高度的前瞻性与高效的执行力，积极推动基础设施建设并大力改善交通、能源等基础条件。这不仅提高了生产效率与经济效益，还极大地降低了企业的运营成本与物流成本，为经济的快速增长奠定了坚实的物质基础。这些措施如同强劲的助推器，推动着区域经济稳定增长，向着更加繁荣富强的未来迈进。在这个过程中，土地成本的相对低廉与政府的积极利用相得益彰，共同绘制出一幅波澜壮阔的经济发展画卷。

（3）自然资源优势

我国幅员辽阔，自然资源种类繁多、储量丰富，为我国的经济发展提供了得天独厚的条件。煤炭、石油、天然气等化石能源资源及铁、铜、铝等金属矿产供应充足，保障了我国能源和原材料产业的稳健发展，进而支撑了制造业、建筑业等多个关键领域的持续增长。肥沃的土地、多样的气候条件及充沛的淡水资源，为粮食、棉花、油料等多种农产品的生产提供了优越的自然条件。丰富的生物资源和森林资源为生物医药、林产化工等产业的发展提供了宝贵的原材料。充沛的淡水资源和丰富的海洋资源，为水利、航运、海洋渔业及海洋能源开发等产业提供了广阔的发展空间。

得益于庞大的劳动力资源、低廉的土地成本优势和丰富的自然资源，我国经济实现了快速崛起，成为"世界工厂"。这一时期，机械、纺织、电子等制造业领域迎来了前所未有的繁荣，产品以优良的品质和具有竞争力的价格远销海外，为国家赚取了可观的外汇收入。同时，政府大力推动基础设施建设投资，取得了显著成果。公路网、铁路干线、港口码头、输电网络等基础设施日益完善，不仅大幅提升了国内市场的物流效率与资源配置能力，还极大地促进了区域间的经济互动与合作，构建了一个更为紧密且高效的国内经济循环体系。此外，这些基础设施的升级与完善，也为吸引外资、扩大对外贸易提供了强有力的硬件支撑，加强了中国与世界的连接，加速推动了经济全球化进程。

改革开放以来，我国经济的快速增长呈现出鲜明的要素驱动特征：一是依赖生产要素投入。资源是经济增长的重要因素，相对低价的土地、丰富的自然资源、大量廉价的劳动力为经济发展注入了强劲动力。二是具有低成本竞争优势。依靠低成本的生产要素，自然形成明显的竞争优势，能够在市场上占据先机，在激烈竞争中稳固地位，从而实现发展壮大。三是劳动密集型产业比重大。依靠大量使用劳动力、简单的流水线和较低的技术含量，农业、林业、纺织、服装、家具等产业得到迅猛发展，在国民经济中占有高比例。四是可持续性不足。随着生产要素成本的上升和资源的逐渐枯竭，当优势逐渐丧失的时候，其可持续性不足的问题日益凸显，这种增长方式必然面临转型挑战。

2. 局限性

随着时间的推移，要素驱动的经济增长模式开始显现其局限性。

（1）资源人均占有量偏低

我国作为人口大国，各类资源的人均占有量均显著低于全球平均水平。随着资源的大量使用，淡水、土地、森林、矿产资源及动植物资源等关键要素被急剧消耗，资源利用效率却远不及国际领先水平。以 2010 年数据为例，我国的资源产出率（约 3770 元/吨）仅为日本的 1/8。资源的过度开发与消耗，使得一些地区开始出现资源枯竭的问题。特别是对于一些过度依赖矿产资源开发的地区来说，资源的有限性使得这种增长模式的可持续性受到了严峻的挑战。

（2）劳动力成本上升

随着经济的持续发展和城市化进程的不断加速，劳动力成本也开始逐渐上升。一方面，人口老龄化趋势日益加剧，农村释放的富余劳动力逐渐减少，经济增长的动力明显减弱。据统计，2012年我国劳动力人口总量为9.37亿人，相较于上一年度减少了345万人。首次出现负增长，这标志着我国劳动力供给的转折点已经出现，即"刘易斯拐点"成为现实。此后我国劳动力人口连续三年下跌，到了2014年仅为9.16亿人，2020年更是下降至7.83亿人。另一方面，劳动力成本的上升趋势不可逆转。数据显示，2005年前进城务工人员的月平均工资尚不足千元；2011年达到2049元，年度增长率高达21.2%；从同一时期更广泛的角度来看，2012年我国城镇非私营单位就业人员年平均工资为4.6万元，同比增长近12%；私营单位就业人员年平均工资为2.8万元，同比增长17%。此后几年就业人员平均工资增速略有放缓，但仍保持增长态势，这一现象正是"巴拉萨-萨缪尔森效应"在我国经济中的具体体现。当原本廉价的劳动力变得不再具有价格优势时，一些劳动密集型产业的成本优势就会逐渐丧失，进一步增加企业的运营成本。

（3）产业结构单一

过度依赖要素投入也容易导致产业结构单一。在要素驱动模式下，企业往往更倾向于投资那些能够迅速带来回报的行业，而忽视了对技术创新和产业升级的投入。这导致一些地区的产业结构过于单一，缺乏多样性和抗风险能力。一旦市场环境发生变化，这些地区就可能面临巨大的经济风险。以煤炭资源丰富的山西省为例，在其工业增加值中，煤炭开采和洗选业增加值占比一度高达60%以上，尽管此后逐渐下降，但直到2016年仍高达48%，产业结构单一性显著。当全球经济形势发生变化，特别是能源市场需求下滑、煤炭价格大幅下跌时，山西省的经济就受到了严重冲击。从2012年开始，山西省生产总值的增速一直低于全国平均水平，产值占比逐渐下降，企业亏损、裁员潮、财政收入大幅减少等问题接连出现，给当地社会经济发展带来了巨大压力。

（4）环境污染

在追求经济增长的过程中，一些地区和企业往往忽视了环境保护的重要

[⊖] 刘易斯拐点是劳动力由过剩向短缺的转折点。在工业化进程中，随着农村富余劳动力逐步向非农产业转移，农村富余劳动力由逐渐减少变为短缺，最终达到瓶颈状态。

[⊜] 巴拉萨-萨缪尔森效应指出，经济增长率越高的国家和地区，工资实际增长率也越高，实际汇率的上升也越快。

性，草率实施了很多高污染项目，造成了严重的环境污染与生态系统退化问题。水资源的污染、土地质量的下降、空气质量的恶化，这些与民众日常生活息息相关的环境问题，既影响了人民群众的生活质量，又对国家的可持续发展构成了威胁。

为了克服要素驱动发展方式的局限性，我国政府一直在积极探索新的发展路径。例如，通过加大科技研发投入力度，推动产业升级和转型；加强环境保护法规的制定和执行，促进绿色发展；优化人才结构，提高劳动力素质和技能水平等。这些举措有助于我国实现更加可持续、健康的经济增长，推动我国经济实现更高质量的发展。

1.1.2 政策驱动发展阶段

随着要素驱动发展方式在推动经济发展中的局限性日益凸显，其固有弊端逐渐暴露无遗，政策驱动发展方式应运而生。这一方式深刻改变了政府在经济发展中的角色与策略。政府通过制定前瞻性和引导性的政策，以及详尽的产业发展规划，引导和鼓励企业向特定领域投资布局，其核心旨在优化产业结构，促进经济转型升级，进而实现经济增长质量和效益的双重提升。

1. 政策驱动的动因

政策驱动的动因主要包括 3 个方面。

（1）资源日益短缺和环境压力不断增大的问题

面对资源日益短缺和环境压力不断增大的严峻考验，政府深刻认识到，必须通过政策的有效引导，推动企业转变生产方式，走向更加环保、节能的发展道路。这不仅是对当前环境危机的积极应对，更是对未来可持续发展的深远布局。

（2）提升国家竞争力的需要

为了提升国家竞争力，政府需要通过政策手段优化产业结构，推动高新技术产业和现代服务业的发展。这些新兴产业作为国家未来经济的增长点，对于增强国家经济实力和国际竞争力具有不可估量的价值。

（3）激发市场活力和社会创造力的目的

为充分激发市场活力和社会创造力，政府需全力打造一个公平、透明、法治化的营商环境，这样的环境能够极大地催化创新创业活动，确保市场的每一个参与者都能在其中找到发展的机会，共同推动经济的繁荣与发展。

2. 政策驱动的过程

我国政策驱动的发展阶段是一个动态演变的过程，不同历史时期政府采取了对应的措施引导和促进经济发展。

（1）改革开放初期

改革开放初期是我国经济发展历程中的重要时期。在这一阶段，政府制定了一系列优惠政策，其目的在于吸引外资、技术引进及促进贸易出口，具体包括如下3个方面。

1）设立经济特区

为吸引外资、引进先进技术和管理经验，国家在沿海地区设立了多个经济特区，并赋予这些经济特区特殊优惠政策，如税收减免、财政补贴等，以降低企业的运营成本，鼓励这些企业向特定领域投资。

2）沿海开放城市政策

除了经济特区，国家还开放了上海、青岛、大连等一批沿海城市，允许这些城市利用外资，发展对外贸易，加强与国际市场的联系。这些沿海城市通过吸引外资，设立了众多外资企业，不仅有力推动了沿海地区经济的快速发展，也为国内其他地区提供了宝贵的经验和借鉴。

3）技术引进和创新政策

国家鼓励企业加大科技研发投入力度，积极引进国外先进技术，并推动技术创新，以提高产业竞争力。

这一时期的优惠政策不仅成功吸引了大量国内外资金，激发了经济活力，促进了市场机制的形成和发展，还有力推动了相关产业的发展和壮大。具体成效包括以下3点：

一是促进了经济增长方式的转变。通过引进外资和技术，推动了经济增长从依赖传统要素向依靠全要素生产率提升转变。

二是优化了产业结构。资本的引入带来了先进的产业理念和技术，促进了国内产业结构的优化升级，提高了经济的整体效益。

三是增强了国际竞争力。通过与国际市场接轨，不仅提高了我国产品和企业的国际竞争力，更为全球经济发展做出了贡献。

在这一阶段，经济快速发展的同时，一些弊端也在逐步显现。部分地区和行业在市场机制的初步作用下，出现了过度投资、重复建设等盲目发展的现象。这种缺乏科学规划和合理布局的投资行为，导致了资源被严重浪费。

案 例

格力电器

格力电器的发展背景与我国改革开放的宏观环境紧密相连。随着对外开放政策的深入实施，珠海作为经济特区之一，享受到了诸多政策优惠和支持，为格力电器等企业的发展提供了良好的外部环境。同时，国内经济的快速发展和人民生活水平的显著提高，使得家电市场需求不断增长，为格力电器等家电企业提供了广阔的发展空间。

1985年，珠海市政府决定以公司为主体开发北岭工业区，珠海经济特区工业发展总公司（格力电器的前身）诞生。

1991年，格力电器在冠雄塑胶厂和海利空调厂合并的基础上成立，开始引入外国技术和设备，逐渐由组装空调向生产空调转型。

1995年，格力电器推出国内首台变频空调，标志着公司在技术创新方面迈出了重要一步。

2000年，格力电器开始制造商用空调，进一步拓展产品领域。此时格力电器十分注重产品品质，多项核心技术取得重大突破，并积极并购上下游产业链，大幅提升自主创新能力。同时，在渠道端积极变革，成立区域性销售公司，产业规模效应逐渐显现，逐步走向国际市场。如今，格力电器已成为全球最大的空调生产企业之一。

（2）21世纪

为支撑经济的持续健康发展，从21世纪初开始，政府逐步制定了详细的产业发展规划，明确了未来发展的重点和方向。例如，大力推动高新技术产业、绿色环保产业和现代服务业的发展，旨在打造具有国际竞争力的产业集群。这些规划为企业提供了明确的市场预期和发展方向，有助于企业做出更加明智的投资决策。同时，政府还积极推动市场化改革，优化营商环境。通过简化审批流程、降低市场准入门槛等措施，政府为企业营造了更加公平、透明的竞争环境。这有效激发了市场活力，促进了创新创业的蓬勃发展。

这些政策的发布在促进经济发展中起到了以下 3 个方面关键作用。

1）引导创新和降低企业成本

通过强化需求侧创新政策的引导作用，建立符合国际规则的政府采购制度，利用首台（套）订购、普惠性财税和保险等政策手段，降低企业创新成本，扩大创新产品和服务的应用范围。

2）深化改革和释放活力

面对体制障碍和政策约束，通过深化改革以增添动力，完善政策以释放活力，形成共同推动高质量发展的强大合力。

3）支持民营经济发展

我国政府制定了一系列支持民营经济发展的政策，在这些政策持续效应下，民营经济呈现出积极的发展态势。政策支持是呵护民营经济蓬勃发展的关键一环。

3. 政策驱动的特点

整体来看，政策驱动发展阶段一个的显著特点是政府对经济的宏观调控能力增强。政府通过财政与货币等政策调节经济运行，保持经济稳定增长。这些宏观调控措施有助于抑制经济波动、防范金融风险，为经济的持续发展提供有力保障。

政策驱动发展凭借其明确的经济目标和导向、综合性和系统性的政策体系、兼顾灵活性和适应性的政策、对民生和社会福祉的注重、促进区域协调发展的能力等鲜明特性，支撑和保障我国经济发展取得了显著成效。一方面，产业结构得到了优化升级，高新技术产业和现代服务业的占比逐渐增加；另一方面，经济增长的质量和效益得到了提升，单位 GDP 能耗降低，环境污染得到了有效控制。

然而，政策驱动发展也面临一定的问题和挑战。一方面，政策制定和执行过程中可能存在信息不对称和时滞效应。由于政府与市场主体之间的信息不对称，政府可能无法准确把握市场需求和及时了解企业状况，导致政策制定不够精准、执行效果不佳。同时，时滞效应也可能导致政策调整无法及时适应经济形势的变化。另一方面，过度依赖政策驱动可能抑制市场作用的发挥。在政策驱动模式下，政府往往扮演着主导者的角色，而市场的自发调节作用可能受到一定限制，这可能导致资源配置效率降低、创新动力不足等问题，进而影响经济的长期健康发展。

随着时间的推移，单纯依靠政策驱动和要素投入的方式已经难以满足经济发展的新要求，创新驱动逐渐成为引领发展的第一动力。科技创新、制度创新、管理创新、商业模式创新等全领域全方位的创新，推动经济发展方式向更加开放、协调、绿色、高效的模式转变。

1.1.3 创新驱动发展阶段

随着全球化的深入推进，经济发展步伐日益加快，创新已成为引领经济发展的核心关键。在这一宏观背景下，全球正进行新一轮科技革命和产业变革，各国纷纷加大科技创新力度，抢占未来发展制高点。作为世界第二大经济体，我国必须快速适应复杂多变的国际市场环境。

同时，我国经济已经从高速增长阶段转向高质量发展阶段。这一转变不仅体现在经济增长的速度上，更体现在经济增长的质量和效益上。高质量发展意味着经济结构更加优化，创新能力显著提升，绿色发展不断增强，人民生活水平持续提高。在这个过程中，经济增长不再是单纯地追求速度，而是更加注重质量和效益的平衡，以实现经济的可持续发展。

面对劳动力成本上升、资源约束加剧及环境保护要求日益严格等多重挑战，传统的发展模式已难以满足可持续发展的需求。《国家创新蓝皮书：中国创新发展报告（2014）》指出，全世界已有多个创新型国家和地区的科技创新对经济发展的贡献率达到了70%以上，对外技术依存度低于20%，这些国家已经走上了以创新驱动发展为主的道路。我国科技人力资源的总量和研发人员规模均居世界第一，但人均产出效率远低于发达国家和地区。因此，我国亟须进一步提升创新能力，缩小与发达国家和地区的差距。

2012年底，我国提出了"创新驱动发展"战略。这标志着我国经济进入了一个以创新为引领的新发展阶段，旨在推动经济高质量发展，增强国家的综合国力和国际竞争力。同时，国家强调"科技创新是提高社会生产力和综合国力的战略支撑，必须摆在国家发展全局的核心位置"。这充分表明了国家对科技创新的高度重视，以及科技创新在国家发展中的关键作用。创新驱动发展战略的提出，旨在通过科技创新和技术创新推动社会经济的全面发展，实现经济转型升级。

创新驱动发展是以创新为核心动力，推动经济社会持续健康发展的过程。此外，创新驱动是一个全面且多维的概念，除了科技创新与技术创新，还涵盖管理创新、制度创新、文化创新等方面。

1. 创新驱动发展战略的意义

创新驱动发展战略的实施对我国经济发展的深远意义主要表现在以下 4 个方面。

（1）推动经济高质量发展

创新驱动发展战略的核心在于，通过创新手段全面提高全要素生产率。这标志着我国经济增长方式将实现根本性的转变，传统的高速增长模式将转向更加注重质量和效益的发展路径，从而推动我国经济从高速增长阶段向高质量发展阶段迈进。这一转变不仅关乎速度，更关乎质量，是确保我国经济持续健康发展的关键所在。

（2）增强国际竞争力

在创新驱动发展战略的引领下，我国将致力于关键核心技术的自主突破和科技创新能力的全面提升。这将极大地提升我国在国际科技竞争中的地位和影响力，显著增强国家的综合实力。随着科技创新能力的不断增强，我国将在全球科技版图中占据更加重要的位置，为国家的长远发展和国际竞争力的提升奠定坚实基础。

（3）解决资源环境约束问题

减少对传统能源和资源的依赖，促进绿色低碳发展，实现碳达峰、碳中和目标，着力解决资源环境约束的突出问题，构建绿色低碳发展的模式。缓解资源环境的压力，也是实现可持续发展的必然选择。

（4）优化产业结构，促进产业升级转型

通过优化产业结构，努力实现消费、投资、出口协调拉动经济可持续发展，为我国产业结构的优化和升级注入强大动力。创新品种、提升质量、创建品牌，使传统产业焕发新的生机与活力。同时，新兴产业也将迎来快速发展的机遇，形成新的经济增长点。

尽管创新驱动发展具有诸多优势，但实现这一转变面临诸多挑战。为了加速推进创新驱动发展战略的实施，我国政府加大了对科技创新的支持力度，以引导和促进经济结构的调整和升级，为经济发展注入新的动力。

2. 创新驱动发展战略的核心路径

我国政府精心规划了 4 条创新驱动发展战略核心路径。

（1）着重强化关键核心技术的攻关

强化关键核心技术攻关不仅包括在国家层面制定详尽的关键核心技术清单，还涉及站在顶层设计的角度构建一套分类分层、差异化的攻关战略。为了确保这些核心技术的自主突破，需要力求在每一个技术节点上都能实现自主可控，为国家的长远发展奠定坚实基础。

（2）致力于全面调整政府治理体系，以适应数字经济时代的新挑战

积极探索与数字技术范式相适应的具体治理规制和监管方法，加快推动监管体系改革，使其能够跟随数字经济的发展步伐，为创新提供更加宽松和有利的环境。

（3）积极推动高水平的对外开放

深度嵌入全球创新体系，积极参与国际科技合作与交流，广泛吸纳并借鉴国际先进科技成果和经验。通过这样的方式，不仅能够提升自身的科技创新能力，还能够增强我国科技创新技术成果在国际舞台上的竞争力，使我国在全球创新体系中占据更加重要的位置。

（4）培育具有全球竞争力的世界一流企业

企业管理理念和管理文化显著进步，管理制度和管理流程更加完善，管理方法和管理手段更为高效，管理基础持续巩固，创新成果不断涌现。力求构建系统全面、科学合理、运行高效、具有中国特色的现代企业管理体系，使企业总体管理能力得到显著增强，国有重点企业的管理水平达到或接近世界一流。

3. 需继续深化落实的工作

除了以上提到的两个方面，还需要继续深化以下 3 个方面的工作。

（1）建立完善的创新体系

建立完善的创新体系是实现创新驱动的基础，需要政府、企业、科研机构和高校等多方共同努力。政府应制定科学合理的科技政策，引导和支持各类创新活动；企业应加大研发投入力度，加强与科研机构和高校的合作与交流，优化升级管理体系；高校则应积极组织开展各类有助于激发大学生创新创业思维的活动，为社会经济发展输送高质量的创新人才。

（2）营造良好的创新环境

营造良好的创新环境是激发创新活力的关键。政府应加大对创新创业的支持力度，降低创新创业的门槛，减少创业风险，并加强社会诚信体系建设，保护创新创业者的合法权益。同时，政府还应积极促进国际交流与合作，引进国际先进技术和理念，为国内的创新创业提供更多机遇和平台。

（3）激发企业和个人的创新活力

激发企业和个人的创新活力是实现创新驱动的关键。政府应通过税收优惠、资金扶持等方式鼓励企业加大研发投入力度，开展创新活动；同时，还应健全人才培养和引进机制，为经济发展提供充足的人才保障。对于个人创业者而言，政府应提供更多的创新创业机会和资源，助力其实现自己的创新梦想。

我国的经济发展经历了从要素驱动到政策驱动再到创新驱动的深刻转变，这一历程不仅映射出经济发展的历史进程，更彰显了我国在面对不同发展阶段各种挑战时的高效应对策略。最初，依赖丰富的自然资源和劳动力等要素驱动经济增长，是我国经济发展初期的必然选择。然而，随着资源逐渐变得稀缺和环保压力不断增大，我国适时调整战略，转向了政策驱动的发展方式，不仅适应了当时国内外环境的变化，也有效应对了资源环境约束加剧的挑战。如今，创新驱动发展不仅可以有效应对当前国内外环境的深刻变化，也能够适应我国社会发展的新要求，为我国经济持续健康发展提供源源不断的动力。

1.2 项目化管理创新的潮流

巍峨雄伟、横亘山川的万里长城，以其不朽之姿傲立于世；创造了世界之最、沟通南北的京杭大运河，以其巧夺天工之技，流淌着华夏文明的辉煌；让

13

世界为之惊叹、连接三地的港珠澳大桥，以其雄伟壮观之态，彰显着现代工程的奇迹；在全球卫星数量和组网速度上双双位居首位的北斗导航系统，以其精准高效之能，引领着科技创新的潮流；携带来自月背样品安全着陆预定区域的嫦娥六号返回器，不仅是人类历史上首次实现月球背面采样返回，更是我国建设航天强国、科技强国取得的又一重大标志性成果。

在这些非凡的成就面前，人们总会不由自主地联想到一个核心词汇——"项目"。

从张骞西行的艰辛探索，到鉴真东渡的文化传播；从万国衣冠相会于长安的昔日盛况，到海上丝绸之路扬波万里的今日繁荣——这一系列跨越时空的"中国式项目"，不仅展现了中华民族非凡的创造力与执行力，更以其兼收并蓄、开放包容的独有风采，向世界书写着华夏儿女追求卓越、勇于探索的辉煌篇章。

而在当今社会，项目的范围已经从工程建设领域拓展至更广泛的领域，企业内的项目也越来越多，项目管理工具和方法对于企业的发展显得愈发重要。然而，项目管理本身具有一次性与多资源投入的特点，企业追求的发展目标则是永续经营。如果用项目管理的思维指导企业发展的变革，会在某些方面显现其局限性。基于这种情况，企业项目化管理——一种将项目管理与其他管理理念相融合的创新范式应运而生，旨在为企业在当今乃至未来复杂多变的竞争环境中脱颖而出提供有效的指导。

值得注意的是，项目化管理这一理念，绝非对"项目的管理"的简单诠释。在传统的视角下，企业可能仅将项目管理视为一种工具或方法，用于规划、执行和监控特定的任务或目标。相比之下，企业项目化的概念更深远、更广泛，蕴含着更为丰富和深刻的内涵，且已成为企业创新发展的潮流。

1.2.1 企业项目管理的巨大成功为升级拓展奠定了牢固基础

企业项目化管理的起源，可以追溯到项目管理在大型挑战性活动中的管理实践与拓展应用。而项目管理作为人类组织与实施复杂任务的一种重要方法，其发展历程充满了探索与创新。从图 1-1 所示项目管理发展历程，人们可以清晰地看到这一领域在不断进步和完善。

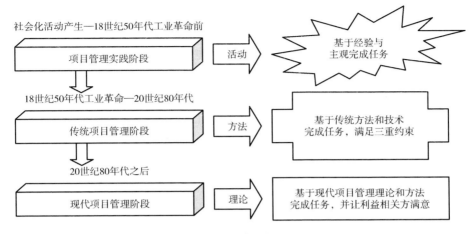

图 1-1　项目管理发展历程

1. 项目管理实践阶段

在这个漫长的历史阶段中，项目管理主要表现为经验式管理。这一时期的大型工程项目，如中国的长城、埃及的金字塔、古罗马的供水系统等，都是凭借能工巧匠的经验和直觉得以组织和完成。这些伟大的工程不仅彰显了古人的智慧与力量，也充分昭示了人类在项目管理方面的早期尝试与实践。

尽管当时尚未形成现代项目管理的概念，但这些古代工程的组织和实施方式为现代项目管理奠定了坚实的基础。例如，合理的规划、有效的资源调配及严格的施工监督都是现代项目管理所强调的核心要素。

2. 传统项目管理阶段

这一阶段可以追溯至工业革命之初，发展相对缓慢。由于项目管理的重要性日益凸显，项目管理人员也获得了很大的职业化发展。20 世纪初期，传统项目管理的方法和技术不断发展和完善。到了 20 世纪中叶，随着工业革命和科技的进步，更复杂和庞大的项目开始涌现，对项目管理方法的需求迅速增加，人们开始寻求更加系统和科学的管理手段。于是，里程碑事件、甘特图等项目管理工具相继问世并得到广泛应用。

这些新的管理工具和方法为项目经理提供了更为明确和具体的指导，使得他们能够更加有效地进行项目计划和协调管理。美国在曼哈顿原子弹计划中首次成功应用了项目管理方法进行大规模项目管理，不仅展现了项目管理在国防和军工项目中的巨大潜力，也标志着近代项目管理开始走向成熟和完善。

20 世纪 50 年代后期，随着科技和工业的快速发展，项目管理面临着更为复杂和多样的挑战。为应对这些挑战，关键路径法（CPM）和计划评审技术（PERT）应运而生，这标志着现代项目管理方法正式诞生。这些方法为项目管理人员提供了更为系统和科学的工具进行项目计划和控制。

3. 现代项目管理阶段

随着项目管理实践的深入，将具有共性的实践经验进行总结并形成标准的重要性日益凸显。于是，在 20 世纪 70 年代至 80 年代，项目管理知识体系逐渐形成。1987 年，项目管理协会（PMI⊖）推出的《项目管理知识体系指南（PMBOK®指南）》，成为项目管理领域的里程碑。PMBOK®指南（第 6 版）将项目管理归纳为十大知识域，为项目经理提供了系统的知识框架和工具，不仅极大地推动了项目管理的发展，还加速了项目管理知识体系的普及。进入 20 世纪 90 年代，随着计算机技术的快速发展，项目管理软件如 Microsoft Project 等逐渐兴起，并在项目管理领域得到广泛应用。这些软件极大地提高了项目规划、跟踪和管理的效率，使项目管理人员能更加方便地制订项目计划、分配资源、跟踪进度和控制成本。

同时，互联网的普及也为项目管理带来了新的变革。远程团队协作和实时数据共享成为可能，项目管理人员可以随时随地掌握项目进度，及时按照授权做出决策和调整。这种实时性和协作性使得项目管理更加高效和灵活。

案　例

关键路径法在美国路易斯维化工厂的成功应用

美国路易斯维化工厂，作为当时工业领域的重要企业，由于生产过程的连续性要求，必须确保昼夜不间断运行。然而，这一生产模式给定期的全面检修

⊖　项目管理协会（PMI）成立于 1969 年。PMI 是全球领先的项目管理行业的倡导者，它创造性地制定了行业标准，一直在构筑不断扩展的专业知识体系，让项目管理从业人员成为各自所在组织不断变革、创新发展的推动力量。PMI 拥有来自全球 160 多个国家和地区的 23 万多名会员。该协会正积极地为业界树立标准，从事科学研究，传播专业知识，促进行业发展，并拓展职业前景。此外，它还提供教育和认证服务，促进会员间的交流沟通和商机拓展。

工作带来了严峻的挑战。传统的检修方式耗时长达 125 小时，这不仅影响了工厂的正常生产，还增加了不必要的成本。

面对这一困境，路易斯维化工厂的管理层意识到，必须寻找一种更为高效、科学的检修管理方法，以缩短检修时间，减少生产中断，提高整体运营效率。

在这样的背景下，关键路径法被引入路易斯维化工厂的检修项目中。关键路径法作为一种网络图方法，通过识别项目中的关键路径（决定项目最短完成时间的路径）优化资源分配，缩短项目周期。其具体实施过程如下：

1）项目分解。路易斯维化工厂将检修流程进行了精细分解，将复杂的检修工作划分为若干个相对简单、具体的任务单元，并明确每个任务单元之间的依赖关系。

2）网络图绘制。利用关键路径法的原理，路易斯维化工厂绘制了检修项目的网络图，以节点表示事件，以箭头表示任务，清晰地展示了各个任务之间的逻辑关系。

3）关键路径识别。通过对网络图的分析，路易斯维化工厂找出了检修项目的关键路径，即那些对项目完成时间影响最大的任务序列。

4）优化与调整。针对关键路径上的任务，路易斯维化工厂进行了重点优化，通过改进工艺、调配资源、加强协作等方式，缩短了这些任务的持续时间。同时，对非关键路径上的任务也进行了合理安排，以确保整个检修项目的顺利进行。

经过精心策划与实施，路易斯维化工厂成功将检修时间从原来的 125 小时缩短至 78 小时，节省时间达 38%。这一显著成果不仅降低了生产中断带来的损失，还提高了工厂的整体运营效率。据估算，当年因此产生的直接经济效益超过 100 万美元。

随着项目环境变得更为动态和不可预测，敏捷方法学应运而生，并被广泛应用于软件开发及其他行业中。这种方法强调适应性和快速响应能力，倡导团队在不断变化的环境中保持灵活性，通过短周期的迭代不断交付价值。

实践成果证明，敏捷方法学的应用使得项目团队能够更加灵活地应对变化，快速迭代产品，从而更好地满足客户需求，提高市场竞争力。许多企业通过运用此方法实现了更快的产品上市速度、更高的产品质量和更低的开发成本。

当前，随着数字化、人工智能、大数据分析等新技术的兴起，项目管理领域正被深远影响。项目经理不仅需要适应虚拟和分布式团队的管理，还要学会利用 AI 技术进行风险评估和决策支持。这些新技术的应用将使得项目管理变得更加高效和精准。

项目管理领域在学术研究的深入探索、实践应用的广泛推广、项目人才培养体系的建设发展方面，均取得了诸多令人瞩目的巨大成就。

（1）项目管理理论不断深化

项目管理在众多专家学者的深入研究和完善中，不断向更深层次发展。项目管理领域的学术交流与合作日益频繁，其中由国际项目管理协会（IPMA）⊖组织、每年在不同国家举办的国际项目管理大会（IPMA World Congress）设立的"IPMA 国际项目管理大奖"，是全球项目管理领域最高级别的专业奖项，被誉为项目管理界的"奥斯卡奖"。我国的"神舟六号载人飞船项目""全面项目化管理组织变革项目""北京大兴国际机场建设项目"都曾获得该奖项的金奖。

（2）项目管理学科建设取得显著进展

全球范围内，众多高校设立了项目管理专业相关课程，培养了一大批项目管理专业人才。麻省理工、斯坦福、哈佛、剑桥、牛津、东京大学、清华、北大等世界名校均设立了工程项目管理领域博士学位，此外，还有一些高校也提供了相关领域的研究方向，如上海复旦大学依托其管理科学与工程一级学科博士点提供项目管理相关的教育和研究。此外，项目管理领域的相关学术期刊和学术交流活动也日益增多，为进一步推广项目管理提供了重要平台。

（3）项目管理在各行业的应用日渐成熟

随着项目管理的发展，其在各领域、各行业的应用不断成熟。在软件开

⊖ 国际项目管理协会（International Project Management Association，IPMA）成立于 1965 年，总部设在瑞士洛桑，是一个国际项目管理组织。IPMA 的成员主要是各个国家和地区的项目管理协会，目前有 34 个成员组织。

发、建筑工程、航空航天等复杂项目中，项目管理更是发挥了至关重要的作用。

项目管理的巨大成功，不仅在于其在管理理论推广、各行各业应用、世界范围实践等方面展现出的显著成效，更在于它为整个企业管理模式的变革——项目化管理的实施奠定了坚实的基础。

1.2.2　企业项目化管理是企业管理领域的一次重大飞跃

企业管理的发展历程，可以清晰地划分为传统管理、科学管理、现代管理、当代管理4个阶段。每个阶段的思想理论都是在对前一阶段进行深入反思与批判的基础上，结合实践进行扬弃与修正，从而不断演进。经过这样的发展过程，逐步构建成一个涵盖广泛、内容丰富、意义重大的管理学体系。

在当今社会，科学、技术、经济、文化、管理（尤其是项目管理）领域已经取得了显著的进步与令人瞩目的成就，为企业的发展奠定了坚实基础。然而，信息的高度发达、技术的高速进步及经济的快速发展，也给企业带来了前所未有的挑战。当前企业在迎来巨大发展机遇的同时，也不得不面对一系列复杂的问题，如行业发展过度依赖宏观环境，高水平的管理人员比例偏低，技术含量不足，资金风险高，市场竞争激烈，管理活动呈现收益低且风险高等。

企业必须从时代发展的趋势和自身的特征出发，不断提升和完善自身的管理能力，以有效应对激烈的竞争环境，谋求更好的发展。

1. 企业项目化管理已成为当今企业发展极其重要的抓手

（1）企业项目化管理及深化理解

企业项目化是当今企业发展过程中普遍存在的现象，且具有广泛和深化发展趋势。它是当今企业受科技进步、需求变化、人才短缺、竞争加剧等因素的影响和驱动，主要采用项目的形式，通过更加主动和具有创新性的活动，实现企业变革性、跨越式提升，达到持续、稳定、健康的最佳发展状态的一种演变过程和结果。

面对企业项目化现象的普及和强化趋势，企业在管理方面需采取与现代企业管理特征相契合的正确范式、策略和方法，即企业项目化管理（Enterprise Projectization Management，EPM）。企业项目化管理是基于企业持续、稳定、健康发展的整体视角，为有效应对竞争、挑战等企业项目化过程中的普遍难题，以企业战略管理为导向，以项目管理为核心，以组织管理为保障，以人员管理为支撑，实效打造使企业既能系统整合内部资源，又有动态响应外部变化能力的企业管理范式[一]。

从深层次动因上来说，企业项目化管理是项目管理在企业中的全面拓展与升华。它不仅涉及单一项目的成功执行，更关乎整个企业管理模式的转变，是企业在应对外部环境和企业内部双重影响的必然选择。

外部环境方面，企业承受着来自社会、行业、客户及竞争对手等多重压力。社会的快速发展和行业日新月异的变化要求企业保持高度的敏捷性和适应性。客户需求日趋多样化和个性化，对产品和服务的质量、交付速度及创新程度都提出了更高要求。同时，竞争对手的不断进步也迫使企业寻求更高效的管理方法和运营模式。

企业内部方面，股东对投资回报的期待、管理者对业绩提升的追求及员工对个人职业发展的渴望，都推动企业不断前进。这些内部利益相关方对于企业发展的强烈欲望，促使企业寻求更高效和灵活的管理方式，以适应不断变化的市场环境和满足各方期望。

在这样的背景下，通过项目化管理，企业能够有效地应对日益加剧的外部挑战和竞争，整合资源，提高效率和效能，快速响应市场变化。同时，项目化管理也有助于企业更精准地把握客户需求，提供个性化的产品和服务，持续满足甚至超越客户期望。因此，企业进行项目化管理是其持续发展和保持竞争优势的关键。

从目标结果导向来看，企业作为长期且稳定的社会组织，是社会经济活动的重要支柱。企业的长期性和稳定性为其积累经验和知识提供了基础，使其能够在时间的沉淀中不断优化运营、固化成功经验，进而实现稳定、有序和健康发展。

然而，外部环境的变化，要求企业必须不断自我调整和变革，以应对各种挑战并抓住新的发展机遇。只有通过不断的创新、改进和适应，企业才能在激

⊖ 韩连胜．企业项目化管理范式——企业整体管理系统解决方案［M］．3 版．北京：机械工业出版社，2022.

烈的市场竞争中立于不败之地，实现持续的发展与繁荣。

因此，企业的发展需要在相对稳定与持续变革之间找到平衡。这种平衡既要保证企业能够充分利用和巩固过去的经验，又要确保企业能够灵活应对外部环境的变化。这种平衡，是企业健康发展的关键。企业项目化管理的目标，正是为了从根本上实现这种平衡，推动企业持续、稳定、健康地发展。

通过项目化管理，企业能够在更好地整合资源、提高效率、确保稳定的同时，灵活应对外部环境的变化。这种管理方式不仅有助于企业在短期内实现具体目标和任务，更能长期推动企业的整体发展和进步。因此，企业项目化管理不仅是企业应对市场挑战的有效手段，更是其实现持续、稳定和健康发展的关键路径。

（2）企业项目化管理发展历程

在当今快速发展的时代背景下，企业面临着前所未有的变革压力与挑战。随着市场需求的多样化和个性化趋势的增强，传统的标准化分工作业模式已经难以满足市场的多元化需求。这种变化促使企业寻求新的管理理念和方法，以适应外部环境变化并保持竞争优势。

在这一背景下，项目导向型社会与项目导向型企业的概念应运而生。这两种概念强调了项目在社会与企业发展中的核心地位，以及项目管理在推动组织变革和实现战略目标过程中的关键作用。

项目导向型社会是一个以项目为主要活动形式的社会形态，其中项目成为推动社会进步和发展的重要动力。在项目导向型社会中，各种资源围绕项目进行配置，项目管理的理念和方法被广泛应用于各个领域和层面。

项目导向型企业则是那些以项目管理为核心组织形式，通过实施一系列项目实现其战略目标的企业。这类企业注重项目的选择、规划、执行和监控，强调跨部门的协作和资源整合，以提高项目的成功率和组织的整体绩效。

当今社会与企业发展的项目导向型趋势表明，项目管理已经成为组织应对复杂多变环境、实现可持续发展的关键。因此，企业和组织应积极拥抱项目导向型的管理理念，加强项目管理能力建设，以应对当前挑战、把握未来发展机遇。

图 1-2 为企业项目化管理发展历程。

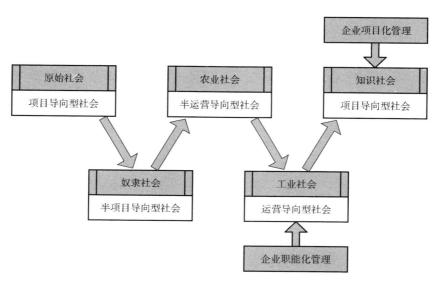

图 1-2　企业项目化管理发展历程

企业项目化管理最早可追溯项目管理在大型挑战性活动中的管理实践和拓展应用。项目管理在这些活动中展现的显著实效，充分证明它是管理大型挑战性活动的高效方法，企业项目化的概念在此时期初现。

20 世纪 60 年代前后，企业项目化概念的雏形逐渐形成，并呈现一种大趋势：将持续流程和日常工作重新解读为在时间、资源和范围上都有限制的活动，并引入新的管理理念、方法、工具和手段。

随着企业挑战性活动的增加及项目管理方法实效性的显现，企业项目化管理进入了拓展阶段，其管理主导思想逐渐由"对项目的管理"转向"按项目进行管理"。

以美国 AT&T 公司（美国电话电报公司）为例。作为美国领先的电信服务提供商，AT&T 公司一直在寻求新的业务拓展机会以保持其市场领先地位。为抓住政府放松电话行业管制的发展机遇，该公司采用了按项目进行管理的方法来管理新业务的拓展，并取得了巨大成功。

AT&T 公司首先成立了一个由行业内经验丰富的专家和项目经理组成的专门的项目管理团队。在项目启动阶段，该团队进行了深入的市场分析，明确了新业务的市场定位和发展目标，并为项目制定了详细的战略规划。接着项目管理团队制定了详细的项目时间线，明确了各阶段的关键任务和里程碑，并对项目资源进行了合理的分配，包括人力、物力和财力，以确保项目顺利进行。进入项目执行阶段后，AT&T 公司的项目管理团队严格按照项目计划推进各项工作，团队成员之间保持了密切的沟通与协作，定期召开项目进展会议，及时汇报工作进度，共同解决遇到的问题。为了确保项目的质量和控制实施风险，团队还设立了专门的质量控制小组，对项目的各个阶段进行严格的审核和监督，对潜在的风险进行了全面的评估，并制定了相应的应对措施。经过团队成员的共同努力，新业务拓展项目取得巨大成功。同时，团队还进行了全面的总结，分析了项目过程中的经验教训，为今后的项目管理提供了宝贵的参考。

此后，IBM、花旗银行、摩托罗拉和美国运通等知名企业也纷纷加强对项目管理的运用，将其应用于企业的创新与变革管理及战略任务的实现过程中。这些企业的共同体验是：项目管理是企业面向发展、迎接挑战、增强竞争力的有力武器。它不仅仅局限于原有特定行业的应用，还进一步拓展到医药、电子、IT 等更广泛的行业领域。

随着企业项目化现象的普及和企业项目化管理思想的不断应用与发展，企业项目化管理进入了提升阶段，其管理主导思想由企业"按项目进行管理"转变为企业"用项目进行管理"。

20 世纪 90 年代末，正处于快速成长期的华为，在管理上遇到了诸多挑战。为了提升公司的整体管理水平和运营效率，华为决定通过项目化管理变革来提高管理效率和组织能力。在后续的发展过程中，华为持续深化项目化管理变革，为公司的持续健康发展奠定了坚实基础。

2. 企业项目化管理在创新驱动发展时代背景下的价值和优势

在创新驱动发展的时代背景下，企业项目化管理展现以下 4 项独特的价值和显著优势：

（1）目标明确，聚焦创新核心

在企业项目化管理的模式下，每一个项目都被赋予了清晰、具体的目标及预期成果。这种精确的目标导向，为创新团队提供了明确的指引，使得团队能够准确地把握创新的方向和重点。它有促使创新团队将注意力和资源高度聚焦于创新的核心点，确保团队能够集中所有的力量和智慧，共同攻克关键技术难题。通过聚焦创新核心和集中团队力量，项目化管理显著提升了创新团队突破技术瓶颈、实现创新突破的能力，为企业的持续创新和发展奠定了坚实的基础。

（2）资源优化，提升创新效率

企业项目化管理尤为注重资源的优化配置与高效利用，这是其核心理念之一。在项目管理科学方法应用过程中，创新资源，包括资本、数据、人才、设备等关键要素，能够在最为关键的时刻被充分调动并高效利用。这种精准的资源调配，不仅避免了资源的浪费与低效使用，还保障了创新活动的持续性与高强度。通过这种方式，项目化管理显著提升了创新效率和效果，使创新过程更加顺畅、创新成果更加丰硕。

（3）风险可控，确保创新项目稳健前行

创新过程充满不确定性和挑战。而企业项目化管理，则通过精细的风险识别、评估和监控机制，为创新项目构建了一道坚实的防线。在项目管理方法的保驾护航下，潜在的风险能够被及时发现并得以有效处置，确保了创新项目能够顺利应对挑战，稳步前行。这种全面的风险控制，为创新项目的顺利实施提供了有力保障，更为项目的最终成功创造了良好条件。通过项目化管理，企业能够更加自信地面对创新过程中的各种挑战，坚定不移地前进，开创更加美好的未来。

（4）团队协作，营造浓郁创新氛围

企业项目化管理不仅关注项目本身的进展与成效，更将团队协作、跨部门沟通、项目成果在运营中的积淀视为推动创新的关键要素。在项目管理的实践中，团队成员被鼓励跨越传统的部门界限，打破固有的壁垒和隔阂。这种管理方式促进了不同领域、不同专业背景的人员之间的深度交流与合作，使得多元化的思维和观点得以充分碰撞与融合。通过这种跨部门、跨领域的团队协作，企业能够汇聚更为广泛和深厚的创新力量，激发团队成员的创新潜能，共同为创新项目的成功贡献力量。同时，这种跨部门、跨领域的合作模式也为企业内部营造出一种开放、包容、充满活力的创新氛围，为企业的持续创新和发展提供了不竭的动力。

当前，为适应企业项目化（项目导向型）的发展趋势，以及应对环境变化带来的挑战，我国已经有越来越多的企业加入到学习和应用企业项目化管理的潮流中。

1.3 企业项目化管理范式的创新与应用

当今世界正经历百年未有之大变局，我国发展仍然处于重要战略机遇期，然而机遇和挑战均呈现新的变化。在这个日新月异的时代，科技的飞速进步与全球化的深入发展相互交织，共同塑造了一个新发展格局，即构建以国内大循环为主体、国内国际双循环相互促进的新发展格局。在这一大背景下，创新不仅被视为推动经济社会发展的核心驱动，更被确立为不可逆转的时代主题，为企业发展和进步增添强劲动力。

企业项目化管理作为一种先进且全面的企业管理体系，在提升企业整体管理成效方面的潜力已得到广泛认可。这一体系通过精细化、系统化的管理方式，能够在多个层面上显著提升企业的运营效率和竞争力。更为关键的是，当企业项目化管理被科学有效地应用于创新过程之中时，它便成为科学的行动指南和强大的催化剂，对于全面提升管理水平、实现创新成果的丰硕产出和助力创新驱动发展战略的实施都具有深远而重大的意义。它不仅能够帮助企业高效整合管理资源、打造企业核心竞争力并在激烈的市场竞争中占据领先地位，还能够为国家繁荣富强和经济社会的持续健康发展贡献重要力量。企业项目化管理的概念性模型如图 1-3 所示。

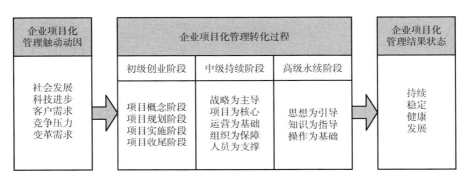

图 1-3　企业项目化管理的概念性模型

1.3.1 企业项目化管理范式概述

近年来，众多学者投身于企业项目化管理研究，其中颇为典型的是南开大学教授、博士生导师张金成先生及其所带的博士生团队，从 2002 年开始，就在企业项目化管理的研究之路上不断探索。2009 年，张金成先生的弟子所著博士论文《企业项目化与企业项目化能力研究》从企业长期性、稳定性的组织特点出发，借鉴现代项目管理理论，通过对企业项目化现象的总结，从理论上正式界定了"企业项目化"与"企业项目化能力"的概念，提出了包含环境条件、转换过程和状态结果的企业项目化的概念性模型，设计了包含理念、知识和管理 3 个层次的企业项目化能力概念性模型，成功化解了项目管理理论（具有一次性努力特征）与企业长期性、稳定性组织之间的冲突和矛盾。2012 年，他将企业项目化管理研究成果进行沉淀，集合企业项目化管理落地实操的著作——《企业项目化管理范式》问世，标志着企业项目化管理的思想与实践研究进入了新阶段。

企业项目化管理范式发展历程如图 1-4 所示。

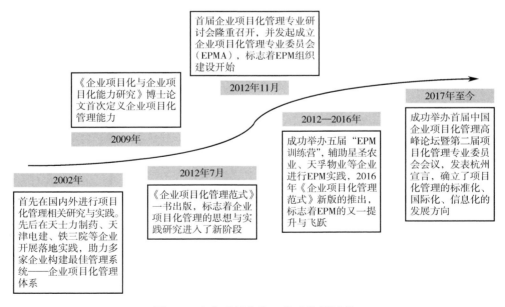

图 1-4　企业项目化管理范式发展历程

任何企业均置身于特定的行业环境之中，受宏观经济环境影响的同时，也要不断应对来自竞争对手的挑战，以期从激烈的竞争环境中脱颖而出。深挖竞争优势，探求价值点，需要既能应对环境挑战又能落地实施的企业项目化管理范式保驾护航，以创造或延续企业的辉煌。企业项目化管理范式的框架，是企业项目化管理得以落地实施的重要基础，同时也是其精髓所在。

1. 企业发展的层次

在企业发展过程中，从企业的生命力及发展能力来看，根据企业所处生命周期的不同，由低到高可分为创业发展、持续发展、永续发展 3 个层次。

（1）创业发展层次

企业处于创业时期，尚未形成固定的规模，各人员的角色定位也并不明确，所有人以完成企业的创业项目为共同目标，决策者、管理者与执行者的界限并不明显，如创业时期的决策者可能同时充当企业管理者与执行者的角色。处于创业发展层次的企业，其特征表现为效益低、死亡率高，以解决当下任务为目标，致力于做对事、做成事。

（2）持续发展层次

企业跨越创业发展层次之后，形成一定的规模，岗位职责较为明确，人员分工合作较为顺利，业务来源较为稳定，服务达到一定规范。此时的企业，已经解决了生存的难题，以发展为自身的首要目标。与创业层次的企业相比，持续发展层次的企业具有效益稳定、死亡率降低等特点，企业决策者关注企业的中长期发展情况，将把企业做强、做大作为首要任务。

（3）永续发展层次

永续发展层次是企业较为理想的发展阶段。此时的企业，不仅解决了生存的难题，还在一定程度上积累了发展的经验，内部人员分工明确、工作流程统一、业务来源稳定、服务标准规范，领导者关注如何将企业传承至下一代的问题。处于永续发展层次的企业，具有效益高、死亡率低等特点，领导者将企业做优、做久作为主要任务。

2. 企业项目化管理范式框架

企业项目化管理范式由 3 个层级、5 大领域、22 个模块组成，图 1-5 为企业项目化管理范式框架图。

追求卓越：企业项目化管理能力修炼

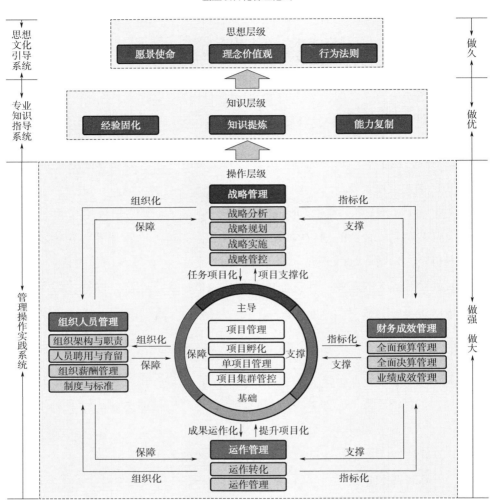

图 1-5　企业项目化管理范式框架图

（1）3 个层级

企业项目化管理的层级是指企业项目化管理体系构建过程中在内容结构上的等级划分，侧重于内涵的比较，由低到高分为企业项目化管理操作层级、企业项目化管理知识层级和企业项目化管理思想层级。

1）企业项目化管理操作层级。此层级作为企业项目化管理体系的基础层级，是企业项目化管理在操作层面的体现，由具有明确管理目标、内容、方

28

法、工具和可外在显现的管理领域构成。企业项目化管理操作层级是企业管理竞争力的直接表现，对企业项目化管理体系发挥着坚实的支撑作用，具体包括企业项目化战略管理领域、项目管理领域、运作管理领域、组织人员管理领域和财务成效管理领域 5 个领域。

2）企业项目化管理知识层级。此层级为企业项目化管理体系的中间层级，是企业项目化管理在知识层面的体现。它由企业对外部项目化管理理论知识及范式体系的借鉴和自身管理实践中经验教训的总结提炼整合而成，表现为企业独享并较难被竞争对手完全模仿的企业特有知识体系，涵盖管理概念、模型、制度、规范、理论、标准等。通过企业人员对知识的传播、学习和应用，达到传承企业管理能力的目的。企业项目化管理知识层级是企业管理竞争力的核心体现，对企业项目化管理体系具有重要的指导作用。企业项目化管理知识层级，由企业项目化管理经验固化、知识提炼和能力复制 3 个管理模块组成。图 1-6 为企业项目化知识提炼目标与策略图。

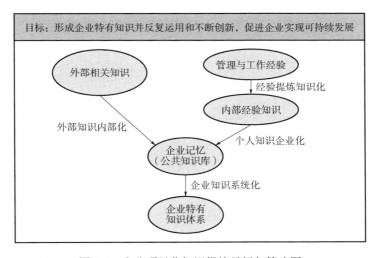

图 1-6 企业项目化知识提炼目标与策略图

3）企业项目化管理思想层级。此层级为企业项目化管理体系的高端层级，是企业项目化管理在思想意识层面的体现。它是企业基于项目化管理操作和知识层面，对未来发展终极目标及坚持的理念、原则等在思想意识层面的思考所得。企业项目化管理思想层级，是企业管理竞争力的本质体现，对企业项目化管理体系发挥着持久的引导作用。企业项目化管理思想层级，由企业项目化管理的使命愿景、理念价值观、行为法则 3 个管理模块组成。

（2）5 大领域

企业项目化管理范式的 5 大领域指以企业项目化战略管理领域为指导、以企业项目化项目管理领域为核心、以企业项目化运作管理领域为基础、以企业项目化组织人员管理领域为保障、以企业项目化财务成效管理领域为支撑的 5 大管理领域。以下分别对这 5 大管理领域进行详细解析。

1）企业项目化战略管理领域。它是企业项目化管理操作层级 5 大领域之首，是基于企业项目化的发展视角，在发展环境日益动荡、竞争日益加剧的条件下，为实现企业持续、稳定和健康发展，对企业中长期发展目标进行整体谋划，进而有效进行战略分解和实施战略管控的管理内容和过程。企业项目化战略管理，在企业整体管理中居主导地位。它以战略分析为前提，以战略规划为基础，以战略实施和战略动态管控为核心。企业项目化战略管理领域具体包括企业项目化战略分析、战略规划、战略实施、战略管控 4 大管理模块，拥有企业项目化战略地图、战略主题、战略任务分解等核心概念。

2）企业项目化项目管理领域。它是企业项目化管理操作层级核心任务的关键，是以企业战略任务为导向，从企业特定需求出发，为实现企业从稳定到突破的跨越式提升，对企业不同层级和不同类型的具有不确定性、挑战性、临时性特点的活动，进行全周期、全要素、全团队管理的过程。企业项目化项目管理是企业管理能力提升的核心。企业项目化项目管理领域具体包括项目孵化、单项目管理和项目集群管控 3 个模块，涉及企业项目化项目孵化、项目管理、项目活动、单项目管理、项目集群管控、全周期精益管理、全团队集约管理、项目全要素规范管理等核心概念，拥有阶段门、里程碑、质量门、成本点等管理方法。

3）企业项目化运作管理领域。它是企业针对运作活动的管理。对于运作活动的管理，追求的是做对、做精，即追求工作效率的提升，其管理方法包括标准化管理、流程化管理、精益化管理，其责任主体可以选择原有的组织部门和架构形式。成熟的企业，价值链中的很多活动以运作的方式进行管理。运作管理领域，说明了企业对某类活动的管理达到了成熟的水平，是企业项目化管理的核心基础。其本质反映了对重复性活动资源优化配置的能力，其核心管理要点是专业化的职能管理和结果导向的目标管理。运作管理领域主要包括运作转化和运作管理 2 个模块。

4）企业项目化组织人员管理领域。它是企业项目化管理操作层级的保障，以企业项目化战略为引导，以企业项目化活动（包括项目活动与运作活动）的需要为核心，结合现有企业组织人员条件，明确各组织、部门、岗位的职责、权限和相互协作机制。它旨在建立企业项目化组织管理制度和标准，进行企业项目化管理组织设计及人员聘用与育留等管理，以提升企业项目化组织能力，为企业项目化战略和活动管理提供坚实的组织和人员保障。企业项目化组织人员管理领域包括组织架构与职责、人员聘用与育留、组织薪酬管理和制度与标准 4 个模块，涉及企业项目化组织架构、职能型组织架构、矩阵式组织架构、项目式组织结构、项目部、项目管理办公室、项目化管理中心、项目团队、组织职责描述、人力资源能力测评、职业生涯发展设计、组织薪酬、学习型组织建设、制度与标准等管理方法和工具。**企业项目化组织人员管理是企业项目化管理的难点，需要充分发挥管理学科中科学和艺术二重性的功能和特点。**

5）企业项目化财务成效管理领域。它是企业项目化管理操作层级的支撑，是企业实施项目化管理获得财务收益的外在显现。财务成效作为企业项目化管理系统的重要组成部分，为企业战略实施、项目突破、运作积淀提供强有力的财务支撑。企业项目化财务成效管理领域包括全面预算管理、全面决算管理和业绩成效管理 3 个模块，涉及财务决策、财务风险、财务分析等管理方法和工具。

（3）22 个模块

企业项目化管理范式的 22 个模块是支撑企业项目化管理 3 个层级与 5 大领域落地实施的具体管理手段，分别为战略分析、战略规划、战略实施、战略管控、项目孵化、单项目管理、项目集群管控、运作转化、运作管理、组织架构与职责、人员聘用与育留、组织薪酬管理、制度与标准、全面预算管理、全面决算管理、业绩成效管理、经验固化、知识提炼、能力复制、愿景使命、理念价值观、行为法则。

1）企业项目化战略分析。它是企业项目化战略管理的前提及企业对所处社会宏观环境、行业中观环境及企业微观环境进行客观分析和趋势判断，结合企业对自身发展能力的客观评价，利用战略分析工具，进行企业发展战略定位和初步规划的战略管理内容和过程。企业项目化战略分析是企业项目化战略规划、实施与管控的前提，对确定企业定位、未来发展方向乃至目标策略具有至关重要的作用和影响。企业项目化战略分析工具主要有 SWOT、波士顿矩阵、迈克尔"五力模型"等。

2）企业项目化战略规划。它基于企业项目化战略分析结果进行企业的战略定位，并制定企业项目化的总体战略目标。在此基础上对企业中长期发展策略进行谋划，包括企业的近期、中期和长期战略目标，并描述其实施路径。企业项目化战略规划的制定建立在企业项目化战略环境分析的基础之上，不仅是企业项目化战略实施的前提，更是企业项目化管理的精要所在。企业项目化战略规划工具主要有战略定位、战略主题、战略地图等。

3）企业项目化战略实施。它是在进行了企业项目化战略规划后，为实现企业战略目标而对战略规划的实施与执行。即企业在明晰了自己的战略目标后，应专注于如何将其落实转化为实际行动并确保其实现。企业项目化战略实施是战略管理的行动阶段，也是战略管理的核心内容。

4）企业项目化战略管控。在企业项目化战略实施过程中，需检查企业为达到战略目标所进行的各项战略任务的执行情况，并评估实施企业战略执行后的绩效。把它与既定的战略目标与绩效标准相比较，发现战略执行差距，分析产生偏差的原因并纠正偏差，使企业战略的实施更好地契合企业当前所处的内外部环境，和企业战略目标协调一致，确保企业持续、稳定、健康的发展战略能够实现。企业项目化战略管控注重对战略实施过程的管理和监控，将管控系统的规划工作前置，从而真正体现战略管理的实效性。

5）企业项目化项目孵化。它是企业升级发展的重要前提，是企业创造条件促进项目启动并将项目列入企业正式工作程序的一个过程。项目孵化阶段主要包括企业需求识别、项目策划、项目发起等工作。

6）企业项目化单项目管理。企业项目化单项目管理是企业针对单一项目活动，通过项目孵化、项目概念、项目规划、项目实施、项目收尾和项目转化中的一系列管理活动，实现单一项目活动成功，并将项目的一次性成果转化为企业的长期成果。图1-7为企业单一项目活动管理模型。

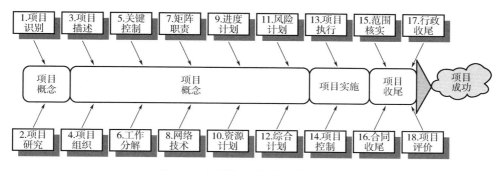

图1-7　企业单一项目活动管理模型

7）企业项目化项目集群管控包含企业项目化项目集管理与企业项目化项目组合管理。

①企业项目化项目集管理。它是对具有相同或相似性质、目的等的同一类别项目进行的管理。其中项目集是一组相关联的项目，它能够经过协调管理获取单独管理这些项目时无法取得的收益和控制。整体而言，企业项目化项目集群管控是对一个项目集采取集中式的协调管理，旨在实现这个项目集的战略目标和收益。包括把多个项目进行整合，以实现项目集目标，并使得成本、进度与工作可以被优化或集成。

②企业项目化项目组合管理。它是为了实现特定的企业目标，对一组集中管理的项目、项目集和其他工作进行的统一管理。这些不同的组成部分共同提高该工作的管理效率，以实现企业战略性商业目标。需要注意的是，项目组合中的项目或项目集可能不具有直接关系或依赖性关系。

8）运作转化。它是通过管理能力提升，将企业中的项目活动转化为运作活动进行管理，从而降低管理成本、提升管理效率的过程。企业通过项目管理获得了项目活动的成功。然而，项目管理的成功仅是短期成就，不能作为企业的长期追求。作为长期稳定性的组织，企业还需将项目的一次性的努力成果转化为企业的长期收益，即把项目活动转化为运作活动，这依赖外部环境的稳定和内部管理水平的提升，此过程为运作转化。运作转化工作主要包括活动转化、组织转化、人员转化等。需要注意的是，勘察、设计等典型项目活动，通常很难完全转化为运作活动。

9）运作管理。它是企业对运作活动的管理。企业的运作活动指活动环境稳定、工作内容清晰，企业以往经历过且与此前活动相比无影响性变化的重复性活动，如企业流水线的生产、物料入库、财务报销、例行安全检查等。对活动采用运作管理，一方面说明企业对该活动的管理已经成熟；另一方面说明企业自身已经掌握对该活动的管理。运作管理具有目标静态化、内容明确化、流程规范化、行为标准化、组织专业化、工具信息化等特点。

10）企业项目化组织架构与职责。它旨在以企业项目化战略管理为导向，对应岗位所要求的工作内容、责任范围，以职能管理为基础，针对企业项目化活动需求，构建组织架构并明确权责分配。企业项目化组织架构与职责是职务与责任的统一，由授权范围和相应的责任两部分组成。它有助于任职者明确自己的主要产出领域及成果，也有助于管理者明确所需人员素质要求。企业项目化组织架构是适应新趋势的企业组织形式，具有鲜明的特征。企业项目化的组织架构设计，要充分考虑发展的趋势和要求。为有效支撑企业战略任务的实施，企业项目化组织架构应从整体组织架构、企业项目化专有组织和单项目组织3个层次进行规划、设计。企业项目化管理组织职责描述是确保企业组织架构稳定的重要途径。

11）企业项目化人员聘用与育留管理。它是企业项目化组织人员管理的重要工作和内容。为实现企业项目化战略目标，实施相关项目和运作工作，需根据组织管理的相关规定，进行各部门、各岗位人员的识别、选拔、任用、培养和留用工作。企业项目化人员聘用与育留管理模块，主要包括人力资源方面的整体规划、招聘选拔、聘请任用、培训和开发、职业发展等环节。

12）企业项目化组织薪酬管理。它是企业为了达成战略和任务目标，根据组织管理相关规定和人员素质水平等情况，由企业管理者主导推动，确定各级员工报酬总额、结构和形式的管理过程。从本质上讲，是通过对优良行为的奖励、固化和对不良行为的处罚、警戒，达到改善企业员工行为、提升企业发展成就为目的的组织措施。

13）企业项目化制度与标准。它基于企业组织的层面，通过对内的制度约束和对项目执行的第三方标准要求，持续改善企业员工的工作行为，从而保障企业项目化管理能力不断提升及企业项目化战略目标成功实现。其中，管理制度作为企业内部"立法"，是通过组织权力程序确立的行为规范，对员工和组织具有强制约束作用，但其管理成熟度相对较低。标准是按照通用规则形成的第三方强制要求，涵盖国家标准、行业标准、企业标准等，其执行范围更广泛且管理成熟度更高。

14）全面预算管理。它是根据企业项目化战略要求和项目实施需求，通过对内外部环境的分析，在财务预测与决策的基础上调配项目、运作所需的相应资源，对企业未来特定时期的经营和财务活动等做出的一系列具体计划。全面预算管理是预算计划的数字化、表格化、明细化的表达，体现了预算的全员、全过程、全组织的特征。

15）全面决算管理。它是对项目预算经费执行情况的总结。通过项目财务决算工作，可以深入分析项目预算经费的实际执行情况，促进后续项目预算的合理编制，从而提高资金的使用效益。全面决算管理有利于项目管理办公室（Project Management Office，PMO）掌握各项目成本管理情况，促进项目管理水平提升。

16）业绩成效管理。它是为了达到组织战略和任务目标，根据组织管理相关规定和人员素质水平等情况，由企业管理者主导推动，员工共同参与制定并实施的业绩成效目标、业绩成效计划、业绩成效考核评价、业绩成效结果应用及业绩成效目标改进。根据组织或项目的业绩成效，对企业员工的行为表现进行考评。根据业绩成效面向的活动性质，企业项目化业绩成效主要分为项目业绩成效和运作业绩成效。

17）企业项目化经验固化。它旨在将在实践中总结出的，有助于本岗位工作更顺利进行的技能与方法等，通过可视化方法进行有效的记录，以便接任本岗位的工作人员能够快速进入工作状态。企业中需要固化的经验大致分为两类：成功的经验与失败的教训。在工作岗位上积累成功经验是企业员工快速掌握工作技能的重要途径，而企业中的工作失误同样是企业经验积累的宝贵财富。企业经验固化最有效的方法是树立基准标杆，将成功的经验进行固化与传承。

18）企业项目化知识提炼。企业清晰界定知识提炼的途径，科学制定知识提炼的过程，以促进企业独有的项目化管理知识水平不断提高，从而达到更高的项目化管理成熟度等级。企业项目化知识提升的来源主要有两方面：外部知识与内部知识。企业项目化知识的提升，通常需要外部机构进行辅助，一般通过培训和实践相结合的方式进行。

19）企业项目化能力复制。它是企业项目化管理实施过程中，对企业在日常经营管理活动中表现出的，旨在满足企业生存、成长和发展需求的系统方法和综合过程的能力水平进行复制，是企业项目化管理快速、稳定实施的保障。从企业经营的宏观角度来说，它包括企业发展战略规划能力、资源获取能力、资源整合能力、价值链管理能力、关键核心竞争优势和能力等；从企业内部管理的微观角度来看，它包括企业组织运作能力、指挥控制能力、战略分解与执行能力、综合管理能力等；从企业职能分配的角度来看，它包括企业产品开发与设计能力、市场与客户服务能力、产品与服务提供能力、生产与品质保障能力、供应与物流管理能力、人力资源开发与利用能力、成本管控能力、品牌策划与运作能力、后勤保障支撑能力等基础能力。企业进行项目化能力复制的最有效成果，就是形成学习型组织与企业大学。

20）企业项目化愿景使命，包含企业愿景与企业使命两部分内容。

①企业愿景，又称为企业发展愿景，简称愿景（Vision），或称作远景、远见。企业愿景是企业的发展方向及战略定位的体现，是企业的长期愿望及未来状况，是组织发展的蓝图，体现组织永恒的追求。企业愿景是企业高层管理者构想的一种概念，是他们对企业未来的设想，是对"我们代表什么""我们希望成为怎样的企业"等问题的持久性回答和承诺。这一管理方法自20世纪90年代以来广受欢迎。企业发展愿景是对企业发展终极目标的整体描述，**主要面向企业内部利益相关方**，引导其明确企业的发展方向和终极目标。

②企业使命，明确了企业在社会经济发展中应担当的角色和承担的责任，阐释了企业的根本性质和存在理由，界定了企业的经营领域和主导思想，是企业制定发展目标和策略的根本依据。企业发展使命确立了企业发展的基本指导思想、原则、方向和发展哲学等，它超越了企业的战略目标，以一种抽象的存在，影响着经营管理者的决策和思维。尽管各企业对发展使命的描述形式各异，但核心体现为企业存在的原因和方式。企业发展使命也是企业对发展终极价值的整体描述，**主要面向企业外部利益相关方**，引导他们对企业的认知和认

同。例如，阿里巴巴的"让天下没有难做的生意"和三菱电梯的"实现人类上上下下的快乐"都属于企业的使命。

21）企业项目化理念价值观，企业发展理念。它是由企业家积极倡导，全体企业员工自觉实践的一种正确、理性的企业发展观点和理念。企业理念能够激发企业内部人员的活力，是推动企业长期发展的精神支柱和行为规范。一般而言，企业理念的形成过程是从企业家的意念出发，经过提炼成为企业观念，再进一步上升到思想理性高度。企业理念的对外延伸就是企业价值观，它包含了企业经营管理思想、宗旨、精神等一整套观念性因素，构成了企业价值观体系。例如，天士力医药集团公司"追求天人合一，提高生命质量"的企业理念。

22）企业项目化行为法则。它是企业以客观的管理实践为依据，在管理实践中逐步产生和发展起来的，对管理行为活动及其规律（如管理知识与理论）在更高层次上的总结和概括，是企业所有人员管理必须遵循的准则。例如，"企业管理系统化、规范化、标准化、信息化"等属于企业的行为法则。

企业项目化管理范式的出现，标志着企业管理模式的一次重大革新。它不仅提高了工作效率，还加强了资源的管理和协调，提高了团队合作和协调能力，强化了企业变革和创新能力，从而能够显著提升企业的竞争力。

1.3.2 企业项目化管理范式的成就

企业项目化管理范式是应外部环境变化而生的。它基于企业整体发展的视角，为有效提升企业管理效率和效能，以专业化的职能管理为基础，以系统化的综合管理为核心，以项目为牵引，以规范为目标，打造了既能系统整合企业内部资源、动态响应外部变化，又能落地实操的企业管理范式。此范式促进并实现了企业的持续、稳定、健康发展，其应用范围相当广泛。

一种情形是，在当前及未来的外部环境挑战下，无论企业主观意愿如何，都必须推行企业项目化管理。否则，企业将因无法适应环境挑战而丧失部分甚至全部竞争优势。这类企业对企业项目化管理的需求最为迫切，绝大多数行业的企业都属此列，这也是企业项目化管理备受瞩目的重要原因之一。

另一种情形是，部分企业目前面临的外部环境挑战较小，或尚未受到明显挑战。然而，通过对未来发展环境的预测和分析，这些企业预见到未来某一时刻可能会受到环境发展的挑战。因此，它们前瞻性地提出了企业内部变革提升的要求，决定实施企业项目化管理，以实现产品质量提升、生产成本降低、营销能力增强等目标。某些企业对企业项目化管理的需求迫切性相对较弱，远不如那些具备长远发展战略和较强危机感的企业，这类企业一般指项目化特征不明显的企业，如烟草企业、印钞企业、燃气企业等垄断程度较高的行业企业。但随着社会的发展、科技的进步和市场化程度的加深，一些行业的垄断程度逐渐降低，竞争加剧，如发电企业。这些企业响应外部变化的速度若跟不上竞争对手，易丧失竞争优势，因此对管理变革的需求就会变得越来越迫切。因此，尽管这类企业目前占比相对较小，但随着市场环境的变化，它们也将逐渐转型为项目导向型企业。

企业项目化管理范式是企业面向发展、应对竞争的重要管理范式。它针对企业发展速度提升、竞争程度加剧等项目化趋势和现象，从企业跨越式、提升性的战略目标出发，以变化性的项目活动为核心，构建企业组织架构、进行资源配置并培养人员能力。企业项目化管理水平的高低，直接决定了企业应对竞争的能力。这一范式恰恰反映了当今及未来企业发展环境的核心要求。

企业项目化管理范式是企业兼顾并融合专业分工和系统整合的管理范式。它以专业化的职能管理为基础，以整合性的项目管理为核心。对于企业内重复性的运作活动，采用标准化、规范化和专业化分工的职能管理。对于变化性的项目活动，则采用一次性、动态性和综合性整合的项目管理。通过职能管理，企业实现了专业化分工和职能效率的提升。通过项目管理，企业实现了综合性整合和整体效能的提升。这一范式还通过企业战略任务的活动分解及活动的相互转化，巧妙地兼顾并融合了专业分工和系统整合。

企业项目化管理范式也是企业均衡实现相对稳定和持续发展的管理范式。它以思想为引导，以知识为指导，以操作为基础。在具体实施层面，它以战略为主导，以项目为核心，以运作为基础，以组织人员为保障，以财务成效为支撑，使企业实现科学性、系统性的发展，并奠定企业在行业中的领先地位，从而确保企业能够实现相对稳定和持续发展。

企业项目化管理范式还是企业综合运用现代管理思想、组织、方法和工具的管理范式。它从企业持续、稳定、健康发展的根本使命出发，站在企业组织的整体角度，综合借鉴了现代企业管理和项目管理在管理思想、组织、方法和工具方面的先进知识成果和实效应用手段。这一范式系统构建了有效连接企业发展战略与具体任务活动的管理体系，并提供了适应各管理模块特征的管理方法、工具、表格和模板，保证了该管理范式的思想先进性、组织有效性、方法得当性和工具支撑性，因此具有极强的实操性和便捷性。

企业项目化管理范式更是企业超越优秀、追求卓越的管理范式。从管理思想、知识和操作的体系构成上，从管理评价、变革、提升和维护的运行机制上，它都以面向发展、迎接挑战、增强竞争为指导。这一范式不满足于已有的管理成效，而是综合运用内外两种促进手段，促使企业持续发展、不断完善，以超越优秀、追求卓越并打造行业第一为管理发展目标。可以说，企业项目化管理就是打造企业卓越竞争力的一种重要管理范式。

自 2002 年以来，全国众多知名企业陆续开展项目化管理创新实践，如中国广核集团有限公司、中国铁路设计集团有限公司、天士力集团有限公司、唐山上汽客车有限公司、浙江新和成股份有限公司等。

在这个过程中，各家企业以项目化管理为抓手，针对创新升级、持续发展、永续经营等一系列管理领域中的重难点进行了深入细致的探索与实践，根据自身实际特点进行了一系列的定制化设计与创新变革。在项目化管理的助力下，这些企业成功实现了管理模式的转型升级，不仅提升了整体运营效率，还在市场竞争中取得了显著的优势地位，实现了跨越式的发展，还培养了本企业中一大批具备项目化管理能力的高素质人才。

例如，为我国高速铁路发展提供关键动车生产的唐山上汽客车有限责任公司，也将项目制管理（项目化管理）作为其核心管理策略。通过这一管理模式，该公司不仅成功促进了企业技术的变革与创新，还有效固化了生产过程中积累的宝贵经验，为后续的持续发展和产能扩展奠定了坚实的基础。在动车生产领域，唐山上汽客车有限责任公司不断取得战略突破，如圆满完成 CRH3 的首单生产任务、顺利实现 CRH380BL 首列动车下线，以及将碳钢车的产能大幅提升至日产 10 辆，年产值更是突破了百亿元大关，完全实现了项目进度、质量和费用的预期目标。这些成就充分展示了该公司在项目化管理下的卓越执行力和市场竞争力，为公司的长远发展奠定了坚实的基础。

1.3.3 企业项目化管理创新范式的开拓

企业项目化管理博大精深，特别是企业项目化管理范式知识体系是以创新为目标，以项目为抓手，以企业整体管理为对象，在管理理论知识方面的总结、提炼与提升。自企业项目化管理范式发布以来，切实引导并支持了众多企业的管理创新发展。当前，面对世界百年未有之大变局，人类社会正从 VU-CA⊖时代转向 BANI⊜时代。相对于企业管理创新实践的更高要求，企业项目化管理范式也面临着来自实践深化和提高的各种挑战。

学界当前对于项目化管理的研究，多数聚焦于以企业整体作为研究对象，主要从宏观角度深入探究企业在面对创新变革过程中的管理优化策略与提升路径。这些研究广泛探讨了企业如何在复杂多变的市场环境中，通过项目化管理的手段实现战略转型、流程优化和资源配置的高效化。然而，与宏观层面的丰富探讨相比，对于企业内部的微观层面，如具体部门、团队或个体在项目化管理中的实践与挑战，研究则显得较为匮乏。

企业在推进项目化管理变革的过程中，必须依赖员工的积极参与。这种全员参与的策略不仅有助于增强员工对企业项目化管理变革的认同感和归属感，还能有效提升变革的实施效果。为了确保企业项目化管理顺利推进和成功落地，企业需要有针对性地开展多层次、全方位的员工培训，培训内容应涵盖项目化管理的核心理念、方法论、工具技巧及实战案例等多个方面，旨在全面提升员工的企业项目化管理能力，逐步使员工的能力水平与企业项目化管理能力

⊖ VUCA 时代指一个具有易变性、不确定性、复杂性和模糊性特征的时代。易变性（Volatility）：事物发展变化快，变化的幅度大，变化的周期短。不确定性（Uncertainty）：未来发展的趋势不明确，难以预测。复杂性（Complexity）：事物之间的关联性和影响性增强，使得问题和挑战更加复杂。模糊性（Ambiguity）：由于信息不完整、不准确或者存在多种解读，使得决策更加困难。

⊜ BANI 时代是由美国人类学家、作家和未来学家贾迈斯·卡西欧（Jamais Cascio）于 2016 年提出的一个新术语，用以描述当前不稳定、不确定、复杂多变及模棱两可的现实环境。BANI 由 4 个英文单词首字母组成：B 指 Brittleness（脆弱性），A 指 Anxiety（焦虑感），N 指 Non-Linearity（非线性），I 指 Incomprehensibility（不可理解性）。这个概念强调了当前整体系统的脆弱性、内心的焦虑、事物发展的非线性和难以理解性，反映了当今世界的不确定性和复杂性。

的需求相匹配,为企业的持续发展和竞争优势的提升奠定坚实的人才基础。

　　同时,市场上鲜有针对企业中微观层面项目化管理实践的指导资料和针对企业员工的系统性项目化管理能力提升培训课程,这在一定程度上限制了企业在实际操作中对项目化管理方法的深入应用与精细化管理的推进。因此,有必要加强对企业中微观层面项目化管理落地和实践的关注,并编撰和研发更多具有实践指导意义的资料和工具,以助力企业在各个层面上实现管理水平的全面提升。

　　员工是企业项目化管理践行的角色主体。从企业高层管理者、企业中层管理者、企业基层员工的角度,分别根据他们各自角色的项目化职责定位、能力要求,分析其项目化管理能力修炼的要点和提升路径,这一做法显得意义非凡。

第2章　企业项目化管理实践面临的挑战

初级项目修炼：

选事要准，谋事要透，干事要快，了事要清。

项目操作，做对做成，创业可期。

中级系统修炼：

战略明确主导化，项目创新核心化，运营经验积淀化，组织人员保障化，财务成效支撑化。

系统运行，做强做大，持续有望。

高级体系修炼：

思想引导、能力传承，

知识指导、能力复制，

操作支撑、能力提升。

体系运转，做优做久，永续传承。

——《管经修炼——企业管理篇》

第二章：修炼

2.1　高层：使命感缺乏韧劲，概念能力捉襟见肘

　　企业高层管理者宛如灯塔，指引前行的道路；如同中枢，掌控全局的运作。他们是战略的规划者，是决策的制定者，是团队的领导者。企业高层管理

者的核心使命，在于引领企业的业务拓展与成长，于激烈的行业竞争中构筑坚不可摧的核心竞争力，为企业的长远发展和持续经营提供源源不断的动力。要达成此目标，企业高层管理者不仅需要拥有坚定不移、持之以恒的使命感，还需要具有高瞻远瞩、洞察秋毫的概念能力。唯有如此，方能达到"不畏浮云遮望眼，只缘身在最高层"的境界，使企业在激烈的竞争中立于不败。

然而，在现实的商业环境中，部分企业高层管理者缺乏明确的目标和动力，未尽责任，居功自傲，不想不做，企业出现问题时不敢担当。这些现实情况的背后，归根结底是对企业使命感的缺失以及概念能力的薄弱，无法切实承担岗位赋予的责任，履行相应的义务。因此，必须从使命感和概念能力这两个关键维度出发，进行深入探究，以寻求解决之道。

2.1.1 使命感是企业高层管理者的"反应堆"

管理者的使命感始终是管理学中非常重要和备受关注的命题。使命感通常被阐释为个体对自身在社会、组织或个人生活中所承担角色和责任的深刻认知与强烈感受，这种认知和感受驱使个体为实现特定目标或价值而积极行动；有时，它也被描述为个体对自身存在意义和目的的感知，即认为自身行为能对他人或社会产生积极影响；它还被认为是一种内在召唤，引导个体追求超越自我利益的目标，并从中获得满足与成就感。无论从上述的何种定义来审视，使命感的重要性都显而易见、不容置疑。它对于管理者在履行职责、引领团队及推动组织发展等方面都发挥着不可或缺的关键作用。

在企业高层管理者的实践中，使命感犹如一片璀璨的星辰，在黑暗中闪烁着引领的光芒；又似熊熊燃烧的烈焰，点燃激情与梦想的火炬；也是照亮前行道路的明灯，指引大家走向辉煌的康庄大道。使命感能够激发企业高层管理者内心深处的澎湃激情，给他们注入勇往直前的强大动力，并凝聚整个团队的向心力，如同强大的"反应堆"，持续释放无尽的能量，推动企业高层坚守初心、不懈奋斗。

1. 使命感对企业高层管理者的价值至关重要

马克思说过，作为确定的人、现实的人，你就有规定、就有使命、就有任务，至于你是否意识到这一点，那是无所谓的。这个任务是由于你的需要及其与现存世界的联系而产生的。使命是客观存在的，不以人的意志为转移，无论人们是否愿意接受，是否意识到，是否感觉到它的存在，这种使命都伴随人的出生而降临。使命感，即个体对特定社会和时代所赋予的使命的一种感知和认同。使命感是必要的，具备使命感的人，会更珍惜人生、珍惜生命、珍惜工作。

使命感对于企业高层管理者而言，其价值珍贵且无可替代，具有深远而重大的意义。在复杂多变的商业竞争环境中，使命感为企业高层管理者坚定地指明前进的方向。它使企业高层管理者超越眼前的短期利益，将目光放长远，追求长期的收益和更宏伟的目标。使命感激励着企业为实现伟大的理想和宏伟的目标而不懈努力，倾尽全力。它不仅是一种感觉，更是一种深沉、强烈和持久的情感链接，将企业高层管理者与他们所从事的事业紧密相连，使他们对这份事业充满热爱与执着，坚守信念，毫不动摇。

任正非曾说，使命感就是要让高层干部有事业心。强烈的事业心，绝不会满足于当下的成就和利益，更需要具备长远的眼光和宽广的胸怀。企业高层管理者应当走在时代前沿，敏锐洞察市场变化，精准把握行业发展方向，引领企业在激烈的竞争中稳操胜券，实现持续发展。从任正非的这句话中不难看出，使命感具有无与伦比的价值，它能让企业高层管理者在面对诱惑时坚守初心，在面对挑战时勇往直前，为企业的长远发展保驾护航。同时，使命感还能够激发企业高层管理者的创新精神和变革勇气。当市场环境发生变化、传统模式受到冲击时，使命感会促使他们积极探索新的发展路径，大胆尝试新的商业模式。他们会以使命感为动力，带领团队突破困境，开拓新的市场空间，为企业创造更多的价值。拥有使命感的企业高层管理者还能够在企业内部营造积极向上的文化氛围，吸引和留住优秀人才，为企业的持续发展提供源源不断的动力支持。

（1）使命感能够让企业高层管理者坚定执着于企业发展目标和方向

使命感让企业高层管理者不在短期利益的诱惑中迷失方向，而是着眼于更长远、更具意义的事业追求，激励其为了实现宏伟的理想愿景而持之以恒地努力拼搏。20 世纪 70 年代，比尔·盖茨在创立微软之初，便有了让每个人的桌

⊖ 马克思，恩格斯. 德意志意识形态（节选本）[M]. 北京：人民出版社，1995.

面上都有一台计算机的宏大使命感。这一目标为微软提供了持续前行的动力。在当时，计算机技术尚处于发展初期，个人电脑远未普及，但比尔·盖茨凭借着这一强烈的使命感，坚定自己的信念并带领团队不断创新，研发出一系列革命性和开创性的软件产品，使得微软逐渐成为全球信息科技领域的领军企业。正是这种使命感，让比尔·盖茨在面对技术难题、市场竞争和行业变革时，始终保持坚定的信念，不断推动微软向前发展。

（2）使命感能够激发企业高层管理者内心深处的奋斗动力和工作热情

使命感使企业高层管理者全身心地投入事业，不畏艰难险阻，不惧挫折失败，坚定不移地追求卓越，永不放弃，永不言败。埃隆·马斯克以"做让世界美好的事情"为使命，致力于推动可持续能源发展。即便面临诸多技术难题和资金困境，他依然凭借着强烈的使命感勇往直前，不断突破创新，为人类的能源事业开辟了新的道路。当埃隆·马斯克决定进军电动汽车和可再生能源领域时，他面临着来自传统汽车制造商、石油巨头及技术瓶颈等多方面的巨大压力。然而，他内心深处对于促进能源结构改变、推动可持续发展，从而让世界更美好的使命感让他毫不退缩。他持续投入大量的资金和精力进行研发，经历了无数次的失败和挫折，但始终没有放弃。最终，特斯拉电动汽车的成功问世、太阳能技术的不断突破、SpaceX 的成功发射等，都证明了使命感给埃隆·马斯克带来了强大动力和一定成功的决心。

（3）使命感有助于企业高层管理者树立良好的形象和声誉

当企业高层管理者将服务社会、创造美好作为使命时，必然会赢得员工的衷心拥护、合作伙伴的信赖与支持，以及社会各界的尊重与赞誉，为企业的发展营造积极有利的内外部环境。王石领导的万科始终坚守对建筑品质的极致追求和对社会责任的勇敢担当，从而在竞争激烈的房地产市场中树立了良好的口碑，赢得了广大消费者的青睐和信任。在房地产行业竞争激烈、市场环境复杂多变的情况下，万科始终坚持"质量第一"的原则，致力于为消费者提供高品质的住宅产品。同时，万科积极参与公益事业，关注环境保护和社会发展，展现了企业的社会担当。这种使命感不仅为万科赢得了良好的声誉，也为万科吸引了众多优秀的人才和合作伙伴，为万科的持续健康发展创造了广阔的空间。

（4）使命感还能让企业高层管理者满怀爱国情怀，厚植社会责任感，在发展企业的同时尽己所能奉献社会和服务大众

任正非从创业的那天起为的就不是自己，而是"中华有为"。他带领华为在科技领域披荆斩棘，突破重重难关，承受住了外部打压封锁的压力，实现了通信设备、网络设备、光伏逆变器、物联网等多项技术排名全球领先，为中国信息通信技术领跑世界和为全人类服务做出了卓越贡献。

2. 使命感缺乏韧劲导致的后果难以想象

美国管理学家彼得·德鲁克曾经说过，企业的目的必须存在于企业本身之外。事实上，企业的目的必须来自社会，因为企业是社会的器官。如果企业高层管理者在承担自身使命的过程中，无法保持坚定和持久的信念与行动，意志容易动摇、衰退甚至消逝，未能持之以恒地致力于企业长远目标的实现，那么就说明其使命感缺乏韧性。如果企业高层管理者的使命感缺乏韧性，时强时弱，企业的发展和成长必然会受到严重阻碍。

（1）企业高层管理者容易动摇和退缩，影响战略和决策的执行

在面对艰难险阻和严峻挑战时，如果使命感缺乏韧性，企业高层管理者往往会动摇和退缩，无法坚决执行既定的战略和决策，从而导致企业错失宝贵的发展机遇。在市场竞争激烈、成本持续上升的环境下，部分企业可能会选择牺牲产品质量标准以降低成本。这种短视行为虽然能在短期内获取一定利润，却严重损害了企业的声誉和长期利益。例如，曾经红极一时的某品牌手机制造企业，在面对市场竞争加剧、生产成本上升的压力时，为降低成本而采用劣质零部件，导致产品质量大幅下降，消费者投诉频发。尽管短期内企业通过这种方式降低了成本，获得了一定的利润，但长期来看，品牌形象受损，市场份额急剧下降，最终被市场淘汰。

（2）企业高层管理者容易丧失信心，影响创新的推动

在面对创新突破时，如果使命感缺乏韧性，企业高层管理者将无法坚定不移地推动创新，企业将逐渐失去市场竞争力。这将无法激发企业团队的创新思维和创造力，导致企业在产品研发、服务改进、市场开拓等方面落后于竞争对手。在科技快速发展、市场需求不断变化的当下，创新是企业生存和发展的关键。曾一度称霸全球的某国际手机巨头，由于企业高层管理者在面对智能手机

的兴起时仍坚守传统手机的生产和销售模式，缺乏创新思维和长远视野，最终在市场竞争中失去优势，企业业绩大幅下滑，不得不进行大规模的裁员和业务重组，最终被市场淘汰。类似的案例不胜枚举。例如，曾经在电脑行业占据重要地位的某大品牌，在互联网快速发展、用户需求逐渐转向移动设备的背景下，因企业高层管理者使命感缺乏韧性，未能积极探索新的业务领域和创新模式，仍依赖传统的电脑生产和销售，忽视市场的变化和新兴技术的应用，最终导致该企业的市场份额不断被侵蚀，品牌影响力也大不如前。这些案例都充分说明，若企业高层管理者在使命感上缺乏韧性，不能顺应时代潮流积极推动创新，企业就如同逆水行舟，不进则退。只有企业高层管理者始终保持强烈且坚定的使命感，不断激发团队的创新活力，企业才能在激烈的市场竞争中披荆斩棘、持续发展。

（3）企业高层管理者容易短视，影响可持续发展

在面对环境保护和可持续发展的问题上，如果企业高层管理者使命感缺乏韧性，就不能从大局出发，无法进行长远规划，或许会采取短视的行为，破坏环境和自然，给社会和人民群众带来巨大危害。正如媒体中所报道的，个别企业非法向江河湖海非法倾倒含有大量有害物质的废水、非法在环境保护区进行大规模矿产开采、非法向大气中排放有毒有害气体，以此获取短期利益，但最终都难逃法律的严厉制裁和惩罚。

"求木之长者，必固其根本；欲流之远者，必浚其源泉……"导致企业高层管理者使命感缺乏韧性的根源主要有4方面：一是对企业的情感不深，忠诚度不足，缺乏与企业荣辱与共的信念，口是心非，言不由衷，一旦遇到利益诱惑或者面对变化和挑战，难以自觉抵制诱惑并为企业献身；二是自身能力不足且缺乏学习意愿，没有充分的实力和自信支撑，不会学习、不想学习、不敢学习，无法紧跟时代潮流和科技进步，缺少主动变革和创新的勇气，更惧怕失败和挫折带来的损失；三是缺乏攻坚克难的决心，面对困难和艰险时习惯选择逃避，不能持之以恒，更不能在面对重重困难时保持坚韧，没有勇于担当和果断决策取舍的勇气和魄力；四是受外部环境的影响，急功近利的心态、恶性竞争、不科学的衡量标准等都可能削弱企业高层管理者坚守使命的决心。

因此，如果使命感缺乏韧性，其对企业的影响将是全方位、深层次和长期

性的，企业高层管理者必须对此保持警觉，深刻剖析问题及其根源，并及时采取措施加以解决，从而用强烈的使命感和坚韧的毅力推动企业不断前行。只有这样，企业才能在激烈的市场竞争中立于不败之地，实现可持续生存与发展，为社会和大众创造更多的价值。

2.1.2　概念能力是企业高层管理者的"千里眼"

概念能力也称为概念技能，指管理者在面对复杂多变的环境时能够统观全局，具备分析、判断、抽象和概括的能力，能够认清主要矛盾、抓住问题实质并形成正确概念，从而进行正确决策。美国著名管理学学者罗伯特·卡茨认为，概念能力包括一个管理者能够认识到组织的功能是相互依赖的，并能够从大的背景下为组织的未来勾画远景。

拥有良好的概念能力，宛如乘上强劲的东风，扬起希望的风帆；拥有良好的概念能力，恰似支起一张坚韧的巨帆，引领航行的船舶；拥有良好的概念能力，更像雄鹰那双宽阔的翅膀，支撑着飞翔和逐梦。企业高层管理者必须具备良好的概念能力，这如同赋予他们"千里眼"一般，使他们能够精准洞察未来的机遇与挑战，助力企业在商海中劈波斩浪、扬帆远航。

1. 企业高层管理者的角色决定了其必须具备概念能力

企业高层管理者在企业组织中扮演着举足轻重的关键角色。他们是企业战略的精心规划者、是企业决策的制定者，更是企业全体员工的方向引领者。他们肩负着制定企业长远发展方向的神圣使命，承担着统筹资源配置的艰巨任务，以及协调各部门高效运作等重要职责。这样的角色定位就必然要求企业高层管理者在处理涉及急难险重、改变局面、推动进步等问题时，必须具备概念能力。在这个快速变化的信息时代，企业高层管理者只有不断提升自身概念能力，才能透过现象看本质，从而对整体局势进行精准把握，并做出高瞻远瞩的前瞻性判断。

对于企业高层管理者而言，概念能力意味着他们不能被琐碎的日常事务和局部问题束缚，要拥有雄鹰俯瞰大地般的广阔视野和深邃洞察力，能够敏锐地捕捉市场的细微变化，如同敏锐的猎手察觉到猎物的蛛丝马迹；能够精准地把握行业的发展趋势，仿佛经验丰富的航海家预知风向和洋流的变化。他们要站在全局的高度去审视企业的过去、现在和未来，如同站在高山之巅眺望远方的风景。

"概念赋能高层智，洞察全局创未来。"概念能力对于企业高层管理者具有不可估量、难以言表的巨大价值，可以概括为**"四能三助一引领"**。

"四能"：宏观视野、整体考虑、系统思考、大局把握。宏观视野指企业高层管理者需具备超越当前的具体事务和局部情境的能力，以广阔的视角审视行业的整体发展趋势、市场的宏观动态，以及全球范围内的经济、政治、社会等因素对企业的潜在影响。整体考虑要求企业高层管理者在决策过程中，必须综合考虑企业的各个方面，确保决策的全面性和协调性，避免因片面追求局部利益而损害企业的整体利益。系统思考指企业高层管理者能够深入分析企业作为一个复杂系统的内部运作机制，明确各个部门、业务流程之间的相互关联和相互影响。大局把握要求企业高层管理者在面对复杂多变的内外部环境时，始终明确企业的核心目标和长期战略方向，不被短期的利益诱惑，不被局部的困难干扰，精准识别关键问题和主要矛盾，做出符合企业整体利益和长远发展的决策。只有拥有宏观视野，企业高层管理者才能超越眼前的局限，洞见更广阔的市场空间和发展机遇；才能做到整体考虑，避免片面决策，实现资源的最优配置；才能进行系统思考，深入理解企业内部各个环节之间的相互关联，制定更具协同性的策略；才能实现大局把握，在复杂多变的局势中坚守核心目标，不受局部利益迷惑。

"三助"：助力战略决策、助力创新变革、助力提升竞争力和抗风险能力。在助力战略决策方面，概念能力能够让企业高层管理者清晰地洞察市场趋势和竞争对手的动向，从而制定具有前瞻性和适应性的战略。在助力创新变革方面，概念能力能够使企业高层管理者敏锐捕捉新技术、新需求和新商业模式，持续推动企业进行创新和变革。在助力提升竞争力和抗风险能力方面，概念能力能够帮助企业高层管理者提前布局，优化业务结构，降低运营成本，提高企业在市场波动和危机中的生存能力。

"一引领"：引领企业稳健发展。具备强大概念能力的企业高层管理者，能够为企业明确发展方向，引领企业在正确的道路上稳步前进。概念能力能够助力企业高层在市场的风云变幻中保持冷静，做出明智的决策，带领企业穿越迷雾，保持领先地位。

2. 概念能力不足会严重影响企业高层管理者职责发挥

在当今复杂多变、万花筒般的商业环境中，部分企业高层管理者存在概念能力不足的问题，已然成为束缚企业展翅腾飞和制约企业蓬勃发展的重要因素。这不仅导致他们在自身角色价值发挥和岗位能力履行方面存在缺陷，难以有效应对各种复杂局面和挑战；还会将这种能力不足传导至企业层面，成为企业发展的桎梏，严重阻碍企业前进的步伐。

1）概念能力不足会导致企业高层管理者过度专注具体业务和短期目标，而忽视对宏观环境和行业趋势的深入研究，无法培养全局视角和系统思维。他们往往将大量的时间和精力用在日常的琐碎事务中，缺乏对行业整体发展态势的宏观把握和深入分析，从而难以制定具有前瞻性和战略性的决策。

2）概念能力不足也会导致企业高层管理者被思维定式束缚，难以突破传统的管理模式和经营理念，缺乏对新观念和新技术的敏锐感知与接纳能力。他们习惯于按照过去的经验和模式运作企业，墨守成规，不愿意尝试新的方法和思路，导致企业在创新和变革方面滞后，无法适应快速变化的市场。

3）概念能力不足还会导致企业高层管理者缺乏持续学习和自我提升的意识，无法及时更新知识体系，难以适应快速变化的市场环境和竞争态势。随着科技的持续进步和市场的日益复杂，企业高层管理者需不断学习新的知识和技能，拓宽视野和思维方式，以准确把握市场脉搏，敏锐捕捉潜在商机。然而，有些企业高层管理者满足于现有的知识和经验，不愿意投入时间和精力提升自己，导致概念能力逐渐落后于时代发展要求。

在数字化浪潮席卷全球的时代，若企业高层管理者对大数据、人工智能等新兴技术缺乏了解和认识，无法将其有效应用于企业的管理和运营中，未能跟上时代的步伐，这些企业就很容易在市场竞争中逐渐失去优势，面临被淘汰的风险。

唯有勇敢面对自身不足，方能踏上进步之路，绽放全新光彩。概念能力不足的原因和导致的结果，可以概括为"三因三果"。

"三因"指导致概念能力不足的3个重要原因，包括过度专注短期利益、思维定式的束缚、缺乏学习提升的意识。过度专注短期利益使企业高层管理者在决策时往往仅考虑眼前收益，而忽视企业长远发展。这种短视行为可能导致企业错过重要战略机遇。思维定式的束缚源于过往成功经验和传统观念，使企业高层管理者难以接受新的思维方式和管理模式。缺乏学习提升意识则导致企业高层管理者知识更新缓慢，无法跟上市场变化和技术进步的节奏。在当今这个快速发展的时代，新知识、新技术层出不穷，如果不能保持学习的热情，就很容易被时代淘汰。

"三果"指概念能力不足导致的 3 个严重后果，分别是战略决策失误、组织协同低效、创新动力缺失。战略决策失误会使企业在发展方向上出现偏差，错失良机。组织协同低效会导致各部门之间沟通不畅，工作效率低下。由于缺乏全局视野和系统思考，各部门可能各自为政，无法形成有效的协同合作，影响企业整体运营效率。创新动力缺失则会让企业在竞争中失去优势，逐渐被市场淘汰。

面对这样的"三因三果"，相关企业高层管理者必须深刻反思并积极寻求改变。一要调整决策视角，放眼长远，平衡短期利益与长期发展；二要勇于打破思维定式，积极接纳新的理念和模式，以开放的心态拥抱变化；三要树立持续学习的观念，不断充实自己，跟上时代发展步伐。

概念缺失危害大，提升能力方有为。对于企业高层管理者而言，应充分认识到概念能力的重要性，积极采取行动提升这一关键能力。保持谦逊和开放的心态，勇于反思自身不足，不断总结经验教训，通过持续学习和实践，如同航海者不断积累经验和修正航线，提高自身能力而减少对他人的依赖，真正做到"打铁还需自身硬"。

2.1.3　企业高层管理者必须直面挑战、变挑战为机遇

大关难关一路闯关，大考难考一路赢考，大事难事一路成事。问题已经明晰，短板就在眼前，若问出路何在，那么答案必然是在我们脚踏实地的行动之中。俗话说："有三岁之翁，有百岁之童"，人的精神面貌从来不取决于时间的长短，而取决于初心和信心的坚守。要相信，铁石相击，必有火花；要通晓，水气激荡，乃生长虹。敢于探索别人没有走过的道路，才能领略别样的风景；勇于开拓前人未曾耕耘的荒地，才能开辟出新的良田。

在企业的长期发展中，机遇和挑战并存，希望与困难同在，优势和短板兼具。对于企业高层管理者而言，首要任务是改变思维，坚定信仰、信念和信心。企业高层管理者要有"风物长宜放眼量"的格局，要有"春江水暖鸭先知"的敏锐，要有"吹尽黄沙始到金"的韧劲。要从演变中寻找新机遇，从动态中把握新定位，从趋势中抢占新赛道，从前沿中寻求新突破。其次要重视动能提升和规划先行。企业高层管理者需根据企业的新定位、新模式、新赛道的新需要，持续提升企业发展动能，强化企业优势并弥补短板，坚持全面思考、系统谋划、重点突破、阶段推进，坚持难处入手、凝心聚力，攻城拔寨，创新突破。如此，企业高层管理者方能有效解决"使命感缺乏韧劲，概念能力捉襟见肘"的问题，引领企业"直挂云帆济沧海"。

2.2 中层：危机感普遍丧失，人际能力相对薄弱

企业中层管理者犹如桥梁，连接企业高层管理者和企业基层人员之间的沟通通道；又似枢纽，具体调度各方面的资源。他们是团队的协调者，发挥着独当一面的作用。企业中层管理者的关键职责在于将企业高层管理者决策后的宏伟蓝图转化为切实可行的行动方案，在广泛的实践中打造部门级的高效协同团队，为企业的稳健发展和持续创新注入源源不断的活力。要实现这一宏伟目标，企业中层管理者不仅需要持续保持危机意识，还需具备出色的人际沟通能力，唯有如此，方能与"若耶北与镜湖通，缥缈飞桥跨半空"的地位相匹配，推动企业在市场经济的大潮中稳健发展。

然而，在实际的工作场景中，部分企业中层管理者未能充分履行其应有的职责：有的墨守成规，故步自封，只求安稳度日；有的敷衍塞责，得过且过，忘记初心使命；还有的在面对团队协作创先争优时，不思进取，甘愿碌碌无为。这些现象的根本原因在于危机感的丧失，进而导致人际能力的缺乏，很难胜任岗位所赋予的使命与责任。因此，必须从危机感和人际能力这两个核心维度进行深入剖析，探寻有效的改进措施。

2.2.1 危机感是企业中层管理者的"加速器"

现代管理学中对危机管理进行了系统性研究，将危机感（也称为危机意

识）视为其中重要的管理对象。危机感通常被理解为个体对潜在风险的敏锐感知和对自身能力不足的深刻认知，它促使个体积极采取行动规避风险、提升自我。危机感有时也被诠释为个体对未来不确定性的警惕，促使个体不断进步以适应变化。还有学者认为它是一种内在驱动力，推动个体突破舒适区，追求更高层次的发展。无论从何种角度解读，危机感的重要性都不言而喻、不容小觑。它激励企业中层管理者不满足于现状、想方设法推进重难点工作、千方百计带领部门团队前进并大力促进企业发展，发挥着举足轻重的作用。

危机感，犹如一阵强劲的疾风，吹散安逸的迷惑；又似一把锐利的宝剑，斩断慵懒的枷锁；更像鞭策前进的马鞭，发出提速奔跑的号令。危机感能够唤醒企业中层管理者潜在的动力，激发坚决的魄力，并引燃强大的爆发力，如同强大的"加速器"持续推动他们不停奔跑、不断超越。

1. 危机感对企业中层管理者的价值

荀子有云："不积跬步，无以至千里；不积小流，无以成江海。"进步从来都不是一蹴而就的，它需要脚踏实地，一步一个脚印地前行。正如荀子所言，只有不断积累，才可能实现从量变到质变的飞跃。在工作中也应如此，需注重日常的点滴积累，为未来的发展打下坚实基础。危机感是个体对特定工作环境和职业发展中所面临挑战的认知和警觉，具有危机感的人，会常思进取，不会安于现状。

危机感对于企业中层管理者而言非常珍贵且意义重大。它就像是深藏于内心的警钟，经常提醒着他们保持警觉。危机感能让企业中层管理者摆脱眼前的舒适区和既有模式的束缚，将精力集中于创新和突破的业务拓展，激励他们为了部门团队的成长进步和企业的持续发展而奋力拼搏，全力以赴，无怨无悔。危机感绝非仅仅是担忧，更是一种深沉、强烈且持久的精神力量，将企业中层管理者与他们岗位所担负的责任紧密相连，使他们对工作成绩永不满足，对平静顺利保持警惕，对潜在的风险处处设防。

企业中层管理者只有具备危机感，企业才能有活力。具备危机感的人，不会满足于当下的稳定和成绩，而是会积极寻求改进，消除自身短板，弥补个人弱项。不难看出，危机感拥有着极高的价值，它能让企业中层管理者在安逸时保持警醒，在面对困难时勇往直前，为企业的长远发展不懈努力。同时，危机感还能够激发企业中层管理者的创新思维和变革意识。当工作环境发生变化、传统模式受到挑战时，危机感会促使他们积极探索新的工作方法，大胆尝试新的管理模式，勇于采用新的技术和工艺。他们会以危机感为动力，带领部门团队突破困境，开拓新的发展空间，为企业创造更多的价值。此外，具有危机感的企业中层管理者能够在团队内部营造积极进取的工作氛围，吸引和留住优秀人才，为企业的持续发展提供源源不断的动力。

生于忧患，死于安乐。对于现任及曾任企业中层管理者的人员来说，危机感的价值意义都是非凡的，具体如下。

（1）危机感能够让企业中层管理者坚定专注于工作目标和更好地完成任务

危机感让企业中层管理者不在舒适平静的环境中迷失，而是着眼于更具挑战性、更有价值的追求，并为其孜孜不倦努力。在格力电器，董明珠从企业基层销售业务员做起，后历经长期的企业中层管理者岗位锻炼，始终保持着对市场竞争的强烈危机感。这样的忧患意识犹如高悬的利刃，始终让她保持警醒和谨慎。在当时，家电行业竞争激烈，技术更新换代迅速，董明珠正是凭着这股强烈的危机感，带领团队不断创新、不断突破、不断进取，推出一系列具有竞争力的产品，赢得了市场和广大消费者的良好口碑和深厚信任，使得格力电器逐渐成为家电行业的领军企业。就像她本人谈到危机感时说的那样："困难总是有的，勇敢的人从来不认为是困难，困难对我们来说是一次磨砺、一次挑战，只有经历过挑战，你才能收获那份幸福。"

（2）危机感能够激发企业中层管理者内心深处的无限潜能和拼搏精神

危机感使企业中层管理者全身心投入工作，不畏艰难险阻，不惧挫折失败，坚定不移地执行企业高层管理者战略决策，永不放弃，永不言败。在创办小米之初，雷军既是创始人，也是项目经理，他以推动中国科技产业发展为使命，致力于打造具有创新性的电子产品。不管面临多少技术难题和多么激烈的市场竞争，雷军依然凭借着强烈的危机感，勇往直前，不断突破创新，为我国科技发展做出了积极贡献。当他决定投身于智能手机和智能硬件领域时，面临着来自国内外竞争对手的巨大压力。然而，他内心深处对于提升中国科技品牌竞争力、推动行业技术进步的危机感让他毫不退缩。他持续投入大量的资金和精力进行研发，虽经历了无数次的失败和挫折，但始终没有放弃。最终，小米手机的成功推出、智能生态链的不断完善等，都证明了他因危机感而采取的策略获得了市场的广泛认可，并推动了企业发展。在全球智能手机市场饱和且出货量逐年递减的大背景下，小米跨界造车同样引起了广泛关注，他的"风口论"给出了恰当的解释，而他从创业之初就保有的危机意识更为人们所津津乐道。

（3）危机感有助于企业中层管理者树立良好的职业形象和声誉

当企业中层管理者将追求卓越、创造价值作为使命时，他们必然会赢得团队成员的衷心拥护、合作伙伴的信赖支持及社会各界的尊重与赞誉，从而为企业的发展营造积极有利的内外部环境。刘强东自白手起家以来，一直保持着强烈的危机意识，这成为他一次次化险为夷的重要保障。当初在设想创立京东物流时，刘强东就敏锐地察觉到高效可靠的物流对于电商业务的重要性和紧迫性。在创业初期，面对资金紧张、技术难题和人才短缺等一系列问题，以及当时的诸多质疑，刘强东毅然决定投入大量资源。他始终保持着强烈的危机感，不断推动京东物流的发展和创新。通过积极引入先进的物流技术和管理经验，加强物流网络的建设和优化，他致力于为消费者提供更快速、更准确、更优质的物流服务。正是这种危机感带来的前瞻性思考和主动作为，使京东物流在众多物流企业中脱颖而出，成为行业的佼佼者，为京东的整体发展提供了强大的支撑。

2. 企业中层管理者普遍丧失危机感的原因

英国哲学家培根曾经说过，灰心生失望，失望生动摇，动摇生失败。这句名言深刻地揭示了心态对于成功的重要性。如果企业中层管理者在工作中缺乏危机感，就容易陷入消极、懈怠的状态，不仅影响工作效率和质量，更会波及部门团队其他成员，从而阻碍企业的发展。在当今竞争激烈且变化迅速的商业环境中，企业中层管理者危机感普遍丧失的原因是多方面的。

（1）陷入盲目乐观的误区

如果企业处于长期比较顺利的发展状态，企业中层管理者对潜在危机的警惕性就会大幅降低，对挖潜增效的积极性更是几乎停滞。当企业在一段时间内取得了一定的成绩，或者处于相对稳定的发展阶段，企业中层管理者可能会产生误导性的安全感，认为这种良好的态势会一直持续下去。他们忽略了市场变化无常、竞争对手行动难以预测的事实，这种盲目乐观导致他们对即将到来的风险缺乏敏感性，导致危机感丧失。

（2）缺乏有效的环境引导

企业在安全文化的培育中，对风险感知和危机预控的教育和警醒不足，导致企业中层管理者缺乏有效的环境引导。良好的安全文化不仅能支撑企业安全生产，还能营造居安思危的氛围，对员工思想和行为产生积极影响。如果企业在安全文化建设中未融入对风险的关注和对危机的应对策略，未注重危机意识的培养，那么企业中层管理者很可能会在这种氛围中弱化对潜在问题的感知和处理能力，导致危机感丧失。

（3）企业内部激励机制不完善

如果企业的激励措施仅仅侧重于短期的业绩和成果，而忽视了对企业中层管理者应对潜在危机能力的考量和奖惩，那么他们可能会更倾向于追求眼前的利益，而忽视对潜在风险的防范。这种情况下，他们缺乏为企业长远发展未雨绸缪的积极性，进而导致危机感丧失。

3. 企业中层管理者丧失危机感的后果

（1）容易养成"眼前行动"而非"长远布局"的工作习惯

企业中层管理者往往过于关注眼前任务的完成和短期成果的获取，而忽视了自身职业发展的长远规划及对团队成员成长的合理引导。这种短视行为导致企业中层管理者在分配工作任务和资源时，仅着眼于当下的项目任务，而忽视了对团队能力提升和未来业务拓展具有重要作用的长期项目。他们可能为了短期轻松达成目标而减少对团队成员的长期培养和努力，这将严重制约团队的发展潜力和创新能力。

（2）滋生"得过且过"而非"积极进取"的工作态度

企业中层管理者满足于现状，缺乏主动寻求变革和突破的意愿，工作质量和效果大打折扣。当缺乏危机感时，企业中层管理者会变得安逸和自满，不再积极寻求改进和提升。他们可能会对工作中的问题视而不见，因循守旧会成为常态，对新的机会缺乏敏锐的洞察力，从而导致整个团队士气低落，效率降低。

（3）出现"各自为政"而非"协同合作"的尴尬局面

企业中层管理者在工作中只关注自身部门的利益，忽视企业大局和整体利益，破坏了部门之间的协作能力。由于缺乏危机感，部分企业中层管理者甚至会将部门利益凌驾于企业整体利益之上，导致部门之间的沟通和协作严重受阻。他们不愿意与其他部门共享资源和信息，相互之间缺乏支持和配合，使得企业内部形成了多个孤立的"小团体"，难以形成强大的合力应对外部的挑战。企业内部经常出现利益冲突的现象，例如，生产部门的企业中层管理者为了完成短期的生产任务指标，不愿与研发部门合作改进产品工艺，导致产品质量提升缓慢；又如，销售部门的企业中层管理者为冲业绩，拒绝与售后部门共享客户信息，对客户满意度和企业形象产生了负面影响。这些都是"各自为政"的后果。

沉舟侧畔千帆过，病树前头万木春。危机感丧失后果严重，必须即刻寻回并付诸行动。企业中层管理者应当深刻反思，重新找回危机感并用它武装自己、指导实践、推动突破，在企业内争做居安思危和永远进取的排头兵。

2.2.2　人际能力是企业中层管理者的"试金石"

人际能力即人际交往能力，指妥善处理组织内外关系的能力，包括与周围环境建立广泛联系和对外界信息的吸收、转化能力，与上下级的沟通交流能力，以及正确处理各方面关系的能力。

人际能力作为企业管理中的要素，对于企业中层管理者而言有着重要地位。众多管理学专家对人际能力展开了深入的研究与探讨，认为人际能力对于企业中层管理者的工作成效和职业发展起着至关重要的作用。随着商业环境的日益复杂和多元化，虽然包含专业技能在内的其他能力同样重要，但越来越多的企业开始意识到人际能力对企业中层管理者来说更为关键，居于核心位置。有研究表明，在企业中层管理者的管理实践中，专业技能对于不同业务领域的重要程度存在一定差异，而人际能力则贯穿于所有环节，成为衡量企业中层管理者能力的关键指标。例如，在技术导向型部门中，专业技术能力虽占据相对重要的位置，但人际能力会对部门内外的沟通协作和问题处理等方面产生更为重大的影响；而在以服务和协调为主的部门中，人际能力的高低则直接决定了工作的成效和部门的发展状况。具备出色人际能力的企业中层管理者，能够巧妙地协调各方关系，化解矛盾冲突，充分调动部门团队成员的积极性和创造力。同时，他们还能敏锐地捕捉到员工的需求和情绪变化，及时给予支持和引导。在面对复杂多变的人际环境时，他们能够洞察人心，理解他人的立场和观点，灵活调整沟通策略，有效促进合作。

对于企业中层管理者而言，拥有卓越的人际能力能够使他们左右逢源，上下通达；能够使他们春风化雨，润物无声；还能够使他们广结善缘，机会无限。企业中层管理者是否能够胜任岗位，从某种角度来说，用人际能力的这块"试金石"一试便知。

1. 企业中层管理者的定位决定了必须具备人际能力

对于企业中层管理者而言，其所处位置意味着他们不能局限于自身的工作任务，而要善于与各方进行有效的互动和合作，能够在复杂的人际网络中灵活周旋，协调各方资源，促进工作的顺利开展和问题的有效解决。

企业中层管理者在组织架构中，扮演着承上启下的重要角色。他们既是企业高层管理者战略决策后的执行者，也是企业基层人员的组织者和带领者。他们肩负着将企业高层管理者决策转化为具体行动方案的重要使命，承担着部门内运转和部门间协作的重要职责。这样的角色定位必然要求企业中层管理者处理涉及团队协作、沟通协调、资源调配等多方面的问题，因此具备强大的人际能力对他们而言是必需的。在这个变化快速且竞争激烈的商业时代，企业中层管理者只有不断提升自身的人际能力，才能增强对他人的理解和把握，从而在寻求帮助、争取支持、处理问题、营造氛围等方面游刃有余。

人际能力是由多种基础能力融合而成的综合能力，涵盖沟通能力、协调能力、倾听能力、理解能力等多个方面。美国著名的管理学学者亨利·明茨伯格认为，人际能力包含着一个管理者能够敏锐感知他人情绪和需求，并通过有效互动建立良好关系的能力。

对于企业中层管理者而言，人际能力意味着他们不能局限于自身所在部门的狭隘视角和眼前的短期利益，而应具备更广阔的视野和全局观念。他们需要跳出部门的局限，从企业整体的发展角度去思考和行动，避免因过度关注部门的短期利益而忽视了企业的整体目标。同时，企业中层管理者需要具备敏锐的感知力和亲和力，能够敏锐捕捉团队成员的情绪变化，就像贴心的伙伴总能及时察觉到朋友的细微心事。这种对成员情绪的敏锐感知，能让他们及时发现团队成员中的潜在问题并采取有效的措施加以解决，从而保持团队的稳定和积极向上。此外，企业中层管理者应当能够精准地把握团队的合作态势，清楚地了解团队成员之间的协作情况，根据协作情况及时调整策略和分工，以确保团队的合作高效顺畅，朝着共同的目标稳步前进。总而言之，他们要基于部门团队的整体视角去关注成员的发展需求和个性需要，协调各方关系，化解矛盾分歧。

人际赋能中层强，团队协作创辉煌。人际能力对于企业中层管理者具有不可估量、难以言表的巨大价值，可以概括为**"五能四助一凝聚"**。

"五能"：能沟通顺畅、能协调高效、能理解深入、能倾听专注、能表达清晰。沟通顺畅指企业中层管理者能够与上级、下级和同级进行无障碍的信息交流，确保工作指令得以准确传达、工作反馈得以及时获取，借此打破信息壁垒，畅通传输路径，提高工作效率。协调高效要求企业中层管理者在涉及部门内多专业协作和跨部门合作的项目中，能够迅速整合各方资源，推动工作高效进行，以此优化资源配置，形成工作合力，确保项目成功。理解深入要求企业中层管理者能够换位思考，真正理解他人的立场和观点，从而做出合理的行动安排，实现明智决策，减少矛盾冲突。倾听专注指企业中层管理者在与团队成员交流时，能够全神贯注地倾听他们的想法和意见，给予充分的尊重和关注。这样就能赢得团队信任，激发成员工作积极性。表达清晰要求企业中层管理者在传达工作要求和反馈意见时能够用简洁明了、准确无误的语言表达自己的观点，避免产生误解，确保工作指令的准确传达，最大限度减少沟通误差和执行偏差。

"四助"：助力团队建设、助力工作推进、助力员工发展、助力问题解决。在助力团队建设方面，人际能力使企业中层管理者思路开阔，能够倾听员工心声，并积极营造和谐的工作氛围，从而增强团队的凝聚力和向心力。在助力工作推进方面，人际能力促进企业中层管理者更全面地掌握部门需求，加强部门之间的紧密合作，助推工作任务保质保量完成。在助力员工发展方面，人际能力使企业中层管理者能够了解和掌握员工具体的职业发展需求，并提供个性化的指导和支持，实现员工发展和企业发展相统一。在助力问题解决方面，人际能力使企业中层管理者在面对复杂的问题和矛盾时勇敢且细致，能够迅速找到有靶向性的解决方案，助力问题解决。

"一凝聚"：凝聚团队力量。具备强大人际能力的企业中层管理者，能够将部门团队成员紧密团结在一起，打造出一个目标一致、行动统一的战斗集体。面对困难和挑战，他们有能力激发团队成员的斗志，带领团队攻克一个又一个难关，实现企业的发展目标。

2. 人际能力不足会严重影响企业中层管理者效能发挥

戴尔·卡耐基曾说，一个人的成功，只有15%归结于他的专业知识，还有85%归于他表达思想、领导他人及唤起他人热情的能力。用这句话形容成功的企业中层管理者也很恰当。企业中层管理者如果人际能力不足，不仅妨碍其自身正常履行工作职责，而且会对其所带领的部门团队产生负面影响，更会给企业长远发展埋下隐患。

（1）不能正常履职

对上，企业中层管理者难以与企业高层管理者进行有效的沟通。他们不能清晰地汇报工作进展情况，经常遗漏重要的细节说明，对问题的描述过于模糊，对于上级的指导意见也无法掌握要领；在汇报项目进度时，无法准确说明关键节点的完成情况和遇到的困难，导致企业高层管理者难以做出准确的决策。对下，企业中层管理者也不能准确全面地传达上级要求和部署。他们在传递信息时表达不清或者缺乏耐心，使得企业基层人员感到困惑和迷茫，不知如何开展后续工作；在传达新的业务指标时，解释不够清晰，企业基层人员无法理解具体的工作重点和目标。对己，他们也深感无奈，虽然付出了大量努力，但往往因方向不对重蹈覆辙。在制订工作计划时，由于对自身职责和目标的理解偏差，导致计划频繁调整，工作效率低下。

（2）部门团队凝聚力涣散

由于企业中层管理者未能有效协调部门内外团队成员之间的关系，成员之间一旦产生误解和冲突，难以在第一时间得到解决，很容易错过化解矛盾的最佳时期。在部门内部，成员之间的矛盾若不能得到及时缓和，会导致工作氛围压抑，影响彼此间的协作，降低工作效率。在部门之间，沟通不畅引发的冲突若不能得到迅速处理，将破坏整体合作关系的和谐，阻碍跨部门项目的推进。无论部门内外，如果缺乏和谐的工作氛围，都会导致团队成员难以形成工作合力。他们会将更多的精力消耗在内部纷争中，缺乏凝聚力，各种问题将层出不穷。

（3）外部协作受限

企业中层管理者在与企业上下游合作伙伴、客户、政府部门、媒体机构等外部利益相关方交往时，如果其人际交往能力不足，就很难和他们建立稳固有效的协作关系，无法与合作伙伴构建良好的信任基础，进而阻碍合作的顺利开展。在与客户交流时，若无法理解客户的需求和期望，不能有效解决客户的问题与投诉，将导致客户满意度降低，进而对企业的市场声誉和业务拓展产生不利影响。

企业中层管理者人际能力不足的问题，已成为制约人员发展和影响工作质效的主要因素，此问题的产生，主要归因于以下两个方面：一方面，选拔机制存在偏差。无论是外部招聘，还是内部提拔或平转，均未综合考量被考察者是否适合企业中层管理岗位，其既有人际能力、发展潜能和人格特质等未经过充分验证，存在仅凭单一的专业技术能力突出便被赋予企业中层管理者角色的情况；另一方面，针对性举措缺失，多岗位锻炼培养仅流于形式，靶向性培训工作不尽人意，员工和客户等各方面具体反馈被忽视，宣传引导仅停留在表面，岗位能上能下的机制难以有效执行，未能形成有效的激励与约束机制。

"工欲善其事，必先利其器"。企业中层管理者应当深切领悟人际能力对于自身的重要意义，秉持积极、开放和进取的态度，勇于正视自身的短板，持续总结经验不足，通过不断的学习、实践和认识，增强自身能力以胜任岗位赋予的职责，从而为企业的和谐发展贡献力量。

2.2.3 企业中层管理者应能用强补弱、战胜挑战

沧海横流，方显英雄本色；风高浪急，更见砥柱中流。问题已然清晰，弱项近在咫尺，如果要探寻出路，就必然要付诸行动。正如"千淘万漉虽辛苦，吹尽黄沙始到金"，决定未来的，绝非问题的繁杂程度，而是破局的智慧与决心。要深信，阳光总在风雨后；要知晓，积土而为山，积水而为海。敢踏无人涉足之径，方能领略别样风光；敢为他人未为之举，方能开拓全新境界。

对于企业中层管理者而言，机遇与挑战如影随形，希望与困难相伴相生，

优势与短板相互交织。首要任务是消除短板，同时发挥优势，还要勇于创新求变。务必脚踏实地，稳中有进，先筑牢根基。因为稳定是基石，进步是方向。要有"风物长宜放眼量"的格局，要有"心有灵犀一点通"的敏锐，更要有"锲而不舍，金石可镂"的执着。要学会从变革中捕捉新契机，从波折中锚定新坐标，从逆境中寻觅新转机，从自省中实现新跨越。唯有如此，企业中层管理者才能化解"危机感普遍缺失，人际能力有待提升"的难题，引领部门团队为了企业的持续发展不懈努力。

2.3 基层："饥饿感"寥寥无几，技术能力徘徊不前

企业基层人员宛如基座，支撑着企业这座大厦整体的稳固；如同零部件，保障着企业这台大机器运转的流畅。他们是任务的具体执行者，是服务的直接提供者，是现场一线最可爱的人。企业基层人员的核心职责在于高效执行各项工作，在平凡的岗位上创造价值，为企业的稳定运营和持续发展贡献力量。要达成这一目标，企业基层人员必须保持"饥饿感"，永不满足于现状，持续奋进，不断提升技术能力。唯有如此，方能为企业这个大家庭的繁荣发展长久不懈努力，实现企业与个人的共同成长。

然而，在现实的工作场景中不难发现，部分企业基层人员未能展现出应有的"饥饿感"：安于现状，得过且过，缺乏挑战自我的勇气；仅求完成任务，忽视能力提升的重要性；心态消极，工作懈怠，未能充分认识到自身岗位对于企业发展的关键作用。这些现象的背后，归根结底是"饥饿感"的缺失及技术能力提升的乏力，导致对岗位价值的认识不足，不愿履行岗位职责。因此，必须从"饥饿感"和技术能力这两个关键方面深入剖析，探寻改进之策。

2.3.1 "饥饿感"是企业基层人员的"蓄水池"

企业对基层人员"饥饿感"的培养，始终是企业管理中非常重要的课题。其中，"饥饿感"通常被释义为员工对个人成长、职业发展及物质回报的强烈渴望，这种渴望驱使员工为实现上述目标而积极努力；有时也被描述为员工对

自身职业价值的追求，即相信个人的努力能换取更优越的职业前景和生活品质；还有学者认为它是一种内在的动力，引导员工超越平庸，追求卓越并从中获得满足与成就感。无论从上述的何种释义来审视，"饥饿感"的重要性和价值性都不言而喻。它在提升员工技术水平、增强服务能力、促进团队协作、推动企业发展等方面都发挥着十分重要的作用。

"饥饿感"，犹如炽热的火种，在冰冷时点燃希望的烈焰；仿若激昂的鼓点，激发冲锋陷阵的勇气；又似强劲的引擎，驱动人们加速奔跑。"饥饿感"能够让员工保持渴望，激发需求，点燃动机，引发行动，促使其朝着目标坚定不移地迈进。

1. "饥饿感"对企业基层人员的价值至关重要

孔子曰："饱食终日，无所用心，难矣哉！"这句话深刻地揭示了人若没有追求和渴望，终日满足于现状，将难以有所成就。"饥饿感"，是一种积极向上的内在驱动力，是一种对自身发展的满怀憧憬的渴望，还是一种对目标达成的孜孜不倦的追求。无论个体是否明确感知，它都切实存在，并影响着个体的行为和选择。心怀"饥饿感"的人，必然会积极进取，不断突破，追求更高的人生境界。

对于企业基层人员而言，"饥饿感"的价值如同雷霆战鼓，持续鞭策和激励。"饥饿感"能使企业基层人员明确自己的需求和目标，可以积极面对竞争压力，绝不采取消极懈怠的态度，为了满足自我需要和实现职业理想而不懈努力。"饥饿感"绝非一时冲动，更是一种深沉、持久且强烈的精神力量，将企业基层人员与他们的现实需要紧密相连，使其对工作充满动力与敢闯敢拼的勇气。

在任正非看来，让企业基层人员保持"饥饿感"，就是要让员工怀揣企图心。所谓企图心，即企业基层人员对奖金的渴望、对晋级的渴望、对成功的渴望。海尔的竞争战略理念是："永远战战兢兢，永远如履薄冰。"强烈的"饥饿感"，绝非满足于当下的技能水平和工作成果，而是需具备敏锐的洞察力和不断进取的决心。"饥饿感"的重要价值显而易见，它能使企业基层人员在安逸时保持警醒，在困难时牢记目标，为个人的成长持续努力，为企业的发展增添助力。同时，"饥饿感"还能够激发企业基层人员的学习热情和进取精神。当工作要求发生变化、传统技能受到挑战时，"饥饿感"会促使他们积极学习新知识，大胆尝试新方法。他们会以"饥饿感"为动力，不断提升自我，拓展职业空间，为企业创造更多的价值。此外，拥有"饥饿感"的企业基层人员还能够在团队内部营造积极进取的工作氛围，吸引并带动其他同事共同进步，为企业的持续发展注入源源不断的活力。

因此，"饥饿感"对于企业基层人员的价值至关重要。

（1）"饥饿感"有助于让企业基层人员探寻实现个人需求和价值的职业发展路径

"饥饿感"使企业基层人员不会被眼前的蝇头小利所迷惑，而是将目光投向更具前瞻性、更具挑战性的职业远景，激励他们为实现高层次的职业成就而持之以恒地拼搏进取。前文案例中提到的董明珠，她最初只是格力电器的一名基层销售人员。然而，她内心有着强烈的"饥饿感"，不甘于平庸的销售业绩。她深入洞察市场需求，不断提升自己的销售技巧和服务水平，凭借着坚定的信念和不懈的努力，逐步在销售领域崭露头角。即使面临各种困难和竞争压力，她也始终保持着对成功的渴望，几十年如一日，一步步从基层普通员工跃升为格力电器的领军人物，带领格力电器取得了巨大的成功。她的故事充分展现了"饥饿感"在明确员工职业发展方向及不懈追求进步方面的独特作用，提供了现实且生动的一例示范。

（2）"饥饿感"有助于激发企业基层人员内心深处的潜能和动力

"饥饿感"使基层员工全身心地投入到工作中，不畏工作的烦琐，不惧能力的不足，坚定不移地追求卓越，永不满足，永不停歇。某些知名演员，虽出身平凡，从群众演员起步，但却怀揣着成为优秀演员的强烈渴望，即便在片场只能扮演无人在意的角色、担任配角，面临着生活的艰难和他人的轻视，也从未熄灭心中的火焰。通过持续精进演技，抓住每一个细微的机会展现自己。正是这份强烈的"饥饿感"，使他们在演艺道路上奋勇前行，虽历经无数次的碰壁和挫折，却依然坚持不懈。最终，凭借出色的演技赢得了观众的赞誉和喜爱，实现了自己的梦想。这样的基层经历充分诠释了"饥饿感"在人生奋斗和拼搏成功中的重要作用。

（3）"饥饿感"还有助于企业基层人员心怀感恩与责任

在企业基层人员功成名就之后，尽己所能回报社会和服务民众。许多企业家大都从企业基层人员做起，最后成为回馈社会的杰出企业家代表。某企业家早年只是一名玻璃厂的普通采购员。但他心中有着强烈的助力企业做大做强的渴望，不断钻研营销和管理，提升自己。后来他创立某玻璃集团，在取得商业成功后，积极投身公益慈善事业。他捐款建设学校、医院，助力扶贫救灾，为社会发展做出了重要贡献。2021年4月，他创办一家慈善基金会，首期捐赠资产100亿元，创建企业大学。他的经历体现了其虽出身基层，但凭借着内心的"饥饿感"努力奋进，在实现个人价值的同时不忘回报社会，展现了高度的社会责任感。

需要明确的是，保持企业基层人员的"饥饿感"绝非意味着要对员工进行苛责，更不能剥夺其应得的待遇。恰恰相反，企业应当对员工的"饥饿感"加以有效引导，建立健全科学的激励约束机制，重视员工福利待遇的积极作用，让广大员工有获得感和满足感，从而形成良性发展的工作格局。正如一句俗语所说："好马还要配好鞍"。

2. "饥饿感"匮乏造成的后果

"优秀的企业源于员工内心的激情与追求"。如果企业基层人员在工作中无法保持持久的渴望与动力，意志摇摆，态度消极，行动迟缓，这就昭示着其"饥饿感"匮乏。这就会导致个人安于现状、缺乏上进心，工作敷衍了事，必然会对企业造成负面影响，其后果不堪设想。

（1）对企业和消费者造成影响

在面对工作压力、烦琐任务和创新创效的挑战时，如果"饥饿感"匮乏，企业基层人员极易滋生消极和抵触情绪，个人表现为消极怠慢，不思进取，甚至牢骚满腹，进而对工作任务的进度和质量造成严重阻碍。在面临高强度工作及不断提升的要求时，部分员工可能会选择敷衍塞责，降低工作标准，此举会损害产品质量，拖累售后服务，对企业和广大消费者都造成负面影响。

（2）对实现团队目标产生危害

如果"饥饿感"匮乏，那么企业基层人员就很难发掘并充分发挥其个人潜能，进而无法为团队贡献出他们本应展现的工作价值和效能。在团队构成中，每个成员都扮演着特定的角色，承担着明确的职责，这种精确的分工与合作是团队实现高效运作的前提。然而，一旦某些成员无法胜任其本职工作，便会扰乱团队的正常运作秩序，影响工作效率，对团队目标的实现造成极大的损害。

（3）对企业基层人员队伍建设造成损害

在面对职业发展和能力提升时，如果基层员工"饥饿感"匮乏，则难以激发其积极进取、主动突破的态度，反而使他们陷入无动于衷、得过且过的状态，对各项事务持事不关己、高高挂起的冷漠态度。这种情况不仅无法激发个人的学习动力和成长意愿，更会在基层队伍中滋生并传播消极颓废的风气，进而引发一系列连锁反应，如沟通障碍、信任危机、态度消极、不求上进等，削弱团队的凝聚力和战斗力。一名持此种态度的员工，其负面影响可能影响整个群体，进而对整个企业基层人员队伍建设和发展造成不利影响。

求业之盛者，必强其基；欲途之广者，必宽其道。追根溯源，导致企业基层人员"饥饿感"缺乏的原因主要有两方面：一是员工个人缺乏理想信念，既不明确工作的目的，又不知道人生的价值所在，因此容易受到消极思想侵蚀，随波逐流，得过且过；二是企业管理层疏于有效管理，激励与约束机制不完善，难以激发员工的积极性和进取心，且对消极现象未能采取有力措施予以纠正，进而形成恶性循环。

渴望，是跃动在灵魂深处的音符，是奏响生命的华章。企业基层人员保持"饥饿感"，就是要有渴望，就是要有目标，就是要为之不断求索。企业基层人员要努力做到"身在兵位，胸为帅谋"，眼里有工作，手上有技术，心中有热情，在与企业共成长的过程中实现自我价值。

2.3.2　技术能力是企业基层人员的"金刚钻"

拥有良好的技术能力，好比能够驾驭飞奔的烈马，才能驰骋广阔的草原；恰如手握锋利的宝剑，才能斩断前行的荆棘；更像手握希望的火种，才能照亮心中的未来。企业基层人员必须拥有良好的技术能力，如同拥有"金刚钻"一般，能够有效解决工作中的难题，把"瓷器活"完成得既出色又出彩。

1. 企业基层人员的角色决定了必须具备技术能力

企业基层人员在企业中占据基石般的地位，扮演着基础角色，发挥着重要作用。他们是工作任务的具体执行者，是业务流程的直接操作者，更是企业服务质量的直接保障者。他们肩负着按照标准和规范完成工作任务的重要责任，保障业务流程的顺畅运行，以及为客户提供优质服务等重任。这样的角色位置就决定了基层员工必然要处理涉及工作执行、操作规范、细节处理、服务客户等一线事务，也就必须要具备扎实的技术能力。在这个快速发展且日新月异的时代，企业基层人员只有不断提升自己的技术能力，才能持续适应工作需求的变化，才能对工作任务进行高效执行和精准操作。

技术能力，也称为技术技能，指员工对某项具体工作，尤其是对涉及方法、流程、程序或者技巧的特定工作，所展现出的理解深度和熟练程度，主要是如何"做事"。罗伯特·卡茨在美国哈佛商业评论发表的《高效管理者的三大技能》中提出："技术技能指使用某一专业领域内有关的工作程序、技术和知识来完成组织任务的能力"。对于企业基层人员而言，这种技术能力同样至关重要。这意味着他们不能只满足于表面的操作，更要具备工匠般的精湛技艺和专注精神，能够熟练地掌握工作所需的技术和方法，如同熟练的工匠对工具的精通；能够精准地应对工作中的各种技术问题，仿佛经验丰富的医生诊断病情；他们要立足本职工作的实际需求不断提升技术能力，如同在建筑施工中立足实地，见微知著。

技术赋能基层强，操作精准创佳绩。技术能力对于企业基层人员具有不可估量、难以尽述的巨大价值，可以概括为**"四精三保一提升"**。

"四精"：精准操作、精细执行、精通流程、精心服务。精准操作，指企业基层人员能够严格按照既定的标准和规范准确无误地完成各项具体工作任务，杜绝任何细微的偏差，每一个操作步骤都精准到位，以确保工作的准确性和可靠性。精细执行，则强调企业基层人员在执行工作任务时，对每一个细节都予以高度关注，以追求完美为目标，不放过任何一个可能影响工作质量和效率的细微之处。通过精心策划和安排，将每一个环节都处理得尽善尽美，从而确保高质量和高效率地完成工作。精通流程，指企业基层人员对所在岗位的业务流程达到了如指掌的程度。他们不仅熟悉每一个环节的具体操作，还能够深刻理解各个环节之间的内在联系，从而顺畅地完成各个工作环节的衔接和配合。员工精通流程，使得工作能够高效有序地进行，避免了因流程不畅而导致的延误和错误。精心服务，指企业基层人员在为内部同事或外部客户提供服务时全身心地投入其中，他们以真诚的态度、热情的关怀和专业的素养为服务对象提供无微不至的服务，通过用心倾听需求、主动解决问题，以优质的服务赢得内部同事的支持和外部客户的认可与满意。

具备精准操作能力，企业基层人员能够有效地避免工作失误，减少损失和重复劳动，从而显著提高工作效率，为企业节省时间和资源。做到精细执行，就能从根本上保证工作质量，塑造良好的形象，赢得更多的信任和合作机会。执行精通流程，就能对现有工作流程进行优化和改进，提高各部门之间的协同效果，使整个企业的运作更加流畅和高效。贯彻精心服务，就能不断提升服务品质，增强客户的满意度和忠诚度，为企业的长期发展奠定坚实的基础。

"三保"：保障工作效率、保证工作质量、保护企业声誉。在保障工作效率方面，技术能力使企业基层人员能够熟练运用各种工具和方法，快速高效地完成工作任务。在保证工作质量方面，技术能力帮助企业基层人员能够严格按照标准和规范进行操作，确保工作成果符合要求。在保护企业声誉方面，技术能力让企业基层人员能够识别和防范工作中的风险和问题，避免给企业造成负面影响。

"一提升"：提升个人职业价值。具备强大技术能力的企业基层人员，能够在职业发展中更好地展现自身价值，获得更多的发展机会和晋升空间。对于企业基层人员来说，拥有强大的技术能力是他们在职场中脱颖而出的关键。他们凭借出色的技术水平，高效完成工作任务，为企业节省时间和成本。这使得他们在企业内部资源分配时更具优势，如优先获得培训深造的机会、优先获得参与企业重要项目的机会。此外，这种技术优势还可能为他们带来更多跨部门合作的契机，拓宽职业视野，积累多元化的工作经验，进一步提升个人的价值。

2. 技术能力不足会严重影响企业基层人员职能发挥

千里之堤，毁于蚁穴。企业基层人员，主要职责在于承担企业的具体工作，技术能力是其履行职责的核心要素。在当今全球化市场环境的背景下，企业基层人员技术能力不足会严重削弱企业组织的整体能力。具体表现为能工巧匠匮乏，一线队伍能力减弱，影响工作质量和效率；削弱企业整体组织能力，企业根基不稳，发展速度受阻，创新突破能力受限；更重要的是制约了企业基层人员自我职业发展前景。

（1）技术能力不足影响工作质量和效率

企业基层人员技术能力不足会使他们在执行工作任务时往往效率低下。企业中部分企业基层人员无法熟练运用现代化的工具和设备，导致他们将大量的时间和精力耗费在低效率的工作方式上，既缺乏对高效工作方式的探索和实践，也难以保质保量地完成工作任务。

（2）技术能力不足削弱企业整体竞争能力

基层员工技术能力不足，会导致企业基层人员不想创新、不敢创新，更不愿突破。这一状况进而导致基层员工对新技术和知识的学习缺乏热情，对于提升自己的技能水平和工作能力也缺乏渴望，更无法在工作中创先争优。一旦在这一环节上落后，就可能陷入后续环节步步落后的困境，形成令人忧虑的负面循环，使企业在行业竞争中处于不利地位。

（3）技术能力不足影响员工自我发展前景

企业基层人员技术能力不足会使他们被传统技术和方法所束缚，难以打破现有的工作模式和思维定式，习惯于沿用过去的经验和习惯工作，不愿意尝试新的技术和方法。从而无法持续学习和深化积累，在现有水平止步不前，工作质量和效率难以提高，长此以往很难得到能力提升，个人职业发展也因此受阻。

企业基层人员技术能力不足主要有 3 方面原因，分别为过度依赖旧有模式、思维认知局限、缺乏进取提升意愿。其中，过度依赖旧有模式，会使得企业基层人员在工作时往往只采用熟悉的方式，忽视了新技术和新方法的应用；思维认知局限，源于过去的工作习惯和经验，使企业基层人员难以接受新设备和新工艺；缺乏进取提升意愿，则会导致企业基层人员的技术知识更新缓慢，无法跟上工作变化和技术进步的步伐。

企业基层人员技术能力不足可导致 3 个后果：工作质量下滑、工作效率降低、职业发展受阻。工作质量下滑会使企业基层人员的工作成果不符合标准和要求，损害企业的形象和声誉；工作效率降低，会导致工作进度延误，各环节衔接不畅，降低企业整体运营效率，增加企业的成本和风险；职业发展受阻，则会让企业基层人员在职业道路上失去晋升和发展的机会，逐渐被同行超越。企业基层人员必须针对此情况进行深刻反思并积极寻求改变。要积极探索新的工作方法，提升工作效率，实现传统方法与新技术的平衡应用。要勇于突破思维惯性，积极接纳新技术和新工具，以开放的心态学习和应用。同时，要有主动学习的意识，不断充实自己，跟上工作发展的步伐。

技术缺失阻碍多，提升能力展宏图。对于企业基层人员而言，应充分认识到技术能力的重要性，并积极采取行动提升这一关键能力：保持勤奋和进取的心态，勇于挑战自己的不足；不断总结工作经验，不断学习和实践，努力提高自身能力并减少对他人的依赖，真正做到"艺高人胆大"。

2.3.3 企业基层人员必须强技术能力、奠发展根基

雄关漫道奋勇跨越，艰难险阻一往无前，千头万绪皆能理顺。问题已然明确，短板清晰可见，若要探寻成功之路，那定然始于足下。企业基层人员强技术能力、奠发展根基之路可从以下 3 个角度探索：

1. 增强"饥饿感"，提升发展动力

在当今快速变化、竞争激烈的市场环境中，企业若要保持持续的发展与竞争力，就必须不断增强企业基层人员的"饥饿感"。这既是对基层员工个人成长的鞭策，也是对企业整体发展动力的有力保障。只有让每一名基层员工都保持对成功的持续追求和不懈努力，企业才能在激烈的市场竞争中立于不败之地，实现持续、健康、快速的发展。

2. 提升基层技术能力，保证具体工作成功

企业基层人员技术能力的提升对于确保具体工作的成功至关重要。作为企业运转的第一线，企业基层人员直接肩负着执行任务、服务客户、解决问题等多重职责，其技术能力的高低直接关乎工作效率、产品质量及客户满意度，不仅影响当前业绩的优化，更是企业长远发展与竞争力提升的战略基石。因此，企业应持续投资于企业基层人员的技术培训与发展，构建一支技术过硬、适应力强的企业基层人员团队，以应对未来的挑战与机遇。

3. 持续改进，拓展职业发展空间

在这个日新月异的时代，无论是技术革新还是市场需求，都在不断地变化与演进着。因此，企业基层人员持续改进不仅是对个人能力的不断提升，更是对职业适应性与竞争力的强化。这要求企业基层人员不断地学习、进步和创新，以适应职业环境的变化并实现个人价值。同时也要求企业为基层员工提供良好的成长环境和发展机会，共同创造更加美好的未来。

"有志不在年高，无志空长百岁"。决定人的成就高低的绝非年龄大小，而是决心和勇气。应坚信，金石碰撞，必生火花；应明白，风雨交加，乃现彩虹。敢走他人未行之路，方能领略独特风光；敢垦前人未耕之荒，方能开拓全新领域。

　　对企业基层人员而言，机会和挑战并存，憧憬与阻碍共生，优势与不足兼具。首要任务在于弥补缺陷，同时巩固优势，更要深入挖掘潜力。务必脚踏实地，以稳求进，破旧立新。因为稳是根本和前提，进是目标和追求。要有"一览众山小"的视野、"一管窥而知全貌"的敏锐、"疾风知劲草"的韧性，只有如此，企业基层人员方能解决好"技术能力欠缺，服务意识淡薄"的问题，助力企业"百尺竿头更进一步"。

第3章　企业高层管理者的项目化管理能力修炼

企业高层管理者在企业内部肩负着领航员、指挥官、决策者的关键职责，其核心工作在于定方向、谋发展、解难题。在推动企业实施项目化管理变革并确保其有效落地的进程中，企业高层管理者的工作重点应该聚焦构建企业整体管理体系，确保以法治化的规则体系为支撑，保障企业的良性运行与持续发展。这要求企业高层管理者不仅要制定企业项目化整体战略与规划，还需调配并提供必要的资源和支持，以确保战略任务能够顺利转化为具体项目并得到有效执行。同时，企业高层管理者还需积极引领和推动企业知识能力复制系统构建和思想文化的深刻变革，使之与项目化管理的核心要求相契合。此外，通过建立高效沟通与协调机制，企业高层管理者能够确保项目化管理理念得以在企业内部顺畅推行与全面实施，促进各层级、各部门之间的无缝对接与协同作业。

因此，企业高层管理者要具备战略规划的智慧、知人善用的能力、授权管理的艺术，还要让企业多年发展经验与成果得以积累、沉淀和传承，在此基础上稳坐后台，以全局视角统筹谋划，确保企业战略方向的正确性与实施路径的高效性。

本章将遵循项目化管理范式的内容与要求，剖析并详细阐述企业高层管理者项目化管理能力提升之道，同时结合实际案例进行阐明，旨在帮助企业高层管理者克服现有短板，解决管理痛点，最终实现项目化管理能力的全面提升。

3.1　从无到有，战略规划谋项目

企业犹如一艘航行于浩瀚大海上的轮船，唯有确立了明确的航向标，方能穿越波涛、稳健前行。缺乏战略指引，企业便如同无舵之舟，茫然无措，难以抉择前行的道路。正如罗盘之于航船是导航的灯塔，战略亦是企业长远发展的蓝图与指南针，它为企业勾勒出清晰的发展路径与行动纲领。

试想，若船长身边船员众多，却怀揣着不同的航行愿景，各自为政，那么这艘航船很可能在众说纷纭中迷失方向，最终远离既定的港湾。同样，当企业内每名成员都试图参与战略决策，便如同航船失去了舵手的统一指挥，任凭风浪摆布，难以形成向前的合力。

这种分散决策的现象，往往会导致企业内部各部门与团队各自为政，形如孤岛，缺乏必要的沟通与合作桥梁，使得企业整体的运作机制变得笨重且低效。为了避免陷入这一困境，战略决策必须被明确为企业高层管理者的专属职责。企业高层需以全局视角审视市场，凝聚共识，制定出既符合企业愿景又切实可行的发展战略。唯有如此，企业方能如同装备精良、方向明确的航船，在激烈的市场竞争中乘风破浪，稳步驶向成功的彼岸。

3.1.1 战略是企业的罗盘，企业高层管理者是罗盘的操控者

战略，如同企业航程中的不朽罗盘，而企业高层管理者则是掌握舵柄、引领航向的舵手。在风云变幻的商海中，战略不仅为企业铺设了一条清晰可见的航道，更是指引其在错综复杂的市场丛林中稳健穿行的灯塔。它支撑着企业在每一次波涛起伏中坚守初心，沿着既定的愿景破浪前行。

在此过程中，企业高层管理者的核心地位不可撼动。他们是战略设计的灵魂人物，通过深思熟虑的布局为企业绘制出一幅通往成功的宏伟蓝图。企业高层管理者的每一次决策都是对企业未来航向的深思熟虑与果敢抉择，推动企业破浪向前，直达胜利的彼岸。

作为罗盘的操控者，企业高层管理者肩负着制定与调整战略的重任。他们需具备超凡的洞察力，能够洞察市场先机，预见未来趋势；同时，更需拥有坚定的决策力，在关键时刻果断行动，引领企业穿越风雨，迎接彩虹。正是这样的战略眼光与决策能力，铸就了企业在激烈市场竞争中的独特优势，确保其能够稳立潮头，实现长期而稳定的繁荣发展。

1. 做正确的事：战略对企业发展举足轻重

战略对于企业发展的重要性不言而喻，它如同舵手之于航船，引领着企业

破浪前行。在这一过程中，企业高层管理者的作用尤为关键，他们需以敏锐的洞察力与非凡的决断力，确保企业始终走在正确的发展道路上。

以阿里巴巴集团为例，其创始人马云在企业初创之际便确立了"让天下没有难做的生意"这一战略目标，推出围绕中小企业商人与商人之间的电子商务模式 B2B。此模式被硅谷、互联网风险投资者称作"第四种模式"，与全球著名的雅虎门户模式、亚马逊 B2C 模式、eBay 的 C2C 模式并列。这一战略决策，不仅深刻洞察了当时电子商务领域即将爆发的巨大潜力，更精准地把握住了互联网这一革命性技术，将其作为驱动企业发展的核心动力。这一前瞻性的战略谋划，为阿里巴巴的后续发展奠定了坚实的基础，使其在激烈的市场竞争中迅速崛起，成为全球电子商务领域的明星。

阿里巴巴的发展历程深刻诠释了战略在企业成长与竞争中的决定性作用，同时也彰显了企业高层管理者在制定与执行战略过程中不可或缺的重要价值。他们通过精准判断、果断决策，确保企业始终沿着正确的方向前进，不断突破自我，攀登新的高峰。因此，对于企业高层管理者而言，做"正确的事"不仅是一项职责，更是一种使命，它关乎企业的命运与未来，是企业持续繁荣与发展的原动力。

战略，作为企业发展的灵魂灯塔，发挥着无可替代的引领作用。它不仅为企业指明了前行的道路，明确了长远的方向与目标，更在瞬息万变的市场浪潮中，确保企业稳健前行，规避短期利益诱惑，杜绝盲目跟风。缺乏明确战略的指引，企业往往易陷入短视行为的泥沼，难以迈向可持续发展的广阔天地。

战略的核心价值在于其能够深谋远虑后进行企业资源分配。它如同一位高明的指挥官，精心布局，确保人力、财力、物力等宝贵资源得以优化配置。一个卓越的战略，能够精准识别并聚焦企业发展的关键环节，使资源产出投入比实现最大化，从而在关键领域构建起独具特色的竞争优势。

在激烈的市场竞争中，战略是企业脱颖而出的秘密武器。一个独具匠心且能够被高效执行的战略，不仅可以帮助企业敏锐地捕捉市场先机，灵活应对外界挑战，还能巩固现有市场地位，更能在新兴领域开辟疆土，持续强化自身的核心竞争力。它使企业在行业舞台上熠熠生辉，成为引领潮流的标杆。

那么，企业高层管理者应如何践行"做正确之事"的准则？

在决策制定的过程中，作为企业的领航者，企业高层管理者需具备卓越的前瞻视野与敏锐的市场嗅觉，能够穿透迷雾，精准预判行业动态与市场趋势的微妙变化。他们应当凭借深厚的行业积累与敏锐的洞察力，做出引领企业破浪前行的战略决策，确保企业这艘航船始终朝向既定的辉煌目标稳健前行。

战略制定中，企业高层管理者不仅是战略蓝图的描绘者，更是企业愿景的塑造者。他们需全面审视企业内部资源的优势与劣势，同时深刻剖析外部环境的机遇与挑战，以此为基础，精心策划出既符合企业实际又极具前瞻性的战略规划。在这一过程中，卓越的分析能力、不懈的创新精神及深远的战略眼光，都是高层管理者不可或缺的宝贵品质。

战略蓝图得以绘就之时，真正的考验才刚刚开始。在战略执行的征途上，企业高层管理者需将战略转化为行动，将宏伟愿景细化为业务和职能两个层面的策略，并主导明确战略任务的目标、成果、要求等内容，为企业中层管理者赋能，指导并督促企业中层管理者将战略目标进一步细化为可操作的步骤与计划。他们需确保战略意图清晰明确且能够穿透组织层级，深入人心，成为全体员工的共同愿景。为此，需设立清晰的目标体系与绩效指标，构建高效的激励机制与监督机制，以确保战略部署的每一步都能扎实落地，推动企业稳步攀登成功的新高峰。

企业高层管理者必须确保行事正确，这是正确执行任务的先决条件，对此不能有丝毫含糊。他们需负责制定并推动实施正确的战略决策，引领企业朝着既定的目标稳步前进，从而在市场竞争中获得长期成功，实现可持续发展。

2. 心中必有数：企业高层管理者把握准方向至关重要

企业高层管理者的精准导航能力是企业稳健发展的基石，其心中明确的战略蓝图与方向感至关重要。在企业这艘航船的航行历程中，企业高层管理者不仅是宏伟蓝图的规划者，更是航向的坚定掌舵人，其角色无可替代。面对变幻莫测的市场竞争，企业高层管理者需具备洞若观火的市场洞察力与果敢决断的决策魄力，这是确保企业在市场快速变化的惊涛骇浪中屹立不倒的核心要素。

唯有高层管理者把握准方向，方能凭借深刻的市场分析能力与敏锐的预判能力，为企业绘制出一条通往成功的清晰航道，引领全体员工齐心协力，共同奋进，驶向辉煌的未来。企业高层管理者的远见卓识与坚定信念，不仅是企业持续发展的强大动力，更是其在激烈的市场竞争中脱颖而出的关键。

在当今瞬息万变的商业环境中，企业高层管理者对企业战略方向的精准把握已成为企业稳健前行与持续繁荣的核心引擎。他们不仅肩负着引领企业穿越风雨、实现长远发展的重任，更需展现出卓越的预见能力与前瞻性，确保"心中有丘壑，眼里存山河"。

要实现"胸有成竹"，企业高层管理者需具备以下4项关键素养。

（1）深厚的行业底蕴与全球视野

高层管理者应成为行业脉搏的敏锐捕捉者，对行业动态、市场风向及竞争格局了如指掌。这要求他们不仅应持续深耕与拓展现有知识体系，还需具备持续学习的热情，紧跟时代步伐，确保决策能力始终位于行业前沿。

（2）前瞻性思维和果断的决策能力

前瞻性思维与果断的决策能力是高层管理者的核心特质。在纷繁复杂的市场环境中，他们需凭借高瞻远瞩的视野洞察未来趋势，为企业绘制出既具有挑战性又切实可行的蓝图。面对不确定性，他们需凭借强大的分析能力与判断能力，迅速而准确地做出决策，引领企业穿越迷雾、稳健前行。同时，这种前瞻性思维还需融入对企业长期目标、核心价值观及可持续发展路径的深刻思考，确保企业在追求短期效益的同时，始终不忘长远愿景。

（3）卓越的沟通艺术与领导力

卓越的沟通艺术与领导力是凝聚团队力量的关键。企业高层管理者需成为战略意图的高明传播者与团队精神的卓越塑造者。他们应运用高效的沟通技巧，激励每一名员工积极参与企业战略的实施，确保战略共识深入人心。通过营造开放、包容和高效的沟通氛围，促进团队间的协作与创新，共同推动企业向既定目标迈进。

（4）持续创新与不断迭代优化的精神

持续创新与不断迭代优化的精神是高层管理者应对市场挑战的重要法宝。在快速变化的商业环境中，唯有不断适应、勇于创新，才能确保企业始终保持竞争优势。企业高层管理者需具备敏锐的市场洞察力与灵活应变的能力，根据市场反馈与企业实际，及时调整战略方向，优化资源配置，推动企业不断迈向新的高度。同时，他们还应鼓励全员参与创新实践，共同探索未知领域，为企业发展注入不竭动力。

图 3-1 为高层管理者需具备的 4 项关键素养。

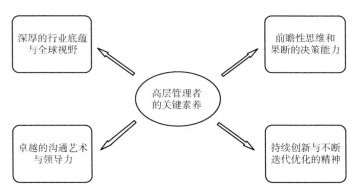

图 3-1　高层管理者需具备的 4 项关键素养

企业高层管理者必须要做到心里有数，把握准企业的发展方向，这对企业的成功至关重要。只有具备深厚的行业知识、果断的决策能力、出色的沟通技巧和持续改进的精神，他们才能够为企业找到正确的战略方向。只有对企业内外环境进行全面的分析和理解，积极与团队成员共同努力，形成共识，才能确保企业在充满挑战的市场环境中稳健前行。

3.1.2　练就一双战略慧眼

企业高层管理者必须担当起战略制定的舵手角色，锤炼出一双洞察未来的战略慧眼。既清晰又具备高度可行性的战略，不仅是企业迈向成功的坚固基石，更是凝聚全体员工向心力、共赴辉煌愿景的灯塔。它不仅能为全体员工指明前进的方向，激发团队协同作战的巨大潜能，还能确保企业资源精准高效地配置于关键领域，实现效益最大化。

优秀的战略不仅能够显著提升企业在激烈市场竞争中的核心竞争力，更能赋予企业强大的抗风险能力，使之能够在风云变幻的市场环境中稳健前行。通过持续优化战略布局，企业能够不断适应外部环境的变化，把握时代赋予的机遇，从而在实现短期目标的同时，为企业长期可持续发展奠定坚实的基础，进而迈向更加辉煌的未来。

1. 运筹帷幄，提升战略前瞻性

企业高层管理者应当深谙运筹帷幄之道，持续提升其战略眼光的前瞻性。这不仅凸显了企业高层管理者在企业发展航程中作为战略引领者的核心地位与关键作用，更强调了提升企业面向未来、灵活应变能力的必要性与紧迫性。以苹果公司的辉煌成就为例，其企业高层管理者所展现出的卓越战略预见力，使他们能精准捕捉市场需求与技术变革的动态，iPhone、iPad、Apple Watch 等创新产品的横空出世，不仅重塑了智能手机与智能设备的市场格局，更引领了行业发展的新潮流。

特斯拉及其创始人埃隆·马斯克的崛起，则是另一力证。埃隆·马斯克凭借在电动汽车与可持续能源领域的非凡洞察力，使特斯拉在竞争激烈的市场环境中脱颖而出，特斯拉不仅深刻改变了电动汽车市场的面貌，更在能源存储与太阳能领域持续进行探索与创新，展现了前瞻战略对企业塑造核心竞争力的决定性作用。

（1）制定具有前瞻性的企业战略，企业高层管理者必须练就一身运筹帷幄的真本领

企业高层管理者首先要具备全面且深刻的分析能力，洞悉企业内外部的复杂环境，包括市场动态的微妙变化、竞争对手的策略调整、行业政策的导向，以及企业自身资源与能力的现状。基于这样的综合分析，方能精准把握影响企业发展的关键要素，制定出既具前瞻性又兼具实操性的应对策略。

（2）制定战略的能力同样不可或缺

企业高层管理者需将分析成果转化为清晰、明确的企业战略蓝图，此战略应能指导企业当前的运营实践，同时需为未来的长远发展奠定坚实基础，彰显企业对未知领域的勇敢探索与精准布局。

（3）资源整合的艺术亦是企业高层管理者必须掌握的关键技能

企业高层管理者如同巧手匠人，将企业内外的各类资源，如人力资源、财务资源、物质资源及信息数据等进行精心整合。旨在确保战略实施过程中资源配置高效合理，为企业战略目标的实现提供强有力的支撑。

（4）提升战略前瞻性的前提条件

企业高层管理者要提升战略前瞻性需要做到以下 4 个要点：

1）行业洞察。企业高层管理者需要保持对行业的敏锐洞察力，通过对行业动态的深入了解和研究，掌握市场的发展趋势、行业的深刻变革和新技术的应用等重要信息。这些信息将为企业制定战略决策和规划提供重要指导。行业洞察能力使企业高层管理者能够预见行业发展的机遇和挑战，及时做出调整，并制定相应的应对策略，通过对行业发展趋势的深刻理解和分析，为企业指明方向，提供正确的决策，引领企业持续创新和进步。

2）能力评价。企业高层管理者要提升战略前瞻性，需具备评价企业的能力。他们应对企业进行全面评估，深入了解企业的内部运营情况，包括财务状况、人力资源、生产流程、产品服务等，以评估企业整体运营效率和效果。在此基础上，将做优主业作为核心竞争力，通过主业与多产业协同发展，不断优化产业结构，发挥产业之间的协同效应，并制定相应的战略和策略，以确保企业在竞争激烈的市场中保持领先地位。

3）发展定位。选择大于努力，目标决定成就。企业高层管理者要帮助企业找准市场定位，推动企业发展。首先，要清晰诊断企业存在的问题。不存在没有问题的企业，但并非所有的问题都是战略性的，因此，企业高层管理者要甄别并筛选出对企业真正产生战略性影响的关键问题。其次，要找准企业的发展方向。企业该往什么方向发展？该选择何种发展路径？是专业化还是多元化发展？企业高层管理者对这些问题要做到胸有成竹，要不断学习，不断更新，持续改进。最后，确定企业的发展目标。确立明确的发展目标是企业管理规划中的核心环节，企业高层管理者需对企业发展目标具备清晰的认识，分析市场趋势和行业现状，了解当前市场状况和潜在的市场机会，以确保企业的目标与市场形势保持一致。

4）策略谋划。企业高层管理者对企业进行战略规划时，需要从整体、长远、根本和创新4个维度出发，以智慧为核心，确保企业稳健前行。企业高层管理者应具备全局视野，规划企业整体发展，避免片面性。同时，要关注企业长期生存与发展，设计前瞻性的长期发展策略，长寿企业的共同特征包括发展目标明确、技术创新丰富等。企业高层管理者还需预见未来并提前布局，处理好短期与长期利益的平衡，避免"头痛医头，脚痛医脚"，把握企业发展的根本性问题，从根源上予以解决，以创新思维研究企业发展策略及战略，以智慧而非单一知识驱动，实现少投入多产出、少问题快发展。

企业高层管理者应通过全面分析、资源整合和创新思维，提升企业战略的前瞻性，确保企业在竞争激烈的市场中能够存续并持续发展。持续学习和改进则是企业高层管理者保持战略前瞻性的重要途径。

2. 拓展视野，锻造战略整体性

企业高层管理者应当致力于视野的拓展，在制定战略蓝图时，深刻把握全局性的战略考量。这不仅是对企业高层管理者广阔视野与全局观念的高度要求，更是确保企业在竞争激烈的市场环境中稳健航行、持续取得成功的基石。阿里巴巴集团的企业高层管理者团队正是这一理念的杰出践行者，他们凭借前瞻性的视野与深远的战略布局，在电商领域不断巩固地位的同时，还成功进军金融、云计算、新零售等多元领域，实现了业绩的飞跃，成为跨界融合与全面发展的典范。

阿里巴巴的全球化征程与跨行业布局，不仅展现了其作为行业引领者的雄心壮志，更为其在全球市场中构筑了显著的竞争优势，赢得了国际市场的广泛认可与尊重。同样，亚马逊的辉煌成就也深刻映射出其创始人杰夫·贝佐斯卓越的全局战略眼光。杰夫·贝佐斯在深耕电子商务领域的同时，以前瞻性的视野预见未来趋势，勇于开拓云计算、人工智能、物流等前沿领域，通过多元化战略的实施，极大地提升了企业的综合竞争力和市场适应性，为亚马逊的持续成长与繁荣奠定了坚实的基础。就如杰夫·贝佐斯所言，如果考虑今后一年干什么，马上就会想到许多竞争对手，如果考虑三年以后干什么，会发现对手就少多了，如果思考的是五年、七年甚至十年以后该做什么，就想不起来谁是对手。若执着于战术级的努力就会陷入死循环，所有的行为都是当下的，不要用战术上的勤奋掩盖战略上的懒惰，战术是解决当下，着眼于存量，战略是创造未来，着眼于增量。

在全球化日益深化的今天，企业高层管理者需具备全球视角，深入了解国际市场的动态和趋势。通过关注国际政治、经济、科技和文化等方面的发展变化，企业高层管理者可以更好地预见市场机会和挑战。

企业高层管理者要学会跨行业借鉴经验，不仅应关注本行业的发展动态，还应关注其他行业的创新和变革。埃隆·马斯克在经验分享时曾提到，多和不同行业专业人士交流至关重要，跨行业的视角有助于高层管理者借鉴其他行业的成功经验，探索新的商业模式和管理方法。

企业高层管理者要理解多元文化，随着企业国际化程度的提高，企业高层管理者需要具备多元文化理解的能力。尊重和理解不同文化背景，有助于企业在全球市场中更好地开展业务，提升企业的国际竞争力。

企业高层管理者提升战略整体性的措施主要有以下5项。

（1）提升战略目标的整体性

企业的战略目标是企业发展的总体方向，是对企业战略经营活动预期成果的期望，是对企业宗旨的展开和具体化，是企业经营目的、社会使命的进一步阐明和界定，对企业的长期发展具有指导作用。企业高层管理者可以运用平衡计分卡（BSC）全面规划企业的战略目标，明确企业长期和短期的具体目标，这些目标应该涵盖财务、客户、内部业务流程和学习成长4个维度。财务维度包括提高营业收入、净利润、市场份额等，具体的指标有营业收入增长率、净利润增长率、毛利率、成本费用率等。客户维度包括提高客户满意度和忠诚度，相关指标有客户满意度、客户忠诚度、市场份额、客户投诉率等。内部业务流程维度主要是通过优化内部流程以提高运营效率，指标有生产效率、生产周期、库存周转率、质量合格率等。学习与成长维度包括提升员工素质和促进企业持续发展，指标有员工满意度、员工培训覆盖率、员工流失率、创新成果等。

通过运用平衡积分卡，企业能够实现财务指标和非财务指标、长期目标和短期目标、结果性指标与动因性指标、企业组织内部群体与外部群体之间的平衡。这种平衡不仅有助于企业全面管理和评价其综合业绩，还能够将企业的愿景和战略具体化，提升战略执行力，从而使战略目标的整体性得到维护和保障。

（2）提升战略过程的整体性

企业高层管理者在制定战略规划时，应注重战略过程的整体性和可持续性，从时间维度制定短期、中期、长期战略，助推企业实现愿景和使命。短期战略计划：通常覆盖1~2年的时间跨度，是长期战略计划的细化实施步骤。在制订短期战略计划时，通常由企业中层管理者负责将长期战略目标分解为具体

（side）第3章 企业高层管理者的项目化管理能力修炼

的行动计划，明确各项具体目标和指标，并制定相应的时间表并指定相关责任人。中期战略计划：通常覆盖3~5年的时间跨度，是连接短期和长期计划的桥梁。在制订中期战略计划时，企业管理者需要评估市场趋势、技术进步及内部资源的可用性，以确保计划的灵活性和适应性。长期战略计划：一般覆盖4~5年的时间跨度，对企业实现其愿景和使命具有重要价值。在制订长期战略计划时，高层管理者应从市场定位、产品和服务、研发创新、渠道建设等方面进行考虑，确保计划与企业的愿景和使命保持一致，并紧密结合对外部环境和内部资源的分析结果。

（3）提升战略规划的整体性

企业高层管理者要从战略路径、战术策略和战略任务3个方面进行战略的整体规划，这3个方面共同构成了企业战略管理的核心内容，确保企业能够有效地应对外部经济环境的变化，优化资源配置，提升竞争能力，从而实现长期生存与发展。战略路径的规划涉及企业的组织结构、人员岗位、管理流程等多方面的调整和优化，包括资源合理配置、各部门间的协调合作及内外部资源优势的整合利用。战略路径的规划需要具有前瞻性和灵活性，以便在实施过程中根据实际情况做出相应调整。战术策略是具体到日常运营和管理的策略和方法，它涉及战略计划的执行，包括市场策略、产品策略、营销策略等。战术策略的制定需要考虑如何有效地利用资源，在竞争激烈的市场中脱颖而出，并不断地创新和改进产品或服务，以满足客户需求并保持竞争优势。战略任务是将战术策略进一步细化为一系列可执行的任务和活动。这些任务包括市场调研、新产品开发、营销推广等，它们是实施战略计划的具体步骤和措施。战略任务的分配和执行需要明确责任人和制定时间表，确保每项任务都能按时完成，从而推动整个战略计划的顺利实施。

（4）提升战略组织的整体性

企业战略并非单纯关注企业的某一特定活动或部门，而是针对企业整体性、长期性、基本性问题的筹划。这要求高层管理者必须考虑到企业内部各个部门之间的相互作用和影响，确保各部门的行为和活动能够协同并进，以实现企业的整体目标。在组织设计方面，企业高层管理者应根据战略要求调整组织结构，明确各部门岗位职责和权限，建立持续优化的流程和机制，以保障战略高效执行。这包括内部组织架构的调整，清晰的责任分工和执行机构的设立，以及这些机构之间的有效协调和沟通。在责任分配方面，企业高层管理者可以通过设立授权机制，包括常规性授权和临时性授权，以确保权力下放的同时仍能对权力的行使保持监督和管理。

（5）提升战略宣贯的整体性

企业高层管理者需要明确宣贯对象、采用多元化的宣贯方式并持续评估和调整宣贯策略，以保证战略意图和任务分配能够有效地宣贯到位，从而推动企业战略的成功实施。首先，要明确战略宣贯对象，即企业内部的所有员工，包括企业高层管理者、企业中层管理者、企业基层人员。每个层级的人员在战略的理解和执行中都扮演着特定的角色，承担着相应的责任。其次，战略宣贯的方式应多元化，以匹配不同层级员工的需求和理解能力。具体而言，内部宣贯可通过组织全体员工参加企业战略宣讲会，让领导层到各部门宣传战略意义；在日常工作中统一引导全体员工活动，如在公司月度会议、运营会议、例行报告会等场合做报告；通过电子邮件、企业内部报纸、电子公告板、企业广播、企业网站等形式展示新战略。外部宣贯指通过企业广告、宣传片、各种传播媒体及互联网渠道进行宣传，以提升企业形象，向市场传递企业的核心价值。最后，为了确保战略宣贯的效果，企业高层管理者需要关注以下3点：一是评估反馈。通过员工的反馈和评估，了解战略宣贯的效果，据此及时调整宣贯策略，确保全体员工理解和接受企业的战略意图。二是持续跟进。战略宣贯不是一次性的活动，需要持续跟进，确保员工在实际工作中能够应用战略思维，将战略意图转化为具体的行动。三是强化执行。通过制定清晰的战略目标和管理层对战略执行的承诺，强化员工的执行意识，确保战略能够得到有效实施。

企业高层管理者应当秉持持续拓展视野的核心理念，不断深化对战略全局的驾驭能力。他们需运用系统思维将复杂多变的市场环境视为一个有机整体，并进行深入剖析与精准把握。同时，通过强化战略协调能力，确保企业内部各部门、各层级之间的无缝对接与高效协同，共同推动企业战略的顺利实施。面对市场的不确定性，企业高层管理者还需具备敏锐的洞察力与果断的决策能力，灵活进行战略的动态调整，以适应环境变化，确保企业在复杂多变的市场环境中稳健前行。

为了进一步提升企业整体的战略能力与竞争力，构建学习型组织成为一项至关重要的策略。通过营造浓厚的学习氛围，鼓励全员参与学习、交流与创新，企业能够不断汲取新知识、新技术、新理念，为战略制定与执行提供源源不断的智力支撑。同时，定期开展战略研讨活动，汇聚集体智慧，对外部环境、内部资源、竞争态势等进行全面深入的剖析与研讨，有助于企业更加精准地把握市场脉搏，制定出更具前瞻性与可操作性的战略方案。这些措施的实施，将为企业赢得更加广阔的发展空间与更加光明的未来。

3. 应对变局，提高战略可控性

企业高层管理者在面对瞬息万变的商业环境时，需展现出高度的主动性与前瞻性，积极主动拥抱变革，并致力于提升战略的可控性与韧性。这一战略导向深刻反映在不确定性成为常态的今天，企业高层管理者不仅需具备敏锐的洞察力与卓越的应变能力，能够迅速捕捉市场动态，灵活调整策略布局，更需强化对企业战略方向的精准把控与有效管理，从而确保企业在复杂多变的市场中保持稳定的航向，持续驱动企业的成长与繁荣。

通过深化对战略可控性的理解与实践，企业高层管理者应有能力构建起一套高效、灵活的决策与执行体系，以确保战略决策既能紧跟时代步伐，又不失稳健与深远。这种能力不仅关乎企业的短期生存与发展，更决定企业能否在未来保持竞争力、实现可持续发展。因此，不断提升战略可控性，已成为企业高层管理者在应对变局、引领未来的征途中不可或缺的核心素质与能力。

（1）战略可控性的 4 个层面

1）战略执行结果的可控性。保证战略执行结果的可控性对于企业的成功至关重要，这种可控性保障企业战略目标的实现，提高组织效率，并推动组织的创新和发展。在战略实施之前，企业高层管理者需要及时了解环境变化的程度、原因和趋势，通过对投入因素、早期成果及内外环境变化的分析与研究，对计划做出适当的调整，确保战略行动的结果不会偏离既定的标准，使计划目标和计划实施过程更加符合实际。在战略实施过程中，企业高层管理者要确保战略真正落地与执行，包括确立明确的目标，建立合理的组织结构和制度，选择适合的人才并分配适当的任务，明确岗位职责和授权范围，对目标、规范、机构、干部、计划及资源分配方案进行优选，针对存在的问题提出对策，并对目标实现程度、管理组织运行情况、规范执行情况进行及时的监督与检查。战略实施之后，应将战略活动的结果与控制标准进行对比分析，明确战略控制的程序和标准，并根据需要采取相应的纠正措施。

2）战略情报搜集的可控性。情报的搜集、分析与应用构成了一个紧密相连的循环过程，只有在良性循环的机制下，企业才能保证持续稳定地获取有价值的情报，从而为企业的决策提供有力的支持。首先，企业高层管理者需明确情报服务的对象，即确定情报是为管理层还是基层员工服务，或者两者兼顾。不同对象对情报内容的需求有所不同，如管理层可能更关注市场政策动态，而基层员工则更需要了解业务相关的情报内容。其次，将决策需求转化为情报需求是关键步骤。通过明确企业的主营产品、关注的同行、技术、工艺、区域项目及上下游产业或重点合作伙伴等关键信息，有助于情报工作更好地落地。为了确保情报获取的全面性，应尽可能拓宽情报的来源渠道。除了常见的线下展会、客商沟通，企业高层管理者还可以从网络上收集信息，利用网络信息数量庞大这一优势，构建企业自己的情报体系。这个体系需紧跟需求，避免方向偏离，并积极探索使情报更方便直观地呈现和应用的方法。最后，建立情报反馈与优化机制，确保情报应用效果能够及时反馈给收集端，并指导其进行必要的调整与优化。

3）战略偏差分析的可控性。企业高层管理者应具备灵活调整的能力。唯有在思想层面实现突破，才能在实际行动上快速调整。面对外部环境的迅速变化，企业高层管理者需灵活调整应对策略和业务模式以适应新的挑战。这要求高层管理者具备创新思维和快速调整能力，能够在变化中寻找新的机遇，并及时调整资源配置，有效优化组织结构，做到跟随外部环境变化、调整，及时发现工作中存在的问题并及时解决，避免或减少偏差，最大限度地减少损失。当发生偏差时，高层管理者应采取措施及时纠正偏差，减轻其对组织效率产生的负面影响，确保战略偏差分析的可控性，保证企业战略的顺利实施并推动目标的实现。

4）战略规划调整的可控性。战略规划不仅涵盖企业内部资源的优化配置，还包括对外部环境的深入分析和应对策略。在快速变化的市场环境中，企业高层管理者需要确保战略规划的调整具有可控性，以便在必要时能够随时进行调整，以适应市场变化和客户需求的变化。在制定发展战略后，企业高层管理者需要迅速对企业组织结构、业务流程、权责关系等进行相应的调整，在快速变化的经营环境中有效地实施企业战略管理的动态模式。通过优化配置资源，动态调整相应行动方案，达到战略与资源的匹配，适应发展战略的要求。

（2）提升战略可控性的具体策略

提升战略可控性的具体策略包括以下 6 个要点：

1）确立清晰的战略目标。企业高层管理者的首要之务，是确立一套既清晰又具备前瞻性的战略目标，这些目标需紧密契合所有利益相关方的期望与愿景。唯有清晰界定的目标，方能引领企业在实施过程中保持方向感，实现精准控制。

回溯历史，宋太祖赵匡胤在皇城内亲自主持建造兵工厂，其内部道路设计独辟蹊径，仅有一条，并且弯弯曲曲。虽有大臣反对，但赵匡胤坚持己见。百年之后的宋神宗年间，有人策反兵工厂工人，上千人手持武器企图冲出兵工厂，却因为道路太过狭窄弯曲而被几名守门士兵成功堵截，待援军赶来后镇压了叛乱，大宋朝度过了一次严峻的危机，此时人们才惊叹宋太祖英明神武。

2）细化战略执行计划。战略的可控性源于具体而详尽的行动蓝图。企业高层管理者需统筹指导，将宏大战略细化为一系列可操作性强、时间节点明确的行动步骤，同时明确责任归属与绩效标准，确保每一环节都得到有效执行与监控。

3）强化执行效能与监控。提升企业执行力是确保战略计划得以顺利实施的关键。通过建立科学、合理的关键绩效指标（KPI）体系及严密的监督机制，企业高层管理者能够实时、准确地掌握战略实施的进展与成效，从而及时调整策略，确保战略目标不偏离原定计划。

4）构建灵活高效的组织架构。为适应快速变化的市场环境，企业应采用更为扁平化的管理结构，减少决策层级，加速信息传递与决策过程，从而提升企业整体响应速度与灵活性。

5）培育高适应性团队文化。团队成员的适应能力与持续学习精神是战略可控性的重要支撑。企业高层管理者应加大对员工培训及个人发展的投入力度，培养一支能够迅速适应新环境、勇于面对新挑战的高素质团队，为战略成功实施奠定坚实的人才基础。

6）充分利用数据分析与智能技术。在数字化时代，数据已成为企业决策的重要依据。通过引入数据分析与人工智能等先进技术，企业高层管理者能够更深入地洞察市场动态、消费者行为及行业发展趋势，从而制定更加精准、可控的战略决策，引领企业在激烈的市场竞争中占据先机。

3.1.3　严格把控，保障战略落地

战略的有效落地，是企业实现宏伟蓝图与长远目标的根本途径，其深远意义在于将战略细化为切实可行的操作步骤与实际成果，确保企业资源的优化配置与高效利用，并实现对潜在风险的精准预判与有效控制。这一过程不仅是将梦想转变为现实，更是驱动企业在激烈市场竞争中脱颖而出、实现持续繁荣与长足发展的关键引擎。通过战略落地，企业能够构建一套从规划到执行、从监控到调整的闭环管理体系，确保企业每一步行动都紧密围绕战略目标展开，从而在不断变化的市场环境中稳固其优势地位，开创更加辉煌的未来篇章。

1. 对于目标，源于战略，成以支撑

在设定和实现目标时，必须紧密结合战略规划和战略执行。这不仅涉及目标的明确设定，还包括对战略目标的深入理解和对实施路径的精心设计。

（1）战略与目标的互动

基于战略的目标设定要求，企业高层管理者不仅要找出当前存在的问题，还要从根本上解决问题，为组织的发展排除障碍。这种从现象到逻辑的方法选择，使目标管理更好地服务于战略，确保所有行动都朝着实现最终战略目标迈进。同时，战略预算的制定也是基于战略需求，旨在为未来关键业务能力的打造提供投入，进一步凸显了战略与目标之间的密切联系。

（2）目标的设定：源于战略

企业目标的设定是组织愿景、使命及长期发展目标的具体展现。战略目标是企业在未来一段时间内所期望达到的成果，它既是企业宗旨的展开和具体化，也是企业在既定的战略经营领域内开展战略经营活动所要达到的水平。因此，目标的设定首先需从战略出发，明确企业的长远目标和阶段性目标，为实现组织目标奠定基础。

项目目标的设定是基于对企业目标的细化。这些目标应便于量化和管理，为项目团队提供明确的方向和动力。

（3）目标的落地：成以支撑

目标的落地是企业管理和战略实施中的关键环节，它基于对企业内外部条件的分析，结合企业发展定位及战略目标，选择合适的经营管理策略并进行细化、推进实施。这一过程需要从行动计划制订、资源配置与执行、监控与评估、反馈与调整及激励与奖惩等多个方面进行全面的管理和控制。通过这个过程，将宏观的目标转化为具体的行动，以此作为目标实现的支撑与保障。战略目标的设计源于对企业整体战略的解码，同时也体现了业务管理层对未来的期望。这意味着，战略不是一个抽象的概念，而是需要通过具体的分析、评估和决策过程来制定。

"对于目标，源于战略，成以支撑"强调了在整个目标设定和实现过程中，战略规划和战略执行的重要性。通过明确的战略指引和合理的目标设定，确保组织的长期发展目标得以实现。这不仅要求企业高层管理者具备全局视角和前瞻性思维，也要求他们能够灵活应对外部环境的变化，不断调整和优化战略规划，以适应不断演变的市场需求。

2. 对于项目，始于目标，结以交付

在当今瞬息万变的商业生态中，项目管理已远远超越了单纯完成特定任务或交付单一产品的范畴，它演变为组织战略实施与长远愿景达成的驱动力。"对于项目，始于目标，结以交付"这一核心理念，深刻揭示了项目管理的核心使命：要高瞻远瞩，确保每一个项目的启动与推进都紧密围绕组织的战略蓝图，成为推动组织稳步实现长期目标的坚实支撑。因此，在项目策划之初便需深入洞察并精准对接组织的战略方向，始于目标开展项目立项工作。

项目立项，承载着精准勾勒项目愿景、目标及范围的重任，也是对项目可行性进行全方位、深层次剖析的关键环节。

在此阶段，应秉持严谨态度，对项目进行多维度、立体化的综合评估与精心规划。市场分析引领企业洞察行业趋势，把握市场脉搏；技术评估则帮助企业剖析技术难题，评估解决方案的可行性；财务评估则是衡量成本与收益，确保投资回报的合理性；而以法律为主的风险评估为项目保驾护航，规避潜在的

各种风险。这一系列精细化的评估与规划工作，共同为项目的成功奠定坚实基础，确保项目在启动与实施过程中能够稳健前行，最终实现既定目标乃至超越预期成果。

（1）项目立项应关注的内容

始于目标的项目立项，着重关注以下3项内容：

1）立项评估与审批。建立严格的立项评估和审批机制。通过全面的项目可行性研究，深入评估项目的潜在收益、风险及资源需求，确保所立项的项目能够为企业创造价值。

2）资源配置与保障。根据立项评估的结果，合理配置项目所需的资源，包括人力、财力、物力等。确保资源的充足供给和合理使用，为项目的顺利实施提供保障。

3）风险评估与应对。在立项过程中，进行详细的风险评估，识别潜在风险，并制定相应的应对措施。通过建立和完善风险管理机制，确保项目在实施过程中能够有效应对各种不确定性挑战。

此外，从项目管理的角度来看，项目的目标管理是一个重要的过程，它包括设定明确的目标，建立时间表，并在组织内为个人或团队分配任务，从而确保组织始终沿着既定目标方向前进，并不断取得进展。这表明，目标设定不仅是项目管理的核心，也是实现战略目标的基础。

（2）项目交付的要点

要想顺利交付，完成支撑战略目标的重要使命，可从以下3个方面入手：

1）项目识别与选择。企业高层管理者需要全面、准确地评估项目，从价值性和可行性两个方面综合考虑，做出明智的决策，确保所选项目既能为企业带来长期价值，又能有效实施并成功完成。一方面，通过深入的市场调研和竞争分析，洞悉市场需求和竞争情况，以此判断项目的商业前景和市场潜力。同时，对项目的优势、劣势、机会和威胁进行分析，全面了解项目的内外部环境，判断项目的价值性和潜在风险。另一方面，要对项目进行可行性分析，包括经济效益、技术可行性及资源保障等方面，全面科学地分析项目的投资规模是否与企业承受能力相匹配。

2）项目立项与计划。"集中精力立项目，抢抓机遇上项目。"项目立项需要企业全体员工达成共识，坚定信心。在明确项目目标的基础上进行项目立项，结合实际情况，绘制出达成预期成果的路线图。制订详细的项目计划，包括时间表、资源配置、预算和风险管理等。把每一个项目任务细化、落实，确保每一步都稳健推进，保障项目计划与战略目标一致，并能够有效推动战略的实施。

3）项目监督与管控。深刻理解"天下难事，必作于易；天下大事，必作于细"，在实施好项目管控上做文章。通过"三抓"，即抓质量、抓进度、抓成本，推动和提升项目管控水平；懂得"三放"，即结合实际放权、放手、放心态，促进项目管理优化。结合企业实际需求，大力倡导和推广 PingCode、Worktile、Project 等项目管理信息化工具和方法的使用，关注对项目执行过程的全程监控，及时支撑并助力解决项目实施过程中遇到的问题和挑战。

"对于项目，始于目标，结以交付"原则强调了项目管理工作的出发点不应局限于解决项目本身的问题，而应该更广泛地考虑如何通过项目管理支持组织的长期发展。通过精确设定项目目标，并确保项目目标与战略目标一致。项目管理可以有效地促进组织目标的达成，实现共赢。

3. 对于实施，基于计划，严格管控

项目管理实施过程的推进需快速、准确、坚定而明确，这深刻体现了"基于计划，严格管控"的核心理念。此理念不仅要求对战略蓝图有透彻理解与深刻认同，更需将其转化为行动的指南。在此过程中，还必须秉持严谨细致的态度，确保每一项任务都能沿着既定的方向稳健前行。

基于计划的项目管控应着重以下 3 个方面。

（1）合规性监督

企业高层管理者应确保所有业务活动均严格遵守国家法律法规及公司内部政策规定，如监督项目是否严格遵循相关法律法规在市场交易、安全环保、产品质量等方面的规定。通过建立合规风险动态管理机制，不断提升风险识别、监测及应对能力，筑牢风险防控防线。此外，通过建立健全合规审查机制，做好事中风险防控，确保合规审查成为企业规章制度制定、重大事项决策等经营管理活动的必经环节，从而有效防止重大风险的发生。

（2）关键点管控

企业高层管理者需要关注项目中的关键环节和重要相关方，如市场交易、安全环保、产品质量、劳动用工、财务税收、知识产权、商业伙伴等，以及高风险岗位和境外人员等。通过对这些突出领域和重点环节的管控，确保项目能够顺利进行并成功完成。

（3）缺失性赋能

在项目执行过程中，企业高层管理者需要通过风险评估识别潜在的风险和缺陷，并及时采取措施进行纠正或预防。同时，应定期评估项目绩效，包括项目进展、质量、成本、风险等多个方面，及时调整和改进项目管理策略。建立持续改进机制，鼓励项目团队成员提出改进意见和创新方案，推动项目管理不断优化和创新。

进一步而言，严格管控的精髓贯穿项目管理的整个生命周期，包括但不仅限于范围管理的精确界定、时间管理的严谨规划、成本管理的精细控制、质量管理的严格监督、风险管理的前瞻预判与有效应对。这些关键环节相互交织，共同构建起项目成功的坚固基石。每一环节的细致分析与评估都是对项目复杂性与不确定性挑战的积极回应，旨在通过前瞻性的策略与措施，确保项目在多变的环境中稳健前行，最终实现既定目标并创造最大价值。

"对于实施，基于计划，严格管控"的过程，是保障项目从最初构想到最终交付的全面质量控制的关键。它要求项目经理管理和项目团队具备高度的责任感和专业能力，通过周密的规划和严格的评估，确保项目能够顺利完成并实现预期目标。

4. 对于验收，成果体现，支撑战略

为了在激烈的市场竞争中脱颖而出，构筑并执行一项既清晰又高效的企业战略，已成为决定企业命运的关键。然而，战略的成功实施，绝非仅依赖其宏伟蓝图的精心规划，更在于其后续实施过程中那份持之以恒的执行与坚守。

"对于验收，成果体现，支撑战略"这一理念，是对企业战略实施结果的深刻诠释。这意味着，从战略实施的第一步起，就要确保团队上下一心，对交付的成果达成共识，将个人努力汇聚成推动战略实现的强大合力。唯有如此，方能在复杂多变的市场环境中，确保企业目标最终实现。

为确保项目成果有效体现并支撑企业战略，企业高层领导者应提升以下 4

个方面的工作能力。

（1）增加预验收，避免一锤子定成败

预验收不仅能够帮助企业及时发现和解决项目中存在的问题，还能够为最终的项目验收奠定坚实的基础，避免在最终验收时出现重大纰漏，从而确保项目的质量和成功率。企业高层管理者需要亲自指导制订详细的预验收计划，明确预验收的目标、内容和标准。同时，应组织具备相关专业知识和经验的人员组成预验收团队，对项目进行全面的检查和评估，以确保预验收工作有条不紊地进行。

（2）强化前后有无对比，突出项目成果价值

企业高层管理者应重视项目验收后的管理工作，这包括充分利用重大专项支持形成的资源、能力，加强档案、成果、知识产权、开放共享等方面的管理，确保项目资源的有效利用和成果的持续管理。同时，强化专业机构和专家组的协调，确保他们在项目验收过程中的专业性和公正性。此外，实行回避制度和诚信承诺，确保验收工作的质量和效率。更为重要的是，企业高层管理者应推动重大创新成果的产业化应用与推广，通过建立相应工作机制，促进科研成果的共享利用，加速成果转化和应用。

（3）加强绩效评价，实现奖优罚劣

建立企业绩效评估体系，应基于"四有"原则：有目标才能实现，有衡量才能做到，有反馈才能进步，有奖励才能重复。企业应坚持追求"今天最好的表现是明天最低的要求"的卓越目标，为过程鼓掌，为结果付酬。企业高层管理者应确保绩效评估体系公平公正，永远都要坚持追求更好的目标，要奖励优秀员工，惩罚不良行为，不能让付出者吃亏，要向奋斗者倾斜。

（4）实施后评价管理，持续能力提升

项目验收并不代表项目结束，企业高层管理者需确保项目验收后进行有效的评价管理，包括对项目的整体效果进行评估，以及识别项目实施过程中的成功经验与不足之处。通过这种评价，为未来的项目提供宝贵的经验和教训，帮助企业改进项目管理流程和方法。同时，企业高层管理者也应认识到，项目管理能力的持续提升对于企业的长期发展至关重要，需通过定期的培训、分享会及实践经验的积累，提升管理者及团队成员的项目管理能力，确保团队能够灵

活适应不断变化的项目环境和要求。

"对于验收，成果体现，支撑战略"是一种系统化的战略管理理念，它要求企业在制定战略的同时，也要有明确的实施步骤，并确保这些步骤能够产生显著的成效。只有这样，企业才能在复杂多变的市场环境中实现长远的发展和目标。

案　例

阿里巴巴在创立初期的战略定位，包括专注于中小企业、提供免费服务、建立信任机制、拥有全球视野、持续创新、注重团队精神和企业文化、逐步拓展业务及高效的执行力，为该公司的快速成长和长期成功奠定了坚实的基础。阿里巴巴从创业开发某网站开始，就明确提出互联网产业界应重视和优先发展企业与企业间电子商务（B2B）。该公司的发展模式很快引起国际互联网界的关注。随后，该公司推出合伙人制度，以保存其使命、愿景及价值观。与国家发改委在签署了关于推进商务领域诚信体系建设合作备忘录。双方在数据共享、联合奖惩、试点示范、研究共创等方面展开一系列的合作，提升商务领域诚信意识，推进诚信体系建设，发挥信用体系在优化商业环境、促进产业发展中的重要作用。此外，他们意识到，未来30年社会发展将出现5个新趋势，即新零售、新制造、新金融、新技术、新资源，并将对各行各业产生巨大影响，并明确提出未来的公司定位———一家解决社会问题的公司。帮助传统商业全面互联网化，打造未来新经济基础设施。这些战略举措不仅帮助该公司在激烈的市场竞争中脱颖而出，也为其成为全球领先的电子商务公司铺平了道路。

以下是该公司在制定战略和落实战略这一过程中所采取的一些关键战略定位和举措。

（1）专注于中小企业

该公司在创立之初就明确地将目标客户定位为中小企业。这一战略定位抓住了当时我国大量中小企业对电子商务平台的需求和对其有效认识的空白，为其迅速占据市场份额奠定了基础。

（2）提供免费服务

通过提供免费的 B2B 平台服务，吸引了大量中小企业用户。在竞争对手收费的情况下，这一免费策略使得该公司迅速积累了大量用户和数据，为其后续的商业模式创新提供了有力支撑。

（3）建立信任机制

针对在互联网电子商务的初期存在的信任问题，通过引入支付保障工具，成功克服了交易中的信任障碍。这一举措不仅促进了交易的顺利进行，也增强了用户对平台的信任和依赖。

（4）全球视野

该公司从创业之初就拥有全球视野，致力于打造成一个国际化的电子商务平台。通过建立全球买家和卖家网络，该公司不仅在中国市场取得了显著成就，也逐渐在全球范围内扩大其市场，提升了企业的竞争力和影响力。

（5）持续创新

鼓励团队不断探索新的商业模式和技术应用。该公司不仅在电子商务领域不断创新，还积极拓展金融、云计算、物流等多个领域，形成了多元化的发展格局。

（6）强调团队精神和企业文化

强调团队精神和共同的使命感。在创业初期，通过凝聚核心团队的力量，共同面对创业过程中的各种挑战，为该公司的成功奠定了坚实的基础。

（7）逐步拓展业务

从最初的 B2B 平台逐步扩展到 B2C 和 C2C 领域，推出平台子品牌，覆盖了更广泛的消费者市场。通过不断拓展业务范围，建立了一个庞大的电商生态系统，形成了竞争优势。

（8）高效的执行力

在制定战略后，还十分注重高效的执行力，确保每一项战略举措都能落地实施。通过严格的执行和反馈机制，该公司能够快速响应市场变化，保持竞争力。

3.2 知人善用，人尽其才干项目

回首往昔，汉武帝英明神武，广开才路，麾下汇聚了众多杰出之士，文有出使西域的张骞，武有大破匈奴的霍去病等，皆是一代英雄豪杰。张骞肩负皇命，远赴西域，开辟了闻名遐迩的丝绸之路，促进了东西文化的交融；霍去病在抗击匈奴的疆场上屡建奇功，封狼居胥，打通河西走廊，捍卫了汉室疆域的尊严与安宁。这些杰出之士凭借非凡的才华与卓越的贡献，深得汉武帝赏识与重用，共同铸就了汉朝的辉煌盛世，推动国家走向繁荣强盛。

时至今日，许多卓越的企业家以其卓越的商业远见，深谙人才乃企业之根本的道理，秉持"让千里马自由驰骋"的用人哲学，不遗余力地挖掘那些潜力无限的英才并委以重任。正是这些卓越的企业家让企业实现了跨越式发展，同时为社会输送了众多具有创新思维与领导力的人才，持续为社会经济的繁荣贡献力量。

由此可见，企业的蓬勃发展与人才的精心选拔、悉心培养及科学配置紧密相连。企业若能精准识别员工的独特优势，并将其置于最能发挥其潜力的岗位之上，不仅能显著提升企业的整体运营效率与业绩表现，更能激发员工的内在动力与职业满意度，从而构建起一种相互促进、共同成长的良性循环体系。

3.2.1　企业高层管理者应成为新时代的选人伯乐

"世有伯乐，然后有千里马。千里马常有，而伯乐不常有。"伯乐的存在，是千里马脱颖而出的关键。伯乐不仅识马，更懂得如何激发千里马的最大潜能。高层管理者应具备识别人才的慧眼，方能让人才的光芒得以绽放。新时代的企业高层管理者都应肩负起伯乐的重任，为企业甄选人才。

1. 古今一理，伯乐对于千里马脱颖而出举足轻重

观历史，刘备礼贤下士，三顾茅庐，请诸葛亮出山。刘备听到诸葛亮三分天下的战略分析后大加赞赏，诚恳地请他辅佐。诸葛亮也被刘备的一片诚心所感动，之后大展宏图并力推形成三足鼎立之势，助刘备成就了一番伟业。倘若当年没有萧何月下追韩信，那恐怕韩信这匹千里马就此被埋没，也就没有了后面"明修栈道，暗渡陈仓""背水一战""十面埋伏"等经典战役，也不会有兵学著作《韩信》3篇流转百世。

看今朝，1994年巴林银行新加坡分支机构总经理尼克·李森，在未经授权的情况下，擅自购买大量期货指数，并利用欺骗手段掩盖亏损，最终导致巴林银行蒙受了8亿6000万英镑的巨额损失，该银行因此轰然倒闭。这一事件暴露出巴林银行在企业高层管理者选拔和监管上存在严重漏洞，不仅给自身带来了毁灭性打击，也对整个金融行业产生了深远影响。

正面、反面事例深刻昭示：选人是否得当，实为企业兴衰之关键。若将无才无德之人置于关键岗位，将给企业带来巨大隐患，不仅资源空耗，更会引发内部纷争不断，效率低下，最终可能将企业推向万劫不复之深渊。因此，企业在人才选用上务必慎之又慎，需慧眼识珠，确保每名员工能在其最适合的岗位上发挥最大作用，实现个人价值与企业价值的双赢。唯有如此，方能避免重蹈覆辙，确保企业稳健前行，成就辉煌未来。

2. 新的时代，伯乐要焕发甄选千里马的新风采

无论是古代贤达治理国家，还是现代企业高层管理者治理企业，选好人都是实现持续健康发展的核心要素。能识人、会选人，是领导者必备的素质能力，也是企业人才队伍建设的关键所在。

企业高层管理者在甄选优秀人才方面扮演着关键角色，发挥着重要作用。他们在引领企业前行过程中，需要展现出卓越的战略眼光与人才培育能力。深谙选拔并培育兼具创新精神与实践能力的人才队伍的重要性，以推动企业创新与发展，同时，高层管理者必须确保企业在激烈的市场竞争中始终拥有一支骁勇善战的精英团队。通过精准识别、精心选拔、系统培养与有效激励，构建一支品德高尚且专业突出的人才队伍。这样的人才队伍不仅能为企业开拓市场提供强力支持，更是企业持续健康稳定发展的柱石。

作为新时代的"伯乐"，企业高层管理者要意识到识人、选人工作的重要性，秉持对企业长远负责的态度，把"人"的工作做好，保证"选对人"，为后续的培训、管理、使用等夯实基础，为全面培养造就一支忠诚担当的高素质专业化人才队伍输送源源不断的人才资源。一方面，要坚持拓宽视野，善于从更广阔的领域，练就识人和选人的"慧眼"，综合考虑人才的学历背景、经验阅历、专业特长、人格特质等多方面因素，重点考察其大局观和创新思维，让有才有德之人脱颖而出；另一方面，要充分考虑人才的后期使用与岗位安排，确保将优秀的人才放到合适的岗位上，"任其所长，不任其所短"，坚决避免"鲁班出征、关公伐木"等人才错配现象发生。

选拔那些既具备专业能力，又坚守道德底线的人才，不仅有助于提升企业的社会形象与公信力，还有助于赢得社会各界的广泛认可与客户的大力支持，

为企业品牌价值的塑造与市场份额的拓展奠定坚实基础。企业高层管理者需紧密围绕企业的发展战略，精准匹配并选拔最适合的人才，以确保各项战略举措能够顺利推进并取得成功。在面对市场风云变幻与突如其来的挑战时，企业所拥有的高素质人才团队能够做到迅速响应，灵活机动调整，以团队合力支撑企业稳健前行，跨越重重难关，开创更加辉煌的未来。

3.2.2 企业高层管理者必须做新时代的管人高手

管理的本质是用最少的资源创造最大的价值，以此推动组织成员在实践中的成长。管理的重心是人员管理，突出要关注员工内心的管理，强调先学会欣赏每一名员工。新时代的企业高层管理者都应致力于企业长远发展，成为当之无愧的管理高手。

1. 找"草料"，挖"千里马"具体需求

人心齐，泰山移。管人的本质是人性管理，首要任务是深入探索员工需求，逐步理解所管理的对象。通过满足员工的需求，激励员工发挥个人所长，齐心协力完成目标任务。管理不仅是一门科学，更是一门艺术。企业高层管理者一定要精通观察"千里马"、分析"千里马"、判断"千里马"的行为和思想。

（1）全面掌握有关信息

知己知彼，百战不殆。必须全面了解和掌握人才各方面信息，特别是心胸格局、工作经历、家庭背景、专业强项、经验积累、性格爱好等，为后续工作奠定坚实基础。然而，重要信息的获得并非一蹴而就，可能需要较长时间的搜集和积累，在此过程中，应叮嘱人力资源部门特别注意必须通过合法渠道获取信息，避免产生麻烦。同时，应建立健全人才信息库，合法收集、加工、存储和使用员工个人信息，加强保密信息化管理，避免出现信息泄露。

（2）深刻把握需求理论

美国著名心理学家亚伯拉罕·马斯洛在《人类激励理论》一文中提出了需求层级理论，把人的需求分成生理需求、安全需求、爱与归属感、尊重和自我实现 5 类，在很大程度上反映了人的行为和心理活动的共同规律。鉴于人性的复杂，很多时候，个体会同时存在多个层次的需求，高层管理者要准确把握员

工的主导需求，特别是自我实现的重要意义，然后根据具体情况进行具体分析，务必做到心里有数。

（3）有效运用需求激励

掌握员工需求不是终点，运用需求是新的起点。企业高层管理者要将需求的满足与其对企业的价值贡献紧密结合，确保激励机制与目标任务相一致，在分配制度上坚持"多劳多得、少劳少得、不劳不得"的原则，树立鲜明的激励约束导向。此外，还要明确人才当前的需求层次，进行针对性激励，同时注意人才需求的变化调整。把人才的社会价值和企业价值统一起来，在实现责任与贡献的基础上满足个人需求，实现个人价值。

2. 建"草原"，给"千里马"搭好台

在这个世界上，企业追求的是人才，而人才追求的是舞台，两者缺一不可。企业高层管理者应立足于企业的长远发展与战略规划，精心设立并搭建一个高效、全面的企业战略任务平台。这一平台不仅承载着企业核心战略目标的分解与落地，更在任务分配与人才资源配置上达成了高度的契合与优化。**一是让有想法的人有机会**。确保了那些富有创新思维与独到见解的人才有机会参与关键的项目任务，让他们的想法得以实践、创意得以绽放。**二是让有能力的人有舞台**。对于那些具备卓越能力、丰富经验的人才，企业则赋予他们更重要的职责，如项目负责人等关键岗位，使他们能够在更大的舞台上施展才华，带领团队攻坚克难。**三是让有成果的人得激励**。对于那些成功完成任务、为企业发展做出实质性贡献的人才，企业应通过完善的激励机制给予他们充分的认可与奖励，进一步激发他们的潜能与积极性，形成人才与任务、激励与成果之间的良性循环，共同推动企业不断向前发展。

平台之上，为人才创造展示自我、尽显光芒的舞台。**一是按需设台**。即根据人才的需求层次，设计目标任务的组合以及必需的环境条件。一旦闯关成功，需求自然得到满足。**二是以能搭台**。即重点根据人才的能力高低，合理配置相关资源，满足舞台所需的运转条件，为人才的能力施展提供充分保障。**三是由绩扩台**。即根据人才创造的业绩大小，为其扩大舞台，为人才的进一步发展提供更为广阔的空间。**四是应急补台**。即在出现人才无法驾驭舞台，甚至产生不良影响或严重后果的情况下，要及时出手进行补救，以避免不良影响和损失进一步扩大。

3. 备"鞭子"，增"千里马"有效激励

唐诗中的"骝马珊瑚鞭，驱驰洛阳道"描绘了主人公手持珊瑚鞭，策骏马驰骋在神都洛阳大路上的景象。董明珠曾说，工资是发给那些日常工作的人，高薪是发给承担责任的人，奖金是发给能够做出结果的人，股权一定要发给那些既忠诚又能干的人，荣誉要颁给有理想有抱负的人。要想"千里马"驰骋疆场，必须辅以必要的激励管控手段，这既是快马加鞭的鼓励，又是防止脱缰的约束。

激励是激发人才积极性的关键，直接关系到员工的内在动力与外在表现。一个缺乏有效激励机制的组织，往往难以有效管理人才，更无法激励员工主动追求卓越、实现自我超越。多元化的激励能够满足不同员工的需求，在他们心中培育出归属感和成就感。以激励机制为基础，将考核作为反馈机制，帮助员工识别自身的成长空间，促进其能力的提升。激励为考核提供了正向的引导力，使考核成为推动员工进步的驱动力；考核为激励提供了依据，确保激励资源的合理分配与有效利用，最终实现组织与个人的共同发展。

企业高层管理者要统筹行之有效的激励，应当从正面激励和制度规范两个方面入手，两者并重。在精神层面，重在激发员工的荣誉感和归属感，以及对成功的渴望和自我实现的追寻。弘扬和践行社会主义核心价值观，把追求社会价值、企业价值和个人价值相统一作为精神激励的核心目标，坚决抵制腐朽思想的侵蚀。在物质层面，重在作为精神层面激励之后的补充，体现其对员工美好生活实现的支撑作用，大力提倡勤俭节约，预防和消除拜金主义、享乐主义和奢靡之风。在实施层面，重在规章制度有效性建设，突出激励的及时性和有效性，抓好制度的程序性和规范性，统筹积极的宣传和引导，培育浓厚的激励规范的文化氛围。

4. 选对手，展"千里马"出众才华

对手，让我们经历失败；对手，让我们努力拼搏；对手，让我们时时自省；对手，是我们成功路上的追赶者。为"千里马"选对手，要追寻管鲍之交的胸怀大义，切记不可有周瑜那般"既生瑜，何生亮"的狭隘心怀。企业实施良性竞争是一种有效的人才激励方式，要因势利导，实现竞争与团结相统一，

为人才的脱颖而出创造良好环境。

企业高层管理者需充分运用竞争这一有利法宝，推动建立公平合理的良性竞争机制，让"千里马"在激烈的竞争中脱颖而出。一是对手的搭配要合理，既要有"速度型"对手激发爆发力，也要有"耐力型"对手稳定步伐，确保个体能在特定竞争环境中发挥最大优势，共同推动整个企业向前发展。二是对手的作用要体现，好比宝剑之于磨刀石，不仅考验着自身的锋利程度，更在磨砺中不断提升。企业高层管理者需巧妙设计竞争场景，让竞争者成为试金石，每一次交锋都是对个体能力边界的探索与拓宽，让员工在实战中学习、在学习中成长，让竞争成为企业进化的催化剂。三是对手的储备要预先，如同粮草之于远征军，是战略纵深的关键。企业高层管理者需具备远见卓识，提前布局，建立一个多元化的、层次分明的竞争对手库，既涵盖当前领域直接的竞争对手，也有未来潜在的人才。通过持续跟踪与分析，将这些"对手"带上竞赛平台，与"千里马"一决高下，不论输赢，只为才华的竞相绽放。

3.2.3 企业高层管理者要争当新时代的育人大师

十年树木，百年树人。党的二十大报告提出，培养造就大批德才兼备的高素质人才，是国家和民族长远发展大计。培育人才是一项长期且艰巨的任务，就像精心耕耘的农田，只有用心呵护才能收获丰硕的果实。人才的培育需要大师，因为大师出名徒，匠心育英才。法国雕塑大师罗丹说"所谓大师就是这样的人，他们用自己的眼睛去看别人见过的东西，在别人司空见惯的东西上能够发现美。"新时代的企业高层管理者应为企业持续发展争当实至名归的育人大师。

1. 明确"德在才前"，是人才培育的首要任务

鲁迅先生曾说，品德比才能更重要，因为才能很容易得到，品德却需要花费时间和精力培养。如果一个人的品德有问题，其能力越强，可能带来的危害和破坏也就越大。据有关调查，全球500强企业高度重视团队精神、创新精神、诚实守信、准业绩能、正直、沟通能力、责任感、热情和解决问题能力，对员工品德的要求远高于对专业技能的要求。许多公司特别强调员工的诚信和道德操守，深知只有具备良好品德的员工，才能在研发和业务拓展中遵循合法、公平和道德的原则，从而维护公司的声誉，实现长远发展。

企业高层管理者在统筹人才培养时，应把员工掌握和践行社会主义核心价值观作为重中之重，突出宣贯"爱国、敬业、诚信、友善"是公民基本的道德规范，应当以此为引领，加强对正确的世界观、人生观、价值观的培养，切实解决好这个"总开关"问题。企业高层管理者应亲自策划并开展职业道德培训活动，内容涵盖道德决策、职业伦理等方面，帮助员工明确职业道德的范围和标准，正确培养他们的道德观念和职业操守，提高他们的道德水平和自我约束能力。推动建立职业道德激励机制，对表现出色的员工给予嘉奖和鼓励，为其他员工树立榜样。

2. 明确"德才兼备"，是人才培育的关键

《资治通鉴》有云："才者，德之资也；德者，才之帅也。"这句话深刻地阐明了德与才的关系，即品德是才能的统帅，而才能是品德的辅助。一个人只有"德才兼备"，才能为企业带来积极的影响。以华为公司为例，其成功离不开"德才兼备"的人才队伍。该公司的员工不仅具备优秀的技术才能，更秉持着创新、合作和对用户负责的理念。他们始终坚守高品质标准，注重用户隐私保护，并以诚信的态度对待消费者，从而赢得了全球用户的信赖和支持，使其成为全球最具价值的公司之一。

"德高为师，才高为范；德才兼备，方可成大器。"企业高层管理者应将"德才兼备"作为制定人才培养规划的核心原则，在人才培养过程中，既要注重品德教化，也要加强才能培养，将焦点放在"兼"上，把重点置于"备"上，形成鲜明的人才培养导向。加强专业培训的针对性，倡导终生学习的理念，突出实践在人才培养中的重要位置，并把学习和实践相结合，全力推动形成"学思用贯通，知信行统一"的人才培养格局。应建立健全激励引导机制，树立"德才兼备"的人才榜样，鼓励引导广大员工学习标杆、争做榜样，营造"比学赶帮超"的浓郁氛围。

3. 明确"高才大德"，是人才培育的高阶目标

"崇文行德，崛起人生高境界；治学积才，蔚成事业大篇章。""高才"指有杰出的才能，"大德"指有高尚的品德。例如，近代"民族英雄"林则徐，不仅展现了虎门销烟的壮举，还组织编撰了《四洲志》，成为给近代中国开启世界视野的先驱。"高才大德"不仅是企业高层管理者自身提升的目标，更是企业人才

培养的重要方向。具备"高才大德"品质的人才不仅能胜任重要的工作岗位，还是企业高层管理者后备队伍的有力人选，是人才培养成果中的"金种子"。

对于"高才大德"的人才培养，需要采取非同寻常的策略和方法。企业高层管理者应亲自披挂上阵，担任导师，以深厚的底蕴和独到的眼光，为人才成长把脉定向；在艰苦环境的磨砺中，让人才历经风雨，见识世面，铸就坚韧不拔之志；更需多岗位历练，拓宽视野，增长才干，实现全面发展；关键时刻的严峻考验，更是对其智慧与勇气的终极试炼。如此，方能锻造出真正的"高才大德"之士，成就非凡之业。

3.2.4 企业高层管理者应是新时代的留人行家

识人才者，犹如慧眼识珠的探险家，在茫茫人海中发掘出璀璨的宝石，把握时代的脉搏，乘风破浪，赢得发展的先机。他们如同拥有指南针，总能引领团队驶向成功的彼岸。

而留人才者，则是那位精心培育珍稀花卉的园艺大师。他不仅懂得如何挑选良种，更擅长细心呵护与智慧灌溉，让每一株才华之花都能在最适合的土壤中绽放。他们的团队如同繁花似锦的花园，蜂蝶纷飞，成为业界羡慕的焦点。正因如此，留人才者收获的不仅仅是团队的繁荣，更有口碑载道，犹如星辰般耀眼，成为众人仰望的标杆。

企业高层管理者留人也需讲究方法，好的留人方法不仅可以激发员工的工作热情和创造活力，还能提高其工作满意度和工作绩效，为企业人才队伍建设注入满满的正能量。

1. 用合法的利益留人

谈钱虽然世俗，但效果往往立竿见影。某商业巨擘曾一针见血地指出："钱给的多了，不是人才也变成了人才。"这强调了合法利益在留住人才方面的重要性。人才是企业宝贵的资源，他们的积极性和创造力是企业发展的重要动力。要让员工全身心地投入到工作中，为企业创造更多的价值，就必须让他们感受到企业发展和自身合法利益紧密相连。当员工真正得到与自己的努力相匹配的回报，会感受到自我价值的实现和被认同。当然，这种回报必须严格遵循法律法规要求，否则将难以持久。做到合法利益留人，员工会更加积极地投入工作，不断提升自己的能力，为企业创造更多的价值。

2. 用真挚的情感留人

要用情感留住人才，前提必须是真挚，关键在于建立深厚的、基于信任与尊重的关系。"为君欲去更凭栏，人意不如山意好。"作为企业高层管理者，更应该做到"世事洞明皆学问，人情练达即文章。"善于倾听员工的心声、理解员工的需求、肯定员工的价值、关注员工的福祉，并努力营造良好的工作环境和氛围。在员工面临困难时给予关怀，在员工收获喜悦时送上祝福。通过这些举措，建立起一种基于情感的稳定联系，让员工感受到企业的关怀和支持，愿意为企业这个共同的大家庭奉献自己的力量。

3. 用远大的事业留人

人往高处走，水往低处流。人才的流动方向一般是趋向于更高的事业层级和更大的发展潜力。"良禽择木而栖，良臣择主而事。"企业若拥有光明的前景、多样化的晋升渠道及未来的发展潜力，员工自然愿意留在企业并与之共同成长。因此，高层管理者需让员工看到明确的发展规划，为员工提供多样化的晋升通道，拓宽员工的职业视野和增加员工的经验积累。同时，很多非国有企业会采用股权激励机制等手段，使员工成为公司的"合伙人"，将员工个人的利益与企业的长远发展牢牢绑定，鼓励员工为企业的持续繁荣贡献力量，并分享未来的发展成果。

企业高层管理者留住人才的智慧，体现在他们深谙人性之道，通过利益留人、情感留人、事业留人等多重策略，不仅激发了员工的潜能与创造力，还构建了稳固的人才供应库，确保企业在激烈的市场竞争中乘风破浪，开创企业与个人共同发展进步的美好前景，合力谱写企业发展的辉煌篇章，引领企业在激烈的市场竞争中乘风破浪，赢得未来发展的先机。

3.3 百折不挠，危机应急救项目

在企业或项目的危机时刻，企业高层管理者特别是一把手，需要展现出非凡的应变能力，如同舵手在暴风骤雨中还能稳健操控，灵活机智地调整航向，应对各种突发状况。这包括快速果断决策，调整资源配置，及时开源节流，甚至在必要时进行战略重组，以确保企业能够安然渡过危机。更为重要的是，企业高层管理者还需具备强大的辩证思维能力，能够一分为二地看待问题，在危机中育新机，于变局中开新局。他们应鼓励团队勇敢面对挑战，不惧艰难险阻，在逆境中寻找到扭转局势的关键，在困境中探寻破局的妙招。

只有企业高层管理者发挥出泰山崩于前而色不变的示范作用，整个团队才能团结一心，众志成城，迎难而上，共同面对挑战，一起度过风雨。如此，企业才能转危为安，化险为夷，不仅成功渡过难关，更能在逆境中磨砺出坚韧的意志和毅力，为未来的持续发展厚积薄发。

3.3.1 未雨绸缪，把眼光瞄准"功在平时"

古人云："未雨绸缪，防患于未然。"凡事有备则无患。一个具备居安思危意识的人，必然拥有长远的目光，他们未雨绸缪，能预判可能出现的风险，并提前规划、提前准备、提前防范。他们总能比别人更有策略应对挑战，所以也更能让人安心。一个国家如果没有危机意识，迟早会陷入混乱；一个企业如果没有危机意识，早晚会面临倒闭；一个人如果没有危机意识，也肯定会经历低谷，甚至一蹶不振。

1. 眼光瞄准"功在平时"重在修炼并提高预判能力

企业高层管理者之所以能够身居高位，一个很重要的原因在于他们站得高、看得远、能预判。他们深知事后的反应迅疾固然重要，但事前的充分准备更为关键。就如马云所说："我永远相信，做企业是在阳光灿烂的时候修理屋顶，决不能在风雪下雨天才去应对。"因此，高层管理者一定会在企业平稳发展，一切顺利时，就去提前谋划如何应对可能的困境与挑战，把能想到的问题全部考虑周全，把能做的准备工作全部落实到位，把能备用的资源全部准备齐全。因为他们相信，宁可备而不用，也不能用而无备。这样深谋远虑和主动作为的思想，才是"功在平时"的生动写照。一旦危机真正来临，他们便能够从容不迫，迅速响应，有效应对，以最小的代价化解危机，在逆境中寻找转机。

（1）应用沙盘推演这一有力武器

企业高层管理者修炼并提高预判能力，应懂得运用好沙盘推演，以模型化的方式进行出色的预判。通过搭建一个小规模的场景模型，利用实体或符号代表特定对象，在这个模型中推演出不同情景下的可能走向和影响，并通过这些推演结果来增强预判准确性。用更为合理的假设替代过去相对不合理的假设，提高预判能力。当做出的假设越来越接近事实真相时，对事情的预判也就会越发准确。实践决定认识，再实践决定再认识。在沙盘推演的过程中，要打破旧有习惯，重建新的思维模式，否则依旧保持旧习惯，推演也就失去了意义。

（2）建立信息实时管控机制

"巧妇难为无米之炊。"企业高层管理者要想提高其预判能力，需要有效的动态实时信息支持，以确保其决策有的放矢，而非仅凭主观判断。对于所需要的外部信息，必须实施具有针对性洞察与快速有效收集策略，排除数据噪声，与内部数据进行整合，形成结构化、图谱化和定制化的持续跟进体系。建立信息快速传输、分析、判断、反应、处理机制，及时有效地提供有价值的信息，供企业高层管理者判断，进行应对措施调整，确保企业及有关项目在面临突发事件时能够快速反应，从而保障企业和相关项目稳健运营。

2. 眼光瞄准"功在平时" 贵在有针对性举措

"台上一分钟，台下十年功。"只有把功夫下在平时，把短板补在日常，把本事练在岗位，才能做到"手里有粮，心里不慌"。企业高层管理者必须深刻理解"功在平时"的理念，坚决摒弃"临阵磨枪"的做法，将各项针对性举措和手段都在日常工作中落好、落细、落实。

（1）主导推动应急系统建设

企业高层管理者应在企业战略规划中肩负起主导责任，制定应急体系长期发展的详细路线图，全面评估可能面临的风险和危机，确保规划的科学性和前瞻性。加强企业和项目应急制度建设，明确各部门、各层级在应急管理中的职责和权限，形成高效协同的应急工作机制。强化信息管理和共享平台建设，利用大数据、人工智能等先进技术，提升风险监测和预警能力。

（2）主导开展应急预案编制

开展全面的风险评估，对可能发生的各类突发事件，如自然灾害、事故灾难、项目遇险等，进行系统分析和评估，确定潜在风险源、风险类型、影响范围和可能造成的损失。明确应急机制及职责，设立应急指挥中心，制定应急响应程序，确保在紧急情况下能够快速有效地进行指挥和协调。每年对预案进行修订和演练，确保其与实际情况始终契合。

（3）主导抓实日常宣传培训

企业高层管理者应将应急培训纳入企业全员培训体系，每年根据实际需求制订针对性培训计划，并提供充足资金支持。通过强化落实情况考核，提高全员应急处置能力。开展特色宣传活动，利用企业内外部多样化的宣传渠道，制作生动、直观的宣传材料，将生活应急知识纳入宣传内容中，倡导工作和生活"双安全"理念，全面提高企业员工应急意识。

（4）主导推动备用资源准备

对应急所需的人力、物力、财力等资源保障进行评估和统筹规划，包括应急队伍的组建和管理、应急物资的储备和调配、应急资金的筹备和使用。储备的物资既要达到最低标准，又要保持最佳数量，既要避免因物资不足导致应急响应不力，也要防止因过度储备而造成不必要的浪费和资源挤压。

3.3.2　从容应对，把能耐显露"用在及时"

"不管风吹浪打，胜似闲庭信步。"在项目危机的风口浪尖到来之际，企业高层管理者必须具备从容不迫的态度，除了有养兵千日的底气，还要有用在一时的能力。这既源于日常的深厚积累，更是厚积薄发的展现。他们犹如定海神针，发挥领导风范，展示责任担当，冷静分析局势，从容指挥调度，巧妙灵活应对，率领团队披荆斩棘，渡过危机。

1. 展现临危不乱的气场，体现坐镇大局的素养

在企业或项目面临重大危机时，企业高层管理者需展现经年累月磨炼出的临危不惧的心理素养，彰显坐镇大局的威严，稳定团队信心，守住企业根本，从长远角度出发，从全局考虑，带领团队化险为夷，切实维护企业稳定。

（1）冷静理性，稳舵突破

当危机如疾风骤雨般袭来，企业高层管理者的首要任务是保持镇定，稳住团队的信心。以长期磨炼出的冷静与理智，抵御情绪的波动，确保应急决策不受情绪的左右。这种冷静不仅有助于深入剖析危机的本质，还能通过对比以往类似情况的差别和共同点，激发团队内部的理性思考，充分使用日常既有积累储备和资源，及时找到针对性的破局之策。

（2）迅捷决策，高效执行

危机时刻，时间就是生命。企业高层管理者需展现出果断的决策能力，利用有限的信息与时间，迅速权衡利弊，抓住主要矛盾和矛盾的主要方面，及时做出决策。同时，还需确保应急决策能够迅速传达给每个员工和部门，并转化为实际行动，保持团队的一致性，共同应对挑战。

（3）胸怀全局，远见卓识

面对危机，企业高层管理者需跳出局部视野的局限，培养全局观念，以全局视角和长远眼光审视问题。"人无远虑，必有近忧""看得远才能走得更远""迈出一步时，看看三步外"。企业高层管理者不仅要立足于当前，解决眼前的困境，更要放眼于长远，预见危机对企业长远的影响。用高瞻远瞩的眼光和视野，帮助企业或项目解决当下危机，提前规划，以应对未来可能的风险。

（4）沟通无碍，协调有序

危机应对是复杂的系统工程，需以顺畅的沟通与协调作为支撑。企业高层管理者需确保信息在团队内部畅通无阻，减少误解。同时，他们还需运用实践中形成的综合管控能力，将团队的智慧和力量凝聚在一起，整合各方资源，调动全员力量，形成合力应对危机。这种无碍的沟通与有序的协调，是企业在危机处置中保持有效运作、实现协同作战的重要保障。

（5）互助合作，共克时艰

在困境中，更需要企业高层管理者间的互助和支持。如果能在危机中携手合作并共克时艰，就能为战胜危机增添胜算，深化彼此之间的互信。一旦己方将来也遇到危机困难，此举等同于超前进行了外部力量储备，双方企业就都能获得可持续发展的保障。此外，危机之中的携手合作，还很有可能孕育出新的商机，在逆境中实现突破，开创新的局面。

2. 拿出敏锐的判断力，使出果敢的决策力

在企业或项目危机的处置过程中，企业高层管理者的敏锐判断力与果敢决策力异常重要，缺一不可。凭借敏锐的判断力，能够发现问题本质，对风险进行有效评估，捕捉危机中的转机和新的机会。拥有果敢的决策力，才能在判断准确后迅速行动，最大限度节省时间、减少损失。

（1）企业高层管理者只有具备敏锐的判断力，方能在危机中透过现象迅速抓住问题的本质

应用敏锐的判断力需要从 3 个方面入手。一是快速识别问题。这要求高层管理者对企业运作和市场环境有深刻的洞察力，能够从大量繁杂的信息中及时筛选出关键线索，在危机初现端倪时就能有效识别问题，迅速采取行动。二是准确评估风险。高层管理者需在平时充分积累和准备，以便在危机来临时启动应急评估流程，全面评估危机可能带来的影响，包括财务、运营、市场和声誉等，为应急决策提供可靠依据。三是洞察潜在机会。危机不仅是挑战，更可能蕴含转机，高层管理者要具体问题具体分析，深挖危机中的潜在机会，抓住有利时机，实现转危为安，实现逆境中的突破。

（2）企业高层管理者只有具备果敢的决策力，方能在危机中当机立断，迅速采取行动进行处置

拿出果断决策力需要从 3 个方面入手。一是迅速行动。在危机时刻，必须分秒必争。高层管理者需要及时做出应急决策，快速有效控制局面，防止危机进一步蔓延和事态继续恶化，坚决避免因决策拖延而错失扭转局面的最佳时机。二是坚决执行。应急决策一旦做出，马上制订明确的执行计划，并调动企业内外各方资源，确保每个环节都按计划进行，需要确保决策得到坚决贯彻执行。三是调整优化。在危机处理过程中，实际情况可能瞬息万变。高层管理者需要在果断决策的基础上，灵活调整和优化策略，确保应对措施与实际情况持续保持适应和契合。

3.3.3 大义凛然，把最终结果定位为"赢在战时"

企业高层管理者在面对项目危机时，应展现出大义凛然，泰然处之的气概，把最终成果定位为"赢在战时"，这是确保企业在危机中生存并实现突破和成长的关键。高层管理者应身先士卒，保持坚定信念，展现无畏精神，制订详尽的战时工作计划，采取保障措施，众志成城，不畏艰险，有效发掘团队潜力，引导企业或项目在危机中求生存、谋发展，最终取得成功。这种态度和决心，不仅在危机时刻至关重要，更应在日常管理中不断培养和强化，以确保随时能战，战之能胜。

1. 彰显大义凛然，"坚持到底就是胜利"

"我自横刀向天笑，去留肝胆两昆仑""大义凛然，风采照人，白玉一身存气节；真情烈矣，心香滴血，红颜千古艳桃花"，企业高层管理者于危机中展现大义凛然，表现出的是坚定的信念和无畏的精神，是整个团队的核心，发挥着先锋模范般的领导作用，带领团队坚定不移地战胜危机。危机的产生，从某种意义上讲，是量变到质变积累的结果，不可能轻易跨越。而坚持，则是一种信念、一种勇气，更是一种力量。古往今来，多少杰出人物用他们的经历和故事向我们诠释了坚持的意义。"锲而舍之，朽木不折；锲而不舍，金石可镂"。渡过危机的道路是曲折的，但前途是光明的。只有坚持到底，才能在曲折的道路上砥砺前行，冲破险阻，最终拥抱胜利。

2. 突出千方百计，"办法总比困难多"

解决问题和困难往往并非一蹴而就，高层管理者需要不断思考，不断尝试，全力攻坚。世上无难事，只怕有心人，只要持续努力，最终会找到解决方案。具备积极解决问题的心态总会有办法，不想面对困难一定有理由为自己辩解；面对问题，智者会尽力寻求方法，愚者只会空谈。

企业高层管理者，居于中枢，就要肩负着引领企业发展的重任。应展现出卓越的智慧与坚定的决心，用尽各种方法解决问题。他们深知，无论结果如何，宁可拼搏失败，也不能安于现状。问题是成长的催化剂，问题是机会的隐藏者。无论遭遇何种困难，只要怀揣坚定的决心和毅力，就必然能找到解决问题的方法。与某些看到问题就退缩的人不同，成功者总能从问题中洞察机会。寻找有效的解决方案，对内应积极向一线专家寻求建议和策略，因为他们经验阅历丰富，是处理问题的专家；对外应虚心找行业佼佼者请教咨询，获得企业之外的广阔视野和思路；还要充分发挥既往经验和教训的独特价值，避免在熟悉的领域中出现盲区。

3. 强化辩证思维，"变危机为新机"

"祸兮福之所倚，福兮祸之所伏。"辩证思考，换位研究，危机很可能是企业进行创新和变革的新机。企业高层管理者应抓住这个机会，危中思变，化危为机，推动企业在危机中寻找新机，不仅能转危为安，更能实现企业精彩蜕变。通过制定有效的激励机制，相信员工会为实现自我价值而奋斗，大力推动技术创新，着力促进产品升级，全力提升服务质量，从而实现于困局中开新局。推出针对性强的教培项目，补齐短板、消除弱项，提升员工探索新思路和应对挑战与困难的能力水平，于逆境中提高员工满意度和凝聚力。此外，应进行合理授权，赋予员工更多的责任和信任，让他们在应对危机时有更多的自主权和决定权，减少等待和审批的时间，为渡过危机营造宽松氛围。

3.3.4　不忘闭环，把得失复盘"放在闲时"

当今天再次看到晴空万里，一定不要忘记昨天的雷电风雨。要始终相信，过去曾经面临的危机，也会是未来成功的前奏，既不能踌躇不前，更不能重蹈覆辙。海涅曾表示反省是一面镜子，它能清晰映照出我们的错误，赋予我们有改正的契机。当成功渡过危机后，一定要珍惜闲暇之余，将"得失复盘"视为宝贵修炼，既要总结攻坚克难的经验，更要直面痛苦的教训，深刻进行剖析，完整进行复盘，确保管理闭环。

这一过程，不仅是对问题的微观审视，更是对经验的提炼与升华。它敦促人们深入剖析危机的全貌，从细微处洞察问题，从宏观层面总结经验，进而提炼出切实可行的防范策略，为未来的稳健发展奠定坚实的基础。在闲暇之余进行复盘，恰如晨曦初照时的沉思，营造了静谧而专注的氛围，让反思更加深刻、讨论更加热烈，确保复盘成果能够真正转化为推动实践的力量。

1. 领悟好闭环管理的重要性

闭环管理强调在项目结束后，通过系统性的回顾和分析，将项目过程中发现的问题、积累的成功经验和提出的改进建议进行总结和归档。这种系统性有助于企业不断优化和改进项目管理流程。首先，在问题发掘方面，闭环管理通过系统化的回顾和分析，可以全面发现项目中的各种问题。这些问题可能是显性的，如决策失误、资源配置不当，也可能是隐性的，如沟通不畅、风险管理不足。其次，在经验总结方面，通过闭环管理，企业能够系统地总结成功的经验。成功的经验可以包括高效的管理方法、创新的技术应用、优秀的团队合作、可信任的企业间互助等，这些都可以为未来的项目提供借鉴。最后，在改进建议方面，通过闭环管理不仅能够发现问题和总结经验，更重要的是能促使企业找出系统化的改进方法。这些方法应具有可操作性，能够在未来的项目中有效实施，防止类似问题再次发生，提高企业管理水平。

2. 把握住得失复盘的深度性

得失复盘是危机过后闭环管理的核心环节，通过对项目中的失误和不足进行深度反思，找出根本原因，提出改进措施，避免在未来的项目中重蹈覆辙，要做到"三个深度"。

（1）深度的根本原因分析

在得失复盘中，企业高层管理者应组织对项目中的问题进行深度的根本原因分析。以危机应对中的既有分析为基础，综合考虑各方面因素，包括决策过程、选人用人、执行情况、资源配置、外部环境等，找出问题的本质和深层次原因。

（2）深度的改进措施提炼

针对已发现的问题，企业高层管理者要组织提出深度的改进措施，以危机应对中的既有措施为基础，不仅要针对具体问题，还要考虑到企业整体管理体系的完善和优化，以便在未来的项目中更好地应对类似挑战。

（3）深度的学习和改进机制

通过得失复盘，企业可以建立深度的学习和改进机制。企业高层管理者要鼓励团队成员积极参与复盘，总结个人的经验教训，不断丰富企业的知识库，提升项目抵御风险的能力。

3. 体现出得失复盘的规范性

建立系统化复盘机制，规范复盘全流程，明确各环节的责任和要求，使得失复盘成为企业应对危机管理的一种常态化操作。

（1）规范复盘流程

制定规范化的复盘流程，明确复盘的各个环节，包括问题识别、原因分析、改进措施、总结报告等。规范的流程可以保障复盘工作有条不紊地进行，避免遗漏关键环节。

（2）明确的责任分工

在复盘过程中，应明确各环节的责任分工，确保每个问题都有专人负责分析和研究，并对改进措施的实施进行跟踪和评估。明确的责任分工可以提高复盘工作的效率和效果。

（3）有效的反馈机制

通过建立有效的反馈机制，可以及时了解复盘过程中发现的问题和改进措施的落实情况，确保复盘的成果真正转化。反馈机制还可以帮助企业不断优化复盘流程，提升复盘工作的质量。

做好危机（应急）管理工作，对企业高层管理者及全体员工而言，责任重大，承载着光荣的使命。这不仅有助于个人提升应对挑战的能力，而且能够及时有效地维护企业公共形象和信誉，推动企业可持续发展。按照"功在平时，用在及时，赢在战时，放在闲时"的思路，企业将风险管理的关口进行前置，构建起事前防范、事中处置、事后总结的闭环管理体系。这样才能做到当风险来临前，有备无患；风险来临时，安然度过；风险防范后，查漏补缺，降低危机未来发生的概率和影响程度。"宁可千日无险，不可一日不防。"如此，企业在项目化管理的道路上才能行稳致远。

案 例

海底捞应对食品安全事件

海底捞作为一家火锅连锁企业，一直以来以其卓越的服务质量和独特的品牌文化备受赞誉。然而，在2017年，海底捞因食品安全问题陷入了广泛的舆论关注和危机之中。这一事件迅速在网络上发酵，对海底捞的品牌形象造成了严重冲击。

面对这一突发状况，该集团高层管理者即刻应对，制定并实施了以下4个策略。

（1）迅速响应，公开道歉

在事件曝光后，海底捞高层管理者迅速做出反应，通过官方微博发布致歉信，对顾客表示深切的歉意，并承诺立即整改，确保类似问题不再发生。这种及时、坦诚的态度在一定程度上缓解了消费者的不满情绪。

（2）全面排查，严格整改

海底捞成立了专门的危机处理小组，对旗下全国范围内的门店进行全面排查，重点针对卫生状况和食品安全管理体系进行审查。同时，对存在问题的门店实施停业整顿，并按照行业最高标准重新装修开业。此外，海底捞还加强了员工的食品安全培训，确保每位员工都能严格遵守操作规范。

（3）透明化管理，增强信任

为了重建消费者信任，海底捞采取了透明化管理的策略。例如，在门店后厨安装摄像头，让顾客可以通过大屏幕实时观看后厨的操作情况。同时，主动邀请媒体和消费者代表参观门店后厨，亲身体验海底捞在食品安全管理方面的实际举措。这些举措有效提升了海底捞的品牌形象和消费者信任度。

（4）强化品牌文化，传递正能量

在危机处理过程中，海底捞始终坚持其"服务至上、顾客至上"的品牌文化。通过提供优质的服务和关怀，让顾客感受到海底捞的真诚和专业。此外，海底捞还积极参与社会公益活动，传递正能量，进一步提升了品牌形象和社会责任感。

经过一系列有效的危机管理措施的实施，海底捞成功渡过了这次食品安全危机。虽然短期内品牌形象受到了一定程度的损害，但海底捞通过迅速响应、全面排查、透明化管理和强化品牌文化等策略，最终赢得了消费者的谅解和信任。长期来看，这次危机事件也为海底捞提供了宝贵的经验教训，促使其在未来的经营中更加注重食品安全管理和品牌形象建设。

3.4 树标立范，固化推广善改进

"其身不正，虽令不从""以身教者从，以言教者讼"，这些经典论述深刻地揭示了树立标杆、立范为先的重要意义——不仅是个人表率作用在组织中的体现，更是推动团队整体向上、激发团队潜能的前提。在推动企业项目化管理的精进与团队效能的提升过程中，树标立范展现出的价值难以估量。

企业高层管理者运筹帷幄，统筹推动在组织内部树标立范，为全体员工树立起可望亦可及的标杆与典范，让每一名员工都能清晰地看到企业为其设置的榜样，无论是企业内部还是外部，个体还是团队，项目还是运营层面。这一过程，如同磁石吸铁，有效聚焦大家的目光，引发深度反思，从而营造"比学赶帮超"的积极氛围，让榜样在企业内部熠熠生辉，推动学习和追赶榜样的风潮。

更为重要的是，树标立范无论是从项目层面看还是从运营层面看，都显得非常关键。通过对标找差距、通过对照提问题、通过对表抓落实，从企业战略、过程控制和微观细节全方位管控，促进企业整体提升和改进。同时，树标立范能够促进企业文化更加深入人心，增强员工的归属感和认同感，形成强大的内部凝聚力，推动团队行动协调一致与高效执行。在这样的氛围下，最佳实践得以迅速复制与推广，企业的创新能力与竞争力也随之提升。因此，树标立范是激发团队潜能、促进管理升级、引领企业迈向卓越的关键所在。它以独特的魅力与力量，推动企业不断突破自我，勇攀新高峰。

3.4.1 标杆示范要选得准、立得住

"吾师进而言语畅，留在世间为榜样。"企业高层管理者在企业内部规划标杆选择时，务必要倡导精准甄选，确保所立标杆稳固且有影响力。被奉为楷模的榜样，应如璀璨星辰，释放出耀眼的光芒，照耀企业的每一个角落，传递企业响亮的声音。此类榜样模范，不仅代表企业高层管理者的意志，更是企业文化传播的先行者，企业价值观传承的引领者。

以企业战略、专业卓越、不懈努力等核心价值理念为指引，这些榜样的高尚品质将如清流般渗透至企业的每个细胞，使企业的文化精髓得以广泛传播、价值观得以深植人心，进而促进组织文化的高度一致性和价值观的广泛认同。

此外，榜样效应如同兴奋剂，能极大激发员工内在动力，提升团队整体士气。员工在榜样的激励下，更积极地投入工作，团队合作更为默契，内部信任显著增强，有效降低因误解或沟通不畅所产生的内部摩擦。团队因此更加团结，凝聚力大幅提升，共同推动企业向更高的目标迈进。

1. 标杆选得准才有示范和带动作用

企业高层管理者在指导标杆的选择时，应紧密结合企业战略和发展阶段性需求，既要考虑成功的项目，也要注重优秀的员工，既要关注外部企业的亮点标杆，也要发掘企业内部的优秀团队。这种策略需在项目与运营两个维度上保

持平衡，以突出企业整体效能提升。

在寻找外部标杆企业时，企业高层管理者应指导从分析企业战略中的关键领域和优先事项入手，如技术创新、市场拓展、成本控制、客户服务等，要么突出项目执行出色，要么彰显运营实施卓越，或两者统筹平衡非常亮眼。

（1）明确选取准则和预期的标杆示范作用

可以从行业相关性、规模相似性、卓越业绩、可模仿性和公众认同程度5个角度进行考虑。

1）行业相关性。所选标杆企业应与自身企业处于同一行业或相关行业，以确保所借鉴经验和做法的高度相关性和适用性，并有助于更准确地理解标杆企业在特定市场环境下的战略选择和运营方式。

2）规模相似性。标杆企业的规模应与自身企业相似，以便在管理模式、组织架构、资源配置等方面进行有效对比和学习，从而准确评估自身的实际情况和潜在提升空间。

3）卓越业绩。标杆企业应在行业中具备卓越业绩和领先地位，特别是"围绕项目与运营"在管理实践、技术创新、市场拓展等方面的出色表现，有助于学习到行业内先进且有效的做法和经验。

4）可模仿性。标杆企业的管理实践和技术创新等应具有可模仿性、成功经验应具备可复制性，其他企业能够通过学习和借鉴标杆企业的做法提升自身的竞争力和绩效。

5）公众认同程度。公众对于所选标杆企业的认同程度也是一个重要的考量因素，当企业内部的员工和管理层主体都认同所选标杆企业的优秀之处时，才能推动标杆管理的实施和落地。

（2）外部标杆的选择

外部标杆的选择应结合企业自身发展阶段性需求。

1）初创期。在初创阶段，企业可能更关注生存问题和市场定位。此时，可选择成功度过初创期、具备稳定市场地位和清晰商业模式的企业作为外部标杆，学习其生存策略和市场拓展经验，特别是"第一桶金"的项目亮点。

2）成长期。随着企业规模扩大和市场份额增加，成长期的企业需要关注运营效率、组织管理和人才培养等方面，特别是明星类项目或项目群的培育。

此时，可以选择在这些方面表现优异的企业作为外部标杆，借鉴其明星项目培育、管理经验积淀和人才培养创新等做法。

3）成熟期。企业需要关注技术创新、品牌建设和国际化发展等方面，特别是金牛类项目或项目群的培育。选择在这些领域有突出表现的企业作为标杆，有助于追赶先进并探索新的价值增长点。

4）转型期。当企业面临转型或重组时，需要寻找成功完成转型、实现业务升级的企业作为标杆。学习其转型策略和经验教训有助于企业顺利渡过转型期并实现可持续发展。

在树立企业内部示范标杆时，可选择一个项目、团队或个人等作为标杆。选树的内部标杆能够明确企业鼓励和引导的行为方向，是企业高层管理者意志的有形化表达，能够促进最佳实践的传播和应用，引导全体员工学习先进和追赶标杆，在企业各部门和各专业内产生联动反应，有力推动企业整体水平提升。

（3）内部标杆的选取

内部标杆的选取可以从可学性、先进性、相关性等方面予以考虑。

1）可学性。选取的标杆应具有典型性、普适性和可复制性，即其他部门或单元通过学习和实践能够朝着标杆的方向努力前进，在付出之后能够达到或接近标杆水平。

2）先进性。标杆应代表企业内部某一领域或某一方面的最高水平，具有显著的示范效应和引领作用。

3）相关性。标杆应与企业的战略目标、业务流程和管理实践紧密相关，特别是与项目和运营方面的卓越表现相关，以推动企业的整体发展和进步。

在树标立范过程中，企业高层管理者还需要综合考虑企业自身的实际情况和资源配置能力，确保所选标杆既具示范性又有带动性，避免盲目追求高标准而忽略企业的实际需求和能力范围。同时，需建立完善科学的标杆管理机制和价值评估体系，对标杆学习过程和效果进行持续跟踪和评估，以支撑标杆管理的有效实施和持续改进。

2. 立得住才能产生复制和推广价值

企业高层管理者应当指引分别从项目、团队和个人，从3个不同维度梳理归纳成为标杆示范的必要条件。

（1）成为项目标杆的必要条件

成为项目标杆意味着该项目在企业内树立了高标准、高效率、高质量和高度创新性的典范，一定是质量高且能成为企业亮点的好项目，为其他项目提供可借鉴的价值参考。优秀且成功的项目需具备以下4个关键要素：

1）取得目标与成果。项目标杆必须超额完成预期目标，取得显著的工作成果，备受瞩目。这些成果不仅体现在经济效益上，还可能包括社会价值、安全贡献、技术创新、流程优化、客户满意度提升等多个方面。这是能够成为项目标杆的先决条件。

2）出色的项目管理。采用先进的项目管理方法和技术，展现出超越其他项目的管理水平，在项目管理重要节点如里程碑、质量门、成本点等方面综合管控上展现出卓越的能力，能够得到各方的一致好评。项目管理团队需具备高度的专业素养和出色的协作能力，灵活应对项目中的挑战和变化，将危机化为时机，将不利化为有利，将消极化为积极。

3）持续的创新与改进。项目标杆还应具有成长潜力，能够不断吸纳新的技术、方法和手段，产生有价值的变革，持续进行自我驱动式提升。同时，项目标杆本身具有持续改进机制，能够根据具体情况优化工作流程和管理方式，不断提高执行效率和成果质量。

4）良好的沟通与协作。在项目实施过程中，应确保项目团队成员之间、项目团队与其他部门之间、项目团队与外部利益相关方之间沟通渠道畅通，信息多向传递及时可靠，影响项目成功的关键信息到位有效。这就为良好协作奠定了坚实基础，形成了强大的团队合力，为项目成功保驾护航。

（2）成为团队标杆的必要条件

成为团队标杆意味着有一位出色的团队领导者，还有一系列成功的案例和显著的业绩来支撑其地位，在企业内部能够独树一帜。这些成功案例和业绩不仅能够证明团队的实力和价值，还能够为其他团队提供可借鉴的经验和模式。成为团队标杆需具备以下4个关键要素：

1）共同的愿景与目标。团队成员应共同致力于企业的战略目标和发展愿景，对团队的奋斗方向和责任都有清晰的认识。这种共识能够激发团队成员的积极性和创造力，进而促进团队凝聚力的形成。

2）高效的团队协作。团队成员之间应展现出良好的协作精神和团队意识，能够相互支持、相互配合、相互补台，共同完成团队任务。通过有效的团队协作，能做到来之能战、战之能胜，靠团队的整体实力稳定地位。

3）持续的学习与提升。团队成员应具备持续学习的意愿和能力，能够快速实现将直接学习和间接学习的成果转化为所需的专业技能和综合素质，在推动项目进展和攻坚克难中保持领先。团队内部应建立浓厚的学习型组织氛围，鼓励成员之间分享知识、交流经验、推动个人成长，团队内任何个体都能独当一面。

4）优秀的领导与指导。团队的成功离不开优秀的领导者，离不开其运筹帷幄和统筹指挥。领导者具备战略眼光和决策能力，能够为团队指明方向、指导计划、疏通思想、解决问题。同时，领导者还具备良好的沟通能力和人际关系处理能力，以激发团队成员的积极性和创造力，让全体员工围绕在其周围。

（3）成为个人标杆的必要条件

成为个人标杆需在个人素质、职业能力、工作态度及成果贡献等方面均表现卓越的水准，成为他人学习和效仿的榜样。成为优秀人员标杆的必要条件有以下4点：

1）高度的职业素养。个人标杆应具备高度的职业素养，包括职业道德、职业精神、职业态度等，在项目实施和日常运营中都能有效体现。能够恪守职业道德规范，具有强烈的责任心和使命感，保持积极向上的职业态度，勇于面对挑战和困难，职业素养高是他们的显著特征。

2）出色的专业能力。个人标杆应具备出色的专业能力，能够在自己的领域内做到出类拔萃。他们永不安于现状，不断学习新知识和新技能，保持专业水平的领先地位。同时，他们具备创新思维和突破能力，在实践中擅长解决复杂的关键问题，能够切实为企业的发展贡献智慧。

3）良好的人际关系。个人标杆应具备良好的人际关系能力，能够与同事、上级、下属等建立良好的沟通和合作关系。能够尊重并理解他人、以诚待人、以信取人，擅长获得外部利益相关方的理解和支持。同时，还具备团队合作精神和集体荣誉感，能够辐射其他员工并产生积极带动作用。

4）持续的自我提升。个人标杆应具备持续自我提升的意愿和能力，愿意到有挑战性的工作环境中锤炼自己，不断追求更高的目标和更好的自我。严格以企业战略发展和要求为指导，制定个人职业规划，设定发展目标，并持续为之努力奋斗。他们保持开放的心态和谦虚的态度，欣然接受他人的批评和建议，不断完善与提升自我。

3.4.2 分析改进要讲科学、有方法

科学分析并树立标杆，可以让企业识别自身的优势和不足。通过对比和学习标杆的成功经验和做法，企业能够发现自身与标杆在战略、运营、管理、人品特质等方面的差距，从而明确努力的方向和目标，提升竞争力和管理水平。标杆的树立，能够有效地引导和激励团队向更高的目标迈进。在标杆选树后，企业也需在对标管理过程中不断分析自身与标杆的差距，不断学习借鉴标杆的经验和做法，不断改进优化自身的管理和业务流程，提升企业绩效和竞争力。

1. 明确目标与范围

根据企业战略目标和实际需求，企业应围绕产品质量、创新能力、成本控制、员工素质、营销推广、团队绩效等方面存在的短板，分层次分类别地明确标杆分析的具体目标。此目标即企业期望通过标杆管理达成的效果，如提升产品质量、降低成本、提高效率或增强市场竞争力等。明确目标后，企业需确定实施标杆超越的领域或对象，包括明确自身现状，选择标杆榜样，并深入了解标杆榜样做法。此外，企业还应关注标杆管理的实施范围，即筛选需要实施标杆管理的部门或业务领域。根据企业的实际情况和战略目标确定范围，保障标杆管理的实施能够覆盖关键的业务领域和流程，达到内容具体、指标量化、相关性明确和确定完成时限的要求。此过程需符合企业的整体目标，并能够激励员工不断追求卓越。将既有的外部企业标杆、项目标杆及内部的项目标杆、团队标杆和个人标杆的特色，与企业现有弱项的实际情况进行充分对比分析，明确复制和推广的范围，并重点考虑如何实现以点带面。

2. 深入研究与分析

企业应全面收集标杆资料，包括组织架构、业务流程、管理流程、技术创新、具体做法和步骤等方面的详细信息。通过深入研究与分析，识别其成功的

关键因素和核心优势，如创新的业务模式、先进的管理技术、高效的团队协作机制、突出的个人品质等。基于分析结果，提炼出具有普遍适用性和可复制性的成功要素和最佳实践，并结合企业自身情况进行创新，以打造独特竞争优势。在此过程中，可以通过标杆分析法学习其成功经验。首先，定好标杆指标，根据所确定的目标和范围选取提升指标，找到在这方面表现出色的企业、项目或个人当标杆。其次，给标杆指标分层。用已经确定的标杆指标，把所有研究对象分为高、中、低3个层次。运用十分位法，把所有对象按照指标排列，每10%分成一组，一共分10组，比较各组之间的差别，筛选出合适的标杆群体。然后，清理异常情况。深入分析标杆成功的真正原因，把偶然因素导致的异常情况排除，保证成功是可以被复制的而不是偶然性的。最后，提炼出标杆的特征。主要从3个方面分析：基础特征是那些短期内没法改变的先天条件，如个人魅力、在行业里的资源等。行为特征是能学习、能模仿、能复制的行为，如销售话术、营销策略、运营模式等。对象特征是标杆擅长的目标客户群体，如特定的行业、特定的人群等。

3. 制定详细的方案

制定详细的方案是标杆分析改进取得实效的重要保障。标杆的改进方案应具有系统性，要统筹考虑、规划具体、便于操作。一是分析内容与范围。明确与标杆的差距和需要改进的具体内容，如管理流程、技术应用、团队协作机制等，并确定涉及的部门、团队或个人。二是实施步骤与时间表。将分析差距改进的过程分解为具体的阶段，包括准备、实施、监控、评估等，并确定改进优先级，为每个步骤制订详细的行动计划和时间表，保障改进过程的顺利进行。三是构建有效的信息系统。信息管理在标杆管理过程中起着重要的基础性作用，在标杆选择、信息搜集、绩效评估、差距分析、措施改进、重修标杆进行复制推广过程中，收集到大量企业和标杆的各类信息数据，因此，构建标杆管理的数据库和信息处理系统十分必要。构建有效的信息系统以加强信息沟通，获得相应的数据支持，有针对性地进行改进，缩小与标杆的差距。四是资源分配与预算。评估整个改进过程的资源需求，包括人力、物力、财力等，制订详细的预算计划，确保资源被合理分配和利用。五是风险评估与应对措施，识别改进过程中可能遇到的风险和挑战，根据具体情况有针对性的采取应对措施。

注意避免形式主义，确保不影响企业各项日常工作的开展。

4. 注重提升的效果

在目标明确和范围清晰的基础之上，组织"结对子"活动，促使不同主体向标杆学习。签下责任书，立好"军令状"，展现"不破楼兰终不还"的坚定决心。全面收集结对标杆资料，聚焦对方亮点特色，深挖自身不足，在理想信念、价值追求、吃苦耐劳、勇毅前行、奉献企业等方面找差距，补足精神之钙。同时，具体研究和分析自身在项目管控、运营实施、方法技巧、创新创造、团队建设等专业领域的梗阻点和突破口，借鉴结对标杆的专业技术优势，开展有针对性的"比学赶帮超"提升活动，练就实践技能。

5. 过程管控与评估

改进方案实施后，企业高层管理者需关注对改进效果进行持续监控和评估，包括对改进指标和绩效的评估、对改进流程的调整、对改进过程的总结等，根据改进实施效果进行必要的调整和优化。企业高层管理者在进行此类管控与评估活动时，应依托数据明确当前状况和存在的短板，分析标杆管理目标与实际成效之间的差距，识别造成偏差的原因，从而调整战略方向，优化管理策略。同时，高层管理者需确保有关指示要求得到反馈落实，以确保目标的达成，为后续的标杆管理提供参考。改进工作由综合管理部门牵头负责，每周跟踪扫描对标杆分析改进工作的开展情况、存在的问题、目标达成情况等，形成专题向企业高层管理者汇报。此外，标杆改进牵头部门要根据实施方案，制定里程碑计划表，明确各环节具体负责人，做好协调、指导、评估、反馈等工作。持续关注市场变化和企业内部运营状况，不断改进和优化。各业务部门和全体员工要承担相应责任，按照计划做好本部门和本岗位的工作任务，及时向上级反馈执行过程中遇到的痛点、难点、堵点，确保标杆分析改进工作取得实效。

3.4.3 固化推广要成套路、接得牢

标杆选树只是起点，复制推广达到预期效果，才是企业树标立范的本意。企业高层管理者要亲自组织制定标杆复制推广策略，不仅要统筹指挥，而且要亲力亲为，深入实践，要结合实际情况，灵活运用多种策略，在经验推广、能

力复制、教育培训、宣传引导、效果评价、人员更替等方面建立一套行之有效的完善机制。让项目标杆能够发挥引领作用，让团队标杆能够发挥示范作用，让个人标杆能够成为员工学习的榜样。

标杆的复制和推广，首要的是有能力承接并掌握其精髓，然后是深入地理解与吸纳，最后是与企业自身业务进行融合应用。通过标杆复制和研究，能够发现自身的短板和弱项，甚至能揭露潜在的风险隐患，通过借鉴他人的策略和方法，结合自身优势，能够及时发挥优势、弥补短板、消除问题。标杆的复制与研究，有助于优化团队的学习进程，促进知识的共享与积累，达到充实头脑、指导实际操作、推动工作进展的效果。

1. 标杆的复制和推广要统筹谋划

标杆的复制和推广是企业的一项战略性工作，应被纳入项目化管理的整体体系中。此项工作应由企业高层管理者领导，明确具体的负责部门，细化各部门清晰的职责分工，制定具体的里程碑节点，号召全体员工积极参与，同时将其并入企业绩效考核体系。这一统筹规划的能力，体现出企业高层管理者科学的管理能力。

（1）标杆的复制和推广有助于形成一种系统化的管理模式，使企业运营更加有序和可控

通过对标杆的系统分析提炼和标准化，企业可以探索出完善和优化现有运营管理体系的路径，确保运营过程中的每个步骤都能遵循最佳实践进行，减少偏差和失误，将标杆的价值发挥到最大。

（2）标杆的复制和推广能增强企业内部的协作和沟通

能取得成功者往往善于汲取他人的经验，以此来提升自己的能力。通过学习标杆，培养积极的协作和沟通文化，组织有效的团队建设活动，如搭建共享的工作平台和资源库，让团队成员可以更加清晰地了解最佳实践的要义、路径和措施，促进团队成员之间相互了解和信任，提升整体执行力和协同效应。

（3）标杆的复制和推广还能帮助企业快速响应市场变化和需求

成功的秘诀并不在于拥有多少新知识和新技能，而在于如何运用这些新知识和新技能。面对市场的不确定性，企业可以将借鉴来的标杆经验与当前实际情况相结合，迅速调整自身策略，获取有关市场趋势和客户偏好的信息，提高

灵活性和竞争力，调整或新开发产品和服务以满足市场需求，保障项目能够顺利推进并取得预期成果。

2. 标杆的复制和推广要成套路、打"组合拳"

"组合拳"常被用来比喻一系列相互配合、相互关联、连续施展的策略、措施或行动，这些策略、措施或行动共同作用以实现某个目标或应对某种情况。打好"组合拳"，就像编织一幅精美的画卷，需要巧妙的构思、精细的笔触、和谐的色彩搭配。只有这样，才能呈现令人惊叹的佳作。打好"组合拳"，需要凝聚各方力量，汇聚多元智慧，激发创新活力，方能乘风破浪，一往无前。

（1）企业高层管理者要发挥领导作用

在企业标杆的复制和推广中，企业高层管理者的领导作用至关重要。他们需站在战略的高度，为标杆的复制和推广指明方向，传递出高度重视的信号，提供强大的支持和保障。同时，高层管理者应亲自参与制定复制推广的整体策略和规划，凭借自身丰富的实践经验和深厚的行业底蕴，指导设定清晰的目标、路径和阶段性任务，确保此项工作与企业发展战略紧密结合，不偏离正确的发展路径。此外，企业高层管理者要亲身投入到标杆复制与推广的实际工作中，发挥示范和引领作用。深入一线部门，实地了解工作实际进展和遇到的具体问题，与员工面对面沟通交流，倾听他们的意见和需求。高层管理者通过亲身示范，向全体员工展示如何将标杆和榜样的优秀经验和做法融入日常工作，激发员工的积极性和创造力。

（2）选树的标杆和榜样要积极进行展示

标杆和榜样是个人和企业成长过程中的重要参考，他们不但是一面镜子，反映最佳实践和先进代表，而且是一面旗帜，鼓舞人心，启迪智慧。通过学习和模仿标杆和榜样的成功经验和方法，员工可以更好地规划自身的发展路径，并在实践中不断提高。这种学习过程不仅能够激发员工的积极性和进取心，促使他们获得更好的成就和发展，还能帮助他们树立正确的价值观和人生观，引领其走向成功。

对于企业而言，标杆和榜样进行现场展示同样具有重要意义。它们能够展现组织的先进事迹，充分体现组织的时代特征和精神风貌。通过向榜样学习，企业可以优化自身实践体系，改善或巩固市场竞争地位，提高绩效并不断精进，实现超越。这种持续的管理活动不仅体现了科学管理规律的深刻内涵，还体现了现代知识管理中追求竞争优势的本质特性。

企业高层管理者可采取双管齐下的策略：一方面，可以安排组织培训班、研讨会或经验分享会，邀请榜样人物现场分享他们的经验和知识。这种面对面的交流可以让员工更加直观地了解榜样的工作方法和思维方式，从而更高效地吸收并转化这些经验。另一方面，应鼓励在办公区域设立荣誉墙，展示获得荣誉的员工和团队的照片和事迹，同时设立激励机制，鼓励员工争取荣誉，营造积极向上的工作氛围。

（3）企业设置专项教育培训并配套到位

"教育无涯，学无止境，培训有道，提升有方。"企业应将在复制和推广过程中的教育培训作为一项系统性任务，突出教化、育智、培能、实训的核心定位，提升广大员工的作风、修养、业务、实践等全方位能力素质。针对项目标杆，要充分利用既有成果，进行系统性剖析，构建项目标杆数据模型，邀请项目化管理培训专家和项目负责人，分别就理论与实操部分向员工进行详尽讲授。通过刻意练习的方式，确保所学内容得以固化落实。针对团队标杆，需邀请项目化管理培训专家和该团队负责人携手，共同组织行动学习式培训活动。在此过程中，既要深刻阐述团队标杆的精华所在，也要全面揭示其他团队的短板与不足。通过"干中学和学中干"，激发员工主体作用，使其找到向标杆靠拢并最终达到或超过标杆的方法手段。针对个人标杆，应精心打造其人才画像，并聘请内外部人力资源培训专家进行针对性的理论解读。同时，为个人标杆量身定制培训课件，并由其本人为全体员工进行授课。此外，企业应设置专项配套的教培经费，以提供坚实的资金支持。同时，提供线上和线下多种培训方式以供员工灵活进行选择。建立意见建议反馈收集渠道，及时完善优化培训内容与形式。

（4）企业要对成果成效进行考核激励

温斯顿·丘吉尔曾说，成功不是最终目标，失败也不是致命的，关键在于继续前进。要持续进步就必须对取得的成果成效给予奖励，对发现的问题进行惩戒，以达到"奖先进促后进"的目的，最终实现共同成长与提升。建立有效的评估机制是确保考核激励发挥作用的基础。建立由企业高层管理者主导的复制和推广成果成效的评估机构，组成人员包括牵头部门、考核部门、宣传部门、涉及各类标杆的部门等，统筹领导成果评估、考核激励、改进提升等各项工作。同时，建立成果评估与既有项目管理和运营保障工作评价有机结合的工作机制，侧重在日常工作中考察复制和推广的成果与效果，通过绩效管理、360度反馈、匿名调查等多种方式，保障评估数据的准确性。评估结果及时兑现，是保障复制和推广取得成效的关键。评估结果应公开透明发布，接受广大员工的监督。对于取得成果成效的员工，要在精神、物质及晋升等多个层面进行组合式奖励；对存在问题的员工，要根据情况进行相应惩戒。此举旨在形成以先进带动后进的良好氛围。企业高层管理者应负责指导与重点团队和核心员工的沟通反馈工作，提供关于他们工作表现的有关反馈、指出存在问题并提出改进建议，抓好闭环整改。强化持续改进和优化激励计划是确保不断提升整体表现的保障。通过不断学习和借鉴榜样标杆的典型经验，逐步完善和调整激励计划，提高其有效性。同时，灵活应对市场和企业环境的不断变化，及时调整激励策略和目标，确保团队和员工能够持续改进、不断提升。

（5）企业宣传媒体要持续跟进报道

妥善的宣传是成功的基石，优秀的策划是宣传的核心。企业宣传媒体持续跟进报道，不仅能够有效鼓励员工学习先进榜样，还能进一步塑造标杆形象，从而营造积极向上的企业文化氛围。为实现这一目标，可通过多种渠道和方式进行宣传：对企业内部，通过先进报告会、经验分享会、现场展示活动等方式，选择在会议室、休息区、餐厅等地点，利用办公网、手机报、微博、公众号等新媒体平台，定期宣传展示标杆和榜样先进事迹等，使典型事迹、优秀做法、复制和推广情况等在全公司范围内推广；对企业外部，通过联合社会媒体有选择性地在报纸、杂志、电台、电视台、大众网站报道推广，引起利益相关方的关注，扩大合作共赢机会，彰显企业良好形象，赢得社会广泛赞誉，提高企业的知名度和美誉度。

（6）企业要引导团队和员工"以往鉴来"

"以往鉴来，促进项目成功"这一理念，强调了应从过去的项目经历中汲取经验与教训，以指导当前和未来项目的规划与执行，避免重蹈覆辙。通过系统回顾和分析历史项目，重点关注沟通策略、资源配置、管控方法和团队协作等环节，梳理和总结出正反两面的宝贵经验。这些宝贵经验和教训无疑是优化当下和未来项目管理的财富。必须将其纳入企业知识库进行共享和保存，让其他团队和员工选择性吸收和使用，最大限度发挥"以往鉴来"的价值。

"神拳学到手，天下任行走。"在全面掌握了这套行之有效的管理方法论后，标杆的复制和推广就有了可靠的抓手。俗话说："光说不练假把式，光练不说傻把式，又说又练好把式。"应谨记，在结合企业实际运用的过程中，务必注重理论与实践的紧密结合，把标杆的复制和推广真正做到实处，切实提升企业运营管理的实效。

案 例

华为的"客户至上"服务模式

华为是全球领先的信息与通信技术（ICT）解决方案供应商。在 20 世纪 90 年代末，华为面临国际市场竞争加剧和业务扩展挑战。为了突破困境，华为决定深入总结经验，并对其服务模式进行优化，旨在提升客户满意度和市场竞争力。

华为复制成功经验的过程如下。

（1）初步探索与经验总结

20 世纪 90 年代末，华为深刻认识到客户服务在市场竞争中的重要性，开始对现有服务模式进行分析和改进。华为通过研究之前的经验，发现了客户服务的不足之处，特别是在售后支持和技术服务方面。

（2）验证与推广

为改进服务，华为初步实施了一套新的服务标准和流程，该流程强调快速响应客户需求和提供高质量的技术支持。为此，华为设立了专门的客户服务部门和技术支持团队，确保能够及时解决客户问题。通过一系列试点项目，华为验证了新的服务模式的有效性，并根据反馈持续进行调整和优化。

（3）全球范围内的复制与应用

在试点项目取得成功后，华为将"客户至上"的服务模式推广至全球市场，并建立了覆盖全球的客户服务网络。华为通过培训和激励措施，确保了所有员工都能遵循新的服务标准，从而显著提升了服务质量和客户满意度。

在这个"复盘—总结—提升"的过程中，华为取得了显著成果，总结如下：

1）市场竞争力提升。新的服务模式帮助华为提高了客户满意度和忠诚度，使其在竞争激烈的市场中脱颖而出。华为的市场份额不断扩大，特别是在国际市场上取得了显著的成功。

2）客户关系改善。华为通过优质的客户服务，成功建立了稳定的客户关系和口碑。客户对华为的产品和服务给予了更高的评价和信任。这种良好的客户关系也为华为带来了更多的业务机会和合作伙伴。

3）品牌形象提升。高水平的客户服务为华为树立了积极的品牌形象，增强了华为的市场知名度和影响力，华为品牌在全球范围内得到了认可，并成为技术服务和支持的行业标杆。

华为通过总结并应用"客户至上"的服务模式，成功地提升了其在全球市场的竞争力和品牌形象。这一案例表明，企业通过深入总结和优化服务经验，能够显著改善客户体验，增强市场竞争力，并实现业务的长期成功。

第4章　企业中层管理者的
项目化管理能力修炼

在企业项目化管理落地和实践过程中，企业中层管理者是主导创新和战略任务执行的中坚力量，其工作的核心要点在于有效承接并管理企业高层管理者下达的战略性项目，确保这些项目能够顺利推进并最终实现预期目标。

在管理项目的各个环节中，企业中层管理者应着重关注以下几个关键环节：首先，要明确项目的具体目标，确保所有团队成员对项目期望有清晰的认识，达成共识；其次，要制订详尽且切实可行的项目计划，包括时间线、里程碑和关键任务等，以便有效指导项目的实施；再次，要合理分配任务，确保每个团队成员都能明确各自的职责，并充分发挥其专业能力和优势；最后，要协调并优化资源配置，包括人力、物力和财力等，以确保项目能够在资源充足且高效利用的基础上顺利推进。

为了全面提升企业中层管理者的项目化管理能力，本章将遵循项目化管理的标准流程，深入剖析各个关键模块，并结合上述重点内容，详细阐述提升能力的具体方法。这些方法将全面覆盖从启动、规划、执行到监控和收尾的项目全生命周期管理要领。同时，为增强实践指导意义，本章还将辅以具体且生动的企业案例，通过对具体情境的分析和解读，帮助读者更好地理解和应用所学知识，从而在实际工作中有效提升企业中层管理者的项目化管理能力。

4.1　望道前行，承接战略管项目

企业中层管理者扮演着承上启下的重要角色，他们不仅是企业战略意图的"解码器"，也是企业基层人员执行动作的"指挥官"。唯有那些能够准确把握并深刻理解企业战略的企业中层管理者，方能带领部门团队沿着企业的发展规划和目标持续前进。他们不仅能透彻理解企业愿景、使命及核心价值观，更能将战略目标转化为一系列具体可行的执行计划，使战略从抽象变得具体且形象。

在日常工作中，这些企业中层管理者擅长运用多种沟通手段和激励机制，保障战略决策能够有效落实到每一个工作环节，使得每一名员工都能清晰认识自身的岗位职责，以及这些工作是如何与企业大局紧密相连的。他们通过定期的会议、培训、反馈、复盘等方式，不断强化团队成员的战略意识，确保他们不仅了解工作的表象，更能洞悉其背后的深层逻辑，从而激发全体成员的积极性和创造力，共同助力战略目标的实现。

相反，那些无法准确理解和把握企业战略的企业中层管理者，可能局限于琐碎日常的事务，过分关注眼前的短期业绩和局部利益，而忽视企业整体发展的连贯性和系统性。这种缺乏远见的行为不仅可能导致资源错配和浪费，还可能引发部门间的冲突和矛盾，使得战略执行过程中频繁出现偏差和脱节，最终对企业的整体运营和长远发展造成不良影响。更为严重的是，长此以往，这种扭曲的战略执行方式还可能削弱企业的创新能力和市场适应能力，使其难以在快速变化的市场环境中立足。

因此，提升企业中层管理者的战略理解能力和执行力，对于企业的持续健康发展至关重要。应重视企业中层管理者的培养和发展工作，通过实战锻炼、多岗位轮换、系统的培训和定期绩效评估等，不断提升他们在战略理解和团队协作方面的综合素养。这将有助于他们在复杂多变的商业环境中始终保持清醒的头脑，明确坚定的战略方向，朝着企业既定的目标稳步前行。

4.1.1 承上有情怀，企业中层管理者才能全面准确理解和把握企业战略

"秋风吹不尽，总是玉关情。"企业中层管理者对企业必须要有深厚的情怀，这种情怀会促使其将个人职业发展与企业的长远发展规划紧密相连，形成强烈的归属感和责任感。他们不仅会勤勉踏实地完成日常工作，更将不遗余力为企业排忧解难，义无反顾为企业拼搏奉献。

企业中层管理者的情怀是激发部门团队凝聚力和向心力的关键要素。他们

凭借自身的真挚情感，感染和带动团队成员，携手共筑企业的持续发展和辉煌。这种情感上的共鸣能让团队成员深刻体会到自身不仅是企业的一名员工，更是企业大家庭中至关重要的一员，从而激发出持续的工作热情和创造力，在面对挑战和困难时展现出坚韧不拔的精神风貌。他们积极寻求解决方案，不轻易言败，以实际行动践行企业的价值观和理念，也为企业文化的丰富和发展注入源源不断的活力。正是有了这样的情怀，面对企业的战略目标，企业中层管理者才能深刻理解和感悟企业战略，进行认真细致的分析和研究，确保战略完整地贯彻和实施。如此，才能上下同心，带领部门团队沿着企业战略设定的明确方向坚定前行。

1. 应怀着情感准确理解和把握企业战略

"心中有爱，事业必成。"当企业中层管理者满怀情感面对企业战略，他们的内心便会燃起一团炽热的火焰，能够感受到无穷的动力。他们必须准确理解企业战略，这是带领部门团队去贯彻落实的前提，更是他们的职责所在，义不容辞。

企业中层管理者需将企业的战略目标细化为可操作的战术步骤，并融入日常管理的每一个细节之中。企业中层管理者不仅要确保战略意图能清晰传达给部门团队每名员工，使他们准确理解，更要激发团队员工的共鸣声与行动力，共同为实现企业战略贡献情感与力量。因此，对于企业中层管理者而言，准确理解企业战略不仅是职业素养的体现，更是推动个人职业生涯发展与企业发展同频共振的重要保障。因此，中层管理者应做到以下几点。

（1）深入学习和领会企业战略文件

深入学习和领会企业战略文件是企业中层管理者的职责之一。他们需要仔细阅读并深入理解企业精心策划的战略规划报告，包含企业内部分析、市场定位、长短期目标等重要内容。这些文件不仅描绘了企业未来的宏伟蓝图，还明确了企业在各个阶段的发展重点。

通过学习这些战略文件，企业中层管理者能够更好地把握企业发展的整体脉络，深入理解企业在市场中的定位及追求的核心竞争力。同时，他们也能够更加清晰地认识到自身在企业战略实施过程中的角色和职责，从而更加有效地协同工作，推动企业朝着既定的战略目标稳步前进。

（2）参加企业战略研讨会和培训

企业中层管理者应积极参与企业组织的战略研讨、专题培训或分享会议，与企业高层管理者、战略部门及其他部门进行交流和讨论。通过深入的交流和探讨，中层管理者可以更加深入地了解企业战略的背景、制定过程以及背后的逻辑和考量因素。

参加企业战略研讨会和专题培训是企业中层管理者提升战略理解能力和执行力的重要途径。他们应当积极参与企业组织的各类战略研讨、专题培训活动或分享会议，这些活动为企业中层管理者提供了与企业高层管理者、战略部门，以及其他相关部门进行深入交流和讨论的平台。

在这些活动中，企业中层管理者不仅能够得到来自企业高层管理者的战略解读和指导，还能与战略部门专家进行面对面交流，了解企业战略制定的背后逻辑、考量因素及市场动态等行业信息。同时，与其他部门同事进行探讨和分享，也能帮助企业中层管理者从多个角度全面理解企业战略，把握企业在不同业务领域的发展重点和协同机会。

（3）培养战略理解的思维

理解是一种能力，是一种智慧，也是一种力量。企业中层管理者扮演着承上启下的关键角色，他们应准确理解企业战略，真正洞悉企业前进的方向和动因，做好相关准备和铺垫工作，进而为接下来的工作奠定坚实的基础。

准确理解企业战略，意味着企业中层管理者能够深入剖析企业的长远规划、市场定位、竞争优势及面临的挑战，从而明确自身部门或团队在企业整体布局中的位置与作用。这样的理解能力使他们能够做好相应各项准备工作，包括资源配置、团队建设、流程优化等，为企业战略目标的实现铺平道路。

当中层管理者具备了深厚的战略理解能力，他们就能为接下来的工作奠定牢固而坚实的基础。这不仅包括具体执行方案的制定，还包括对潜在风险的预判与应对策略，以及对市场变化的敏锐洞察。在此基础上，企业的战略执行更加有力，团队的协同作战能力也得到显著提升，共同推动企业向着既定目标稳步实现。

因此，对于企业中层管理者而言，培养战略理解的思维不仅是个人职业发展的需要，更是企业实现可持续发展、赢得市场竞争优势的关键所在。

2. 应主动将企业战略与自身岗位职责相结合

"万物相融合，天地共生机。"企业中层管理者的核心职责是将企业战略有机融入自身岗位。此举不仅能保障企业战略进入部门层面，还能促使其细化落实到每一个具体领域，为全面高效地执行创造条件。此外，此举有助于促进企业资源的精细化管理与最优化配置，有助于将每一份资源都应用于战略大局，发挥其最大效果。

因此，企业中层管理者应当做到以下6点。

（1）推动建立健全跨部门沟通合作机制

企业战略执行往往需要多个部门的协同合作。企业中层管理者应推动建立有效的跨部门沟通机制，与其他部门保持密切联系，共同探讨如何将企业宏观战略转化为具体的部门实施计划和行动。

（2）明确部门定位和目标

在理解企业战略的基础上，企业中层管理者需明确本部门在企业整体战略框架内的角色定位和具体目标。这涵盖了部门应承担的责任，以及需要达成的关键绩效指标等。通过此步骤，有助于将企业战略转化为可执行的部门行动计划。

（3）明确岗位职责与企业战略的关联

企业中层管理者需清晰了解自身岗位的职权范围和工作目标，将职责和目标与企业战略进行细致比对和匹配，从而洞察它们之间的直接联系和间接联系。识别并明确哪些岗位职责对于实现企业战略具有直接支持作用，哪些虽为间接支持但同样至关重要。

（4）制订岗位战术行动计划

根据岗位职责与企业战略的关联，制订具体的岗位行动计划。这些计划应详尽列出，为实现企业战略，各岗位需完成的关键任务、时间表和预期成果。确保计划切实可行且能量化评估，以便跟踪进展情况和评估效果。

（5）强化目标管理和绩效考核

将企业战略目标分解为具体的岗位绩效指标，并纳入绩效考核体系。通过定期的目标审视和绩效评估，确保企业中层管理者及其团队始终聚焦于企业战略有效执行。根据绩效反馈结果，适时调整部门行动计划，保障方向正确、进度合理。

（6）建立反馈和调整机制

在企业战略执行过程中，企业中层管理者应持续关注市场动态、竞争对手动态以及企业内外部环境的变化，及时发现并评估这些变化对企业战略的实施和岗位职责履行的影响，制定相应的应对策略。根据实际情况调整岗位行动计划，确保企业战略能够顺利有效落地。

结合是一种纽带，一种关联，更是实现目标与战略对接的"桥梁"。企业中层管理者应将企业战略与自身岗位有机结合，才能真正肩负起责任，展现出担当，为后续带领部门团队贯彻落实起到引领、表率作用。

4.1.2　启下有担当，企业中层管理者才能带头贯彻和落实企业战略

"黄沙百战穿金甲，不破楼兰终不还。"担当是一种高尚的品质，能够让工作更有意义、更有价值。企业中层管理者只有具备担当和气魄，为部门团队做出表率，才能在执行工作任务的过程中不畏艰难，让战略真正被准确传达和执行到位。

1. 企业中层管理者带队伍干工作必须要有担当精神

只有具备担当精神，企业中层管理者才能发挥连接企业高层管理者与企业基层人员之间的桥梁纽带作用，扮演好企业战略忠实拥护者与坚定执行者的角色，促使战略目标跨越层级界限，深植于组织，成为推动企业全员奋进的动力。

担当对企业中层管理者的重要作用有以下 3 点。

（1）企业中层管理者的担当精神是确保企业战略执行的可靠保障

他们不仅需要深刻理解企业战略的内涵与方向，更要勇于承担起将战略转化为具体行动计划的重任。这种担当精神体现在面对挑战时不畏惧、不退缩，在遇到困难时不推诿不逃避。

（2）企业中层管理者的带头作用对于战略贯彻落实具有关键性的影响

他们通过自身的优良作风和积极态度，向企业基层人员传递明确的信号，引导基层人员将个人目标与企业战略相结合，推动形成上下一心、共同奋斗的良好氛围。企业中层管理者的积极参与和有效执行，能够极大地提升战略实施

的效率和效果，保障战略能够在企业内部得到全面深入地执行。

（3）企业中层管理者的担当能够在企业中传导，促进其专业素养和综合能力的提升

他们需具备敏锐的市场洞察力、出色的组织协调能力及良好的领导能力，以满足岗位履职的各项需要。只有敢于担当作为，才能承担起责任，在持续提升自身的能力和素质的同时满足企业发展需要。

2. 企业中层管理者贯彻落实战略要进行任务分解和匹配

"巅峰之鹰，舍我其谁。"企业中层管理者肩负着落实企业战略的重任，他们应首先重点关注任务分解和匹配，标准是具体、详尽和可操作。这一过程应仔细认真，既需精准把握战略框架，又需细分任务流程，确保每一环节都能紧密衔接，共同支撑企业整体战略。

同时，企业中层管理者还需具有高超的组织协调与人员配置能力，需负责任务分配，将分解后的任务合理分配给各个下级岗位，保证每名成员都能在适合自己的岗位上贡献力量，以部门团队的合力支撑企业战略执行的成功。此过程中，企业中层管理者不仅需对团队成员的能力、专长、性格、协作等有深入了解，还需具备敏锐性与灵活性，根据任务变化及时调整人员和资源配置，使部门团队人员和资源始终保持合理。

企业中层管理者在执行企业战略任务时进行任务分解与分配，不仅是对其统筹策划能力的检验，更是对其组织协调与人员调配能力的展现。

任务分解与分配的具体步骤分以下4步。

（1）战略任务分解

将战略任务分解为多个具体的、可操作的子任务，是确保战略目标得以落地的关键步骤。在这一过程中，应遵循SMART原则，确保每个子任务都具有明确性（Specific）、可衡量性（Measurable）、可达成性（Achievable）、相关性（Relevant）和时限性（Time-bound）。这意味着每个子任务都应具有清晰界定的工作内容，以便团队成员准确理解其职责所在；同时设定明确的时间节点，以确保工作进度得到有效控制。

此外，两个或多个子任务之间应保持紧密的关联，共同支撑整体战略；为了衡量每个子任务的完成情况，还需要设定关键绩效指标（KPI），以便对团队

成员的工作成效进行客观、准确的评估。

在任务分解过程中，还需考虑部门团队的承载力。这意味着任务分解要体现科学性，既要确保团队有足够的能力完成任务，又要避免超负荷导致团队工作效率下降。因此，在制定任务分解方案时，应充分征求团队成员意见，了解他们的实际能力和工作需求，以确保任务分配的合理性和可行性。通过这样的方式，可以确保战略任务得到有效分解，并为企业整体战略目标的实现奠定坚实的基础。

（2）子任务分配

将分解后的子任务科学、合理地分配到各下级岗位，是确保团队高效运作和战略目标顺利实现的关键环节。在这一过程中，任务分配不仅要体现均衡性，还要兼顾艺术性，以确保每个岗位的任务与其职责和能力相契合，同时避免员工因任务分配不均而产生不满和消极情绪。为实现这一目标，可以通过职责匹配、能力匹配、负荷均衡 3 个维度进行分配。

1）职责匹配。岗位职责和员工个体特征相匹配是基础。在充分了解各岗位的具体职责后，要进一步分析员工的个性特质、工作经验和职业素养，以确保分配的子任务与他们的岗位职责相契合，从而激发员工的工作积极性和责任感。

2）能力匹配。在能够胜任工作的前提下，根据员工的专业技能和独特优势为他们分配子任务。这意味着应提前对员工的个人能力进行深入的评估，了解他们在不同领域的专长和潜力，然后有针对性地为他们分配能够胜任且有助于发挥个人优势的子任务。

3）负荷均衡。考虑团队成员的承载能力，在确保每个岗位都有适量任务的同时，既要避免部分岗位因任务过多而过载，也要防止部分岗位因任务不足而闲置。通过细致的规划和调整，实现任务分配均衡，从而在确保团队的整体效能的同时，兼顾员工的工作满意度。

综上所述，将子任务合理匹配到各下级岗位是一个复杂而细致的过程，需要充分考虑职责匹配、能力匹配和负荷均衡 3 个维度。通过科学的分配和艺术的调整，可以保障每个岗位的任务与其职责和能力相匹配，为团队的长期发展和战略目标的实现奠定坚实的基础。

（3）任务执行与监督

各下级岗位应按照任务的具体分配情况，认真执行中层管理者分配的任务，确保工作按时高质量完成。通过合理的任务分配和明确的责任落实制度，让团队成员清楚自身任务职责、期望结果和完成标准，提高其工作质量和完成度。同时，也要明确团队成员的专业知识和技能，将任务分派给最适合的成员，最大限度发挥成员的效用，提高团队整体工作效率。

企业中层管理者应定期检查各岗位任务的执行情况，及时发现和解决问题，确保任务顺利进行。在执行过程中，为确保各项工作按照计划进行，企业中层管理者应对工作进度进行监控、对工作质量开展评估、对工作方法加以审查，保证工作方向与战略目标一致，并敏锐地发现执行过程中可能出现的问题，如资源分配不均、工作流程不熟悉、员工能力不足等。发现问题后，企业中层管理者应及时采取措施，如调整资源分配、提供必要的培训或改进工作流程等，以确保问题得到解决。

（4）反馈与改进

建立反馈机制，鼓励下级岗位员工及时汇报工作进展和难点，确保信息畅通。这可以帮助企业中层管理者实时了解工作的实际情况，及时发现并采取相应的措施解决问题，从而确保工作目标的顺利实现。此外，这种反馈机制也有助于提高团队的工作效率和协同能力，促进组织的稳定发展和高效运营。

根据收集到的反馈信息和监督结果，持续改进，优化任务分配和工作流程，以确保团队高效运作和整体执行效率提升。在此过程中，定期评估工作流程的有效性，深入分析各环节是否存在冗余、瓶颈或不足之处，并进行针对性的优化和调整。

同时，关注工作流程的整体性和协同性，确保各环节之间的顺畅衔接和高效配合，包括明确各环节的职责和对应关系、优化信息传递和沟通机制、引入先进的工具和技术支持工作流程的高效执行。

总之，企业中层管理者作为战略执行的核心力量，不仅需深刻理解并把握企业战略，更需将其转化为具体可行的执行计划，带领部门团队稳步前行。他们需以积极的态度，主动将企业战略与岗位职责相结合，带领团队成员执行战略任务，通过精细的任务分解与匹配，确保战略目标的最终实现。在执行过程中，企业中层管理者还需注重监督与反馈，持续优化工作流程，提升团队效能，为企业战略的实现和长远发展贡献力量。

4.2 创新提案，联动培育小项目

在推动企业朝着战略目标迈进的过程中，应鼓励创新想法的涌现、培育和尝试，犹如辽阔草原上的点点星火，给人以美好的希望和憧憬，驱动企业不断突破与超越。通过构建开放包容的创新生态系统，邀请每一名员工成为其中的参与者与贡献者，他们的每一个创新提案都可能成为推动企业发展不可或缺的新动力。

将每一名员工的创新想法汇聚起来，通过小项目的形式进行精心挑选、培育和实施，能够成为企业战略的重要助力。这里的小项目指的是由企业基层人员发起的创新提案。这些小项目是新创意的试验平台、新技术的实践场所，更能积累新经验。这些小项目允许基层人员在可控的范围内快速试错、迭代优化，从而筛选出真正能够助力企业战略落地的创新成果。

在这个过程中，每名员工的创造力都可能被充分激发，他们不仅是创新思想的提出者，是实践的探索者，更是成功的收获者。通过参与小项目的实施和收获，员工们能够亲身体验到创新带来的参与感、成就感与价值感，这种正向的激励机制能够激发团队的凝聚力和创新力。同时，小项目的成功实施也为整个企业积累了宝贵的经验和资源，为后续大规模和持续的创新与变革奠定了坚实的基础。

通过鼓励创新、整合资源、小步快跑的方式推动企业发展，不仅能够激发基层人员的无限潜能，还能在实践中不断验证、完善和优化创新思路，形成独具企业自身特色的成熟的创新套路。

4.2.1 企业中层管理者要尽锐出征，鼓励和支持员工自主创新

"成功不是将来才有的，而是从决定去做的那一刻起，持续积累而成。"应为了目标尽力尝试，而非忽视员工想法导致未能实施。企业中层管理者要重视部门员工的自主创新，积极参与和鼓励小项目，为落实企业战略任务做好

准备。

企业中层管理者具备丰富的业务经验和专业知识，其参与能够保障创新提案更加贴近实际需要，具备更高的可行性，从而提升创新成功的概率。企业中层管理者的支持有助于营造一个开放包容的创新文化氛围，有效激发员工的创造力和工作积极性，使员工乐于提出并尝试新的想法。员工的自主创新还可以深化运营提升，增强企业整体管理水平。企业中层管理者的支持不仅能加速这些创新成果的实施落地，还能助力企业保持持续创新的能力，从而保障企业在激烈的市场竞争中保持长期的竞争优势。企业中层管理者鼓励并支持员工自主创新，还能够显著提升团队的凝聚力。当员工看到自己的创意得到重视并成功实施时，他们会拥有强烈的成就感和归属感，这种积极的工作氛围将进一步提升团队的整体表现和效率。

1. 识别企业基层人员创新提案，推进小项目立项工作

企业中层管理者应具备识别企业基层人员创新提案的能力，并积极参与推进小项目立项工作。

可以采取以下 4 步策略确保高效与高质量。

（1）向下打通沟通渠道

企业中层管理者应重视多样化沟通渠道的搭建，通过定期的面对面会议、内部社交工具、传统意见箱、谈心谈话等方式，鼓励员工直接表达创新想法。同时，利用信息技术工具提升企业的内部沟通效率，如可以使用内部沟通平台、即时通信工具、电子邮件等促进信息传递和共享。此过程要保证沟通渠道透明化，让员工能够实时了解提案提交后的处理进展和是否被采纳等关键信息。

（2）设立专项评审标准

企业中层管理者应科学制定清晰、可量化的评审标准，从项目的创新性、可行性、关联性等多维度评价创新提案的价值，确保评审标准的制定过程公平、公开、透明，避免偏袒或歧视，保证评审标准公正。对于价值较高的创业提案，可组建专项评审团队，由企业中层管理者、技术专家、市场人员等多方代表组成评审小组，提出更专业的意见，经审核通过后对创新提案予以重视和扶持。

（3）以提案为目标强化教培

企业中层管理者应重视组织创新培训和项目管理课程，由兼具理论和实战能力的专家主讲，帮助企业基层人员深度掌握创新方法和项目管理技巧，提高理论联系实际能力。这将使他们能够有效地规划、执行和监控项目，提高项目的执行效率和成功率。此外，企业中层管理者可以通过提供个性化指导的方式，定期与企业基层人员进行一对一交流，了解他们的创新想法和在实践中的问题，帮助他们完善提案内容和提供解决思路。

（4）提供资源扶持小项目

企业中层管理者应为已立项的小项目提供必要的资源支持，让员工感到被重视。在小项目立项的同时，根据需求调配物品、设备和人力等，保障小项目实施条件得到满足。提供必要的技术支持和解决方案指导，帮助项目团队克服技术难题，高效完成目标。

通过以上措施的实施，企业中层管理者能够有效地识别企业基层人员创新提案并推进小项目立项工作。这不仅有助于优化资源配置，为未来的项目提供宝贵的经验和参考，也能够增强企业的整体创新能力。

2. 协助推进跨部门合作，为小项目提供协同保障

企业中层管理者应担当推进跨部门合作和协调资源的角色。在企业中，企业中层管理者是推进跨部门合作的有效桥梁，结合其对企业战略的理解，对企业内各部门职责的认知，企业中层管理者能够判断出项目团队所需的各类资源分布情况并准确定位，促进合作。首先，跨部门合作可以整合和优化资源的利用，快速组建创新项目团队，团队成员发挥自身优势，能够有效提升项目团队整体效率和成本效益。其次，跨部门合作可促进信息和知识的流通，打破部门间的信息壁垒，增强项目团队协作能力，有助于快速解决问题。再次，跨部门合作能够有效协调和优化资源配置，保障各部门在项目执行中协同合作，共同实现企业战略目标。最后，还负责处理和调解跨部门的利益冲突，优化资源分配，维护组织内部的稳定和持续发展。企业中层管理者不仅负责资源的分配，更能推动企业整体成功。

企业中层管理者有效促进跨部门合作与协调资源的方式如下：

企业中层管理者要明确跨部门合作的目标与责任，他们需与其他部门一

起，设定共同目标，并分配职责与任务，确保团队成员对合作方向和期望结果有清晰的认识。根据合作部门的专长和资源状况，合理分配任务。明确每个部门在合作中的角色和职责，确保任务和资源合理分配。

通过建立跨部门沟通机制，如组织定期会议、建立联络群等，促进信息共享，实现跨部门合作。安排跨部门的定期会议，让不同部门的代表能够面对面深入交流，共同讨论合作事项。设定明确的会议目标和议程，确保每次会议都有实质性进展。利用企业内部通信工具或平台，建立跨部门的信息共享渠道。鼓励各部门及时分享工作进展、资源状况和相关政策，以便企业其他成员了解并做出相应调整。

根据项目团队需求，协调与优化资源配置。与各部门一起评估合作所需的资源，包括人力、物力、财力等，确保对资源的需求有全面的了解，以便进行有效的协调和分配。根据合作目标和各部门的实际需求，优化资源的配置。寻求资源使用的最大效益，避免资源的浪费和重复投入。

企业中层管理者应积极推动部门合作，解决矛盾与促进协作，密切关注跨部门合作过程中的冲突或摩擦，及时识别并解决潜在问题，以防止这些问题对合作造成负面影响。

4.2.2 企业中层管理者要鼓励合作，营造部门良好的创新氛围

企业中层管理者重视部门创新氛围，能够提升员工归属感和责任感，激发员工的创新创造活力。在开放、支持的工作环境中，员工更愿意提出新想法并勇于尝试创新。良好的创新氛围使员工感受到自身的贡献被重视，从而激发他们创新的动力，为企业创新提供有力支持。

良好的创新氛围有助于增强团队的凝聚力和协作精神。企业中层管理者通过营造鼓励合作的环境，展现开放包容的态度，促进部门间的有效沟通与协作。这种团队合作精神对于跨部门项目的成功实施和解决复杂问题至关重要，能够提升团队整体工作效率和项目成功率。

一个注重创新氛围建设的部门更容易吸引和留住优秀员工。优秀的员工不仅关注薪资待遇和福利水平，更看重工作环境和氛围。一个充满创新和支持的工作环境，能够吸引那些具有创新思维的人，让他们身心愉悦地投入工作，愿

意主动发挥自己的聪明才智。

综上所述，企业中层管理者通过重视部门创新氛围营造，培养员工的创造活力，促进员工之间的融洽和协作，为小项目的成功实施创造良好的条件。同时，优秀的部门氛围也能展示企业的内部形象，这种正面的企业形象有助于吸引更多的合作伙伴和客户，为小项目的实施提供良好的外部环境。

1. 企业中层管理者应重视设置创新奖励

企业中层管理者在创新项目的管理中设置创新奖励，能够激发团队创新活力、提升项目质量与效率、构建创新氛围及推动组织发展与竞争力提升。

（1）设置创新奖励的作用

设置创新奖励的作用主要体现在以下 4 个方面。

1）有助于构建创新工作氛围。通过持续设置和实施创新奖励机制，企业中层管理者可以引导员工的需求、动机和行为，员工通过取得成果获得奖励，进而在部门中营造浓厚的创新氛围。在追求创新的过程中，企业中层管理者应设法增强团队凝聚力，使团队成员相互支持、互相协作、共享资源和共同克服困难。创新奖励有助于体现凝聚力和合作精神的价值，促进跨部门、跨领域的协作与交流，形成良性工作循环。

2）有助于激发创新活力与积极性。合理的激励是驱动员工奋斗的动力，它能为员工带来新的思考视角和启发，激发创新思维和创造灵感。员工是项目实施的核心要素，只要做好员工思想工作，找到核心问题，就能攻克难关。设置创新奖励，不仅能让员工获得回报，更让他们感受到成就感和自我价值的实现。这种正向反馈能够增强其归属感与满意度，不断释放创新活力和工作的积极性，形成良性的激励循环。

3）有助于保证项目成果高质量。在追求创新奖励的过程中，员工要深入分析问题，明确关键突破点；在这个过程中，要深入思考研究，找到有效解决方案；在这个过程中，要精心制订实施计划；在这个过程中，还要攻坚克难，确保计划顺利执行。这一切的目的都是高质量完成创新任务，产生具有显著价值的成果。

4）有助于推动组织发展与竞争力提升。创新是第一动力，是组织发展和竞争力提升的关键要素。创新奖励是创新中的重要一环，是推动组织变革与发展的直接驱动力，能够激发员工的主动性和积极性。通过设立创新奖励机制，企业中层管理者可以激发员工的内在动力，增强其问题导向意识，催生新颖独到的见解，在产品、服务、流程、安全等多个方面进行调整、完善和优化，推动组织发展和竞争力提高。

（2）设置创新奖励的 6 个维度

企业中层管理者在创新项目管理中设置创新奖励时，为保障奖励机制既能有效激励员工，推动创新成果的实现，可以从以下 6 个维度出发：

1）创新贡献的价值：奖励应依据创新贡献的实际价值设置。这包括创新对业务的影响、解决问题的复杂程度及其带来的经济效益等。

实施举措：通过设立不同等级的奖励，如"卓越创新奖""优秀创新奖"等，根据创新项目的实际成果和对企业产生的影响确定奖励级别。奖励方式可以是现金奖励、股权激励、晋升机会、高等级培训等。

2）创新实施的难度：设置奖励时应考虑创新实施的复杂性和挑战性。奖励不仅基于最终成果，还应考虑实施过程中克服的困难和挑战。

实施举措：设置专门的"创新突破奖"用以表彰在克服重大技术难题或有效管控复杂项目实施过程中有突出表现的员工。鼓励员工在面对困难时保持创新思维，激励员工敢于解决难题。

3）团队合作与协作：很多创新项目需要团队合作才能成功，因此应重视团队的共同努力和协作精神。

实施举措：设立"最佳团队奖"，对表现优秀的创新团队给予奖励。奖励内容可以包含团队活动经费、团队建设机会等，以增强团队合作能力和提高团队整体活力。

4）客户和市场反馈：奖励应考虑创新项目在市场上的表现及客户反馈。这有助于支撑创新不仅在企业内部有效，也能在外部市场中获得认可。

实施举措：设立"市场赞许奖"，该奖项根据市场接受程度、客户满意度及销售业绩评估和奖励创新项目。通过客户意见和市场数据来衡量项目的实际效果。

5）持续性和长期影响：创新项目的长期影响和可持续性也是奖励的重要考量因素。鼓励那些能够带来持续改进和长期效益的创新项目。

实施举措：设立"持续创新奖"，对能够长期保持效果和能够持续优化的创新项目进行奖励。评估标准包括项目的长期效果和对企业发展的持续贡献。

6）员工个人发展：奖励不仅要关注项目成果，也要支持员工的个人发展和成长。

实施举措：设立"创新人才成长奖"，对在创新项目中表现突出的个人给予更多职业成长机会，如高等级培训、外部优秀企业学习和多岗位工作锻炼等，促进员工个人能力提升。

2. 企业中层管理者要敢于试错和容错

（1）建立试错容错机制的意义

"人非圣贤，孰能无过？"在推进各项工作的过程中，尤其是面对全新挑战时，若缺乏经验或指导，错误和失误在所难免。某知名企业家曾指出，有机会一定要试一试。创业，其实试错的成本并不高，而错过的成本非常高。

企业中层管理者是部门的核心领导者，既要执行项目任务，又要管理团队成员，还要推动创新，争取成果成效。这就要求他们辩证地看待错误，在适当条件下鼓励试错、保持开放包容的态度、持续推动团队前进，对积极进取的员工进行鼓励并引导他们。通过建立试错和容错机制，进一步激发团队的主动性和员工的创造性，推动部门管理水平和创新能力迈上新台阶。

1）鼓励大胆尝试，降低创新风险。创新项目往往伴随着不确定性和风险。建立试错容错机制，为团队提供了一个相对安全的实验环境，允许在可控制范围内进行尝试，从而有效降低因创新失败而带来的整体风险。同时，企业中层管理者应建立试错机制，向团队传达允许失败、鼓励尝试的积极信号。此机制有助于消除团队成员对失败的恐惧和顾虑，坚定他们的信心，激发他们勇于探索未知领域的积极性。

2）加速学习进程，促进知识积累。建立试错容错机制强调从失败中学习。通过快速试错和迭代，团队能够迅速获得反馈并调整策略。这种即时反馈机制能够加速学习进程，有助于团队在短时间内积累宝贵的经验。此外，试错过程中积累的知识和经验是整个团队的宝贵财富。通过试错容错机制，这些知识和经验得以在团队内部共享和传播，从而提升整个团队的创新能力和竞争力。

3）提升团队凝聚力与协作能力。建立试错容错机制让团队成员围绕共同的创新目标而努力，共同面对挑战和失败。这种共同经历有助于增强团队成员之间的凝聚力和协作能力。同时，在试错过程中，团队成员相互支持、共同承担风险，有助于营造更加紧密和信任的团队氛围。

4）推动项目持续优化与创新。建立试错容错机制能够鼓励团队不断尝试新的想法和方法，并通过实践检验其有效性。这种持续改进的态度有助于推动项目不断优化和创新。同时，试错也为团队成员提供了展示自我的平台。团队成员在试错过程中不断挑战自我、突破极限、实现目标，从而激发出更大的创新潜能。试错容错机制能够解除员工的后顾之忧，减少因担心失误而不敢积极尝试、考虑过多风险，充分调动员工工作创新的积极性、创造性。

（2）建立试错容错机制的办法

在创新项目管理中建立试错容错机制的重要性不言而喻。它不仅能够鼓励大胆尝试、加速学习进程、提升团队凝聚力与协作能力，还能够推动项目持续优化与创新。因此，在创新项目管理中积极建立和运用试错容错机制是每一位企业中层管理者的最佳选择。

建立此机制应从以下3个方面考虑：

1）明确试错是为了创新和更好改进。在企业内部明确试错的价值，即试错是为了学习和改进，而不是为了惩罚错误和失误。企业需要积极倡导和支持试错文化，使员工能够在一定范围内自由尝试新的方法和创意。企业中层管理者应将创新提案转化为创新小项目，勇于创新，敢于试错。首先，在企业内设立专项政策，用于支持探索新技术、新市场策略和新业务流程的项目团队。这些项目团队可以有更大的灵活性和自主权，以便更有效地进行试错和探索。其次，要给这些项目团队提供条件允许范围内的资源支持，包括资金、技术设备、人力资源等，帮助团队加速实施项目计划，减少试错过程中的阻碍和延误。最后，建立有效的反馈和学习机制，使得每次试错都能学到经验并获得成长。重视导致失败的原因，强调获得成功的因素和值得借鉴的最佳实践。

2）科学界定"可容"与"不容"的明确标准。宽容并非纵容，保护不同于包庇，容错机制不可作为逃避责任的"挡箭牌"，必须科学划分"可容"与"不容"的明确界限。在创新项目实施过程中，企业中层管理者对员工的创新做法进行合理容错，对不该容忍的错误不姑息纵容。要明确范围和原则，明确界定哪些失误或错误属于容错范围，以及容错的原则和条件。对于在推进项目改革创新、履行职责过程中，因缺乏经验、先行先试出现的失误或错误，只要员工勤勉尽责，未谋取私利，就应宽容处理。应准确区分失误与违规行为。失误指疏忽或耽误引发的差错或过错。违规指违反了某些规定或纪律，重在强调其后果严重性，应受惩罚。在实际工作中，既要从原因上，也要从结果上，定性区别失误和违规。通常情况下，失误表现为无意的差错，违规表现为明知故犯的行为。要避免容错过度。宽容要有程度，容错要有底线。无原则地宽容就很可能会变成纵容。在同一事项或者同一问题上一般只适用一次容错原则，防止问题再次发生。更要防止违规与失误混淆，坚决惩治行创新之名逃避担当与责任的不良行为。

3）切实把"试错"与"容错"有机统一起来。试错与容错是激励员工创新创业的"两翼"，二者辩证统一、相辅相成、并行不悖。如果只讲"试错"，不讲"容错"，员工在项目实施过程中就会产生畏惧，不敢行动，害怕出现问题错误导致担责。如果只讲"容错"不讲"试错"，会导致过度容错，将容错范围过度扩大和泛化，将激励的手段变成了包庇纵容。只有切实把"试错"与"容错"有机统一起来，给予员工既敢于试错又能适度容错的工作环境，才能引导员工既大胆创新、敢想敢干，又不至于推诿、不敢担当。

4.3 计划先行，纲举目张重策划

"凡事预则立，不预则废。"只有科学制订计划，方能"运筹帷幄之中，决胜千里之外"。在任何项目或活动开始之前，都应制订详尽的计划，以明确整体框架和关键细节，确保所有环节有序衔接。通过重视计划，可以理清思路、明确重点和步骤，从而为项目的顺利推进和成功奠定坚实的基础。企业中层管理者在企业中扮演着承上启下的关键角色，他们不仅需要执行企业高层管理者制定的战略，还要带领部门团队实现具体目标。"大军未动，计划先行。"计划为落实具体工作提供了指南，为实现任务目标提供了支撑。如果没有计划，部门和个人可能会在不同的路线下各行其是，其后果不堪设想。通过计划，企业中层管理者能够掌握路线图，可以展望未来、预测变化、考虑变化的影响，并制定恰当的应对措施，保障行动始终朝着项目目标前进。

4.3.1 独具匠心显本领，企业中层管理者应具备强大的管理思维能力

"匠心铸不朽，良工创世纪。"对于企业中层管理者而言，具备强大的管理思维能力正是展现其独特本领、带领部门团队踔厉奋发、推动企业发展的关键。管理思维是企业中层管理者在决策和行动中所具备的思想方式和逻辑，包括系统性思维、全局性思维、时间视角和风险思维等要素。这是中层管理者在处理问题和挑战时需要具备的重要思维能力。

具备强大的管理思维能力能使企业中层管理者更精准地理解和执行企业高层管理者的战略，能够将宏观的战略目标转化为具体的行动计划，并保障这些计划在日常运营中得到有效执行。这种能力不仅有助于企业战略的落地，还能够使企业中层管理者在执行过程中激发创新思维，使其不断探索可能性和创新思路，为战略实施增添独特价值。

具备强大的管理思维能力，能够使企业中层管理者拥有推动企业变革的重要动力。他们能够深刻领会企业高层管理者实施变革的背景和意义，能够研究和挖掘推动变革的实施重点和举措，更能够带领部门团队去实践和执行。这种能力对企业中层管理者来说如金石能够敲出星星之火，如星火可以点燃希望的灯，如明灯可以照亮前行的路。

具备强大的管理思维能力能够使企业中层管理者在带领部门团队、解决问题、优化资源及跨部门协作等方面更为出色。他们能够激励团队成员，更好建立高效的沟通机制，机智解决复杂的问题，优化企业资源的配置。这种能力是企业中层管理者的核心能力的重要组成部分，也是不可或缺的核心素质之一，是其在职业生涯中不断追求和提升的目标。

1. 企业中层管理者应具备整体观和系统性思维

（1）什么是整体观和系统性思维

整体观是一种看待事物的方式，它强调将事物视为一个有机整体，从整体的角度去理解、分析和把握，而不是孤立地看待各个部分。整体观要求人们在思考问题时，全面考虑各种因素和相互关系，把握事物的整体结构和动态变化。

系统性思维是一种逻辑抽象能力，是把物质系统当作一个整体加以思考的思维方式。它旨在运用系统论的观点和方法，把认识对象作为一个系统对待，从系统和组成部分之间、系统和系统之间、系统和环境之间等综合地考察认识对象。系统性思维强调整体性、结构性、立体性、动态性和综合性等特点。

只有具有整体观和系统性思维，才能够全面审视问题，全面把握问题的各个方面和相互关系，避免片面和孤立的思考方式。此举有助于优化资源配置，科学合理地在整体和部分之间进行统筹，保证资源能够被高效利用。同时，此举有助于增强团队协作水平，使其有效应对变化和挑战，提升团队的整体绩效。此外，此举还有助于提高战略决策落实质量，通过系统分析和综合考虑，提升决策落实的全面性和科学性。

（2）整体观和系统性思维对企业中层管理者的要求

企业中层管理者作为企业组织架构中的重要力量，承担着上接企业高层管理者战略与下传企业基层人员执行的桥梁作用。在日常工作中，他们需带领部门团队，管控工作任务执行。因此，企业中层管理者应具备整体观和系统性思维，切实履行岗位职责，发挥应有作用。

整体观要求企业中层管理者在思考问题时，能够将企业视为一个有机整体，而不是片面地关注本部门或某个环节的利益。他们需要理解本部门与其他部门之间的相互联系和协作关系，以及如何共同提升企业的整体运营效率和绩效。通过整体观的视角，企业中层管理者能够放大格局，协调运转好部门之间的工作，力求最大化的效果。

系统性思维强调企业中层管理者在分析和解决问题时，要从系统和组成部分之间、系统和系统之间、系统和环境之间等进行综合考虑和分析。他们需要识别问题的根源，系统性分析研究问题影响，考虑各种可能的解决方案及其后果。通过系统性思维，企业中层管理者能够对问题进行整体把握，制定客观、全面、有效的策略，以解决工作中面临的各种问题和挑战。

具备整体观和系统性思维的企业中层管理者，能够更出色地在部门内部发挥领导作用。他们能够引导部门团队成员超越局部利益，关注企业的整体目标；能够在复杂多变的环境中保持清晰的头脑，根据企业长期发展的战略制订详细的工作计划；还能够在面临困难和挑战时，保持冷静和客观，带领团队共同寻找解决问题的最佳途径。

（3）企业中层管理者如何培养整体观和系统性思维

1）企业中层管理者应当重点提高大局意识。企业中层管理者要身在将位，胸为帅谋，自觉培养大局意识，努力提高"不畏浮云遮望眼"的能力、"咬定青山不放松"的定力。企业中层管理者应善于观大势、谋全局，站在企业高层管理者的角度观察和处理问题。还要善于走进基层、实事求是，从实际出发谋划事业和工作，既不过于保守，也不脱离实际。应做到平常时候善于观察，关键时刻勇于担当，危急关头敢于决策，使部门工作即完成局部任务，又为全局添彩。

2）企业中层管理者应当重点学习系统科学。系统科学是研究复杂系统的学科，企业中层管理者应学习系统科学的相关理论和知识，掌握系统性思维的基本工具和技术。通过参与实际项目或工作任务，运用系统性思维的方法论分析和解决问题，不断积累经验并反思总结。同时，有重点地学习跨学科的知识，增加跨专业交流，与不同领域的专家进行探讨和合作，了解他们的思维方式和解决问题的方法，有助于拓宽自身视野。

3）企业中层管理者应当重点掌握系统思维工具。系统思维工具包括但不限于系统图、因果回路图、模型构建、综合分析和逻辑推理。企业中层管理者通过学习、了解并运用这些系统思维工具分析问题，能够更准确地找到系统的核心或关键点，更直观地理解系统内部的结构和相互关系，更清晰地制订工作计划和梳理工作流程，从而让企业中层管理者更好地运用系统思维去解决问题。通过采取更有效的措施，做出更合理、更科学的决策，不断优化和改进工作计划，提高工作效率。

2. 企业中层管理者应具备强大的时间管理能力

"时光荏苒，光阴似箭。"只有善于管理时间的人，才能让工作绽放出彩。时间管理能力指能够有效利用和安排时间，以达到预期目标和提高生产力的能力。这种能力涉及规划、组织、优先级管理和自我控制等多个方面，旨在帮助个人和团队在有限的时间内完成更多的任务，并减少时间浪费。

（1）时间管理能力5要素

具体而言，时间管理能力包括以下5个关键要素。

1）重点做好设定与排序。企业中层管理者应清晰设定目标，搭配科学合理的完成时间，确保所有活动都围绕这些目标进行，在设定时间内完成。对任务进行优先级排序，确保首先完成重要和紧急程度最高的任务。同时，也应关注其他重要但不紧急的任务，预先做好准备，避免其成为紧急任务。

2）统筹做好计划与执行。企业中层管理者应根据企业战略制订详细的工作计划，包括长期和短期计划，并落实到各个岗位上。有效组织工作和个人生活，确保两者之间的平衡。同时具备强大的执行力，避免拖延和时间浪费，能够按照计划开展工作，将复杂的任务分解成小的可控制的任务，将时间管理和资源管理贯穿整个项目生命周期。

3）做好沟通与协调。企业中层管理者应与企业高层管理者、同级同事和企业基层员工之间进行良好的沟通和协调，促进目标任务按计划实现。一方面，清晰明确地表达任务要求，避免产生误解和偏差，建立有效的沟通渠道，通过多种方式和手段与下属保持联系和互动，及时了解下属工作情况和需求，让信息在企业内部及时充分流动和共享；另一方面，善于倾听和理解下属意见和需求，尊重下属权利和合法利益，积极寻找共同点，尽可能达成共识，建立良好的团队关系，提高团队合作效率和工作质量。

4）系统做好监控与评估。企业中层管理者应定期检查工作进度，确保工作按照计划进行，监控时间的使用情况，确保时间安排符合计划和目标。评估时间管理的效果，并根据需要进行调整。对未能按计划完成的任务，应分析延误原因并采取相应的措施进行调整、监控和评估，优化时间管理策略，保证工作进度。

5）有效应对干扰与变化。企业中层管理者应能够有效应对工作中的干扰和突发事件，第一时间做出反应，保持冷静，灵活适应变化，及时调整计划以应对突发情况。同时，迅速应对并回应公众和媒体的关注与质疑，以避免干扰和负面影响的扩大，全力维护企业形象。

（2）时间管理能力对企业中层管理者的意义

企业中层管理者在企业中扮演着至关重要的角色，他们不仅是企业高层战略的执行者，也是团队日常运营的领导者。在这样的岗位上，具备强大的时间管理能力显得尤为重要。

1）强大的时间管理能力是提升工作效率的保障。企业中层管理者需要处理大量的事务，包括与企业高层管理者沟通、制订团队计划、监督项目执行等，这些任务都需要大量时间，必须进行科学有效的管理。只有合理规划和有效利用时间，遇到变化时才能及时做出调整或重新安排，保障这些任务得到妥善处理。

2）强大时间管理能力是资源优化配置的前提。人力资源是企业最重要的资源，要想使其得到优化配置，很重要的一点是将其与时间资源科学搭配。只有做到这一点，才能为关键任务和项目的有效执行创造前置条件。强大的时间管理能力可以帮助企业中层管理者充分调配好自身和部门团队的时间，留出必要的宽裕度，为做好日常工作和应急处置提供可靠支撑。

3）具备强大的时间管理能力还有助于增强团队协作效率。企业中层管理者是部门团队的带头人，他们的行为和时间安排直接影响团队成员的工作节奏和协作效果。通过合理安排时间和有效协调团队工作，企业中层管理者可以尽可能避免部门团队内部的冲突和混乱，提升团队协作和凝聚力。

4）强大的时间管理能力对于应对突发事件具有重要意义。在企业运营中，存在不同程度的风险和隐患。一旦发生突发事件，只有时间管理能力强的企业中层管理者，才能够迅速做出反应，了解情况、汇报沟通、调整计划、调配资源、果断处置，有效应对突发事件。同时，只有在危机中、在紧迫的时间压力下保持冷静和理性，他们才能全面分析问题，辅助企业高层管理者进行应急决策。

（3）企业中层管理者提升时间管理能力的方法

企业中层管理者提升时间管理能力主要有以下方法：

1）最简单快捷的方法为培训与教育。企业应提供专门的时间管理培训课程，传授有效的时间管理技巧和方法。鼓励企业中层管理者参加相关的研讨会和讲座，以拓宽视野并学习最佳实践。学习使用时间管理工具、信息技术优化时间管理，如日程表、提醒系统、时间追踪软件、项目管理工具等。

2）最常用可靠的方法为反思和总结。鼓励企业中层管理者定期反思他们的时间管理实践经验，提供资源和技术支持，帮助他们不断改进和优化时间管理策略。优化工作环境，体现支持性和协作性的搭配和组合，减少不必要的干扰和中断。同时，企业中层管理者应深刻认识反思总结的重要性，不断复盘工作表现、决策过程及结果，清晰地认识自身在时间管理上的优势与不足，发现潜在的问题和挑战。

综上所述，企业中层管理者的时间管理能力提升是一个系统性的过程，需要组织和个人共同努力。应通过提供培训、设定明确目标、提供工具与资源、建立反馈机制、鼓励自我反思、营造积极的工作环境，有效提升企业中层管理者的时间管理水平。

4.3.2 敏而好学助成长，企业中层管理者应持续掌握科学的管理工具

"敏而好学，不耻下问。"意思是天资聪明而又好学，不以向地位比自己低、学识比自己差的人请教为耻。其深层含义是教导人们懂得虚心向他人请教，如此才能不断成长进步。在快速变化的市场环境中，持续学习新知识、新技术、新技能，对于提升个人竞争力、推动部门团队和企业发展都具有重要作用。对于企业中层管理者而言，更应保持对学习的热情与敏锐度，这对于引导和影响企业基层人员学习积极性非常重要。

科学的管理工具是现代企业管理之必备，它们能够帮助企业中层管理者以更高效、精准的方式进行计划、组织、领导和控制。掌握并运用这些工具，不仅可以提升工作效率，减少人为失误，还能促进团队协作，增强组织的整体执行能力。例如，项目管理软件可以帮助企业中层管理者有效跟踪项目进度，确保按时交付；数据分析工具则能让管理者基于数据做出更加明智的决策，避免盲目行动。

因此，企业中层管理者应当保持学习的积极性，不断掌握并更新自己的管理工具箱。此举不仅有助于应对当前的工作挑战，更能在未来的职业道路上保持竞争力。通过持续学习科学的管理工具和方法，企业中层管理者能够更好地发挥自身的桥梁作用，带领部门团队向着企业的战略目标稳步前进。

1. 先进项目管理工具的重要性

先进的项目管理工具在企业项目化管理中扮演着重要角色。这些工具并非简单的软件应用，它们通过提供强大的功能和智能化的支持，显著地提升了项目团队的效率和成果产出。

（1）先进项目管理工具能够有效协调和整合团队工作

通过其实时的协同和通信功能，团队成员能够迅速共享信息、更新项目进度，从而提升工作的透明度和协同效率，减少信息孤岛的出现。先进的项目管理工具具有强大的数据分析和报告功能。通过收集并分析项目数据，中层管理者可以及时发现问题和趋势，从而进行及时调整，有效地防控风险并优化资源分配。这种数据驱动的管理方式不仅能够提升项目的执行效率，还有助于提升项目的成功率和质量。同时，先进项目管理工具还能够帮助项目团队更好地进行时间管理和资源管理。通过进度跟踪、任务分配和优先级管理等功能，团队可以更加精确地掌控项目的进度和资源消耗情况，从而有效避免资源浪费和任务延误，保障项目能够按时交付并达到预期目标。

（2）先进项目管理工具能够有效提升项目执行效率

通过自动化任务分配、进度跟踪和报告生成等流程，节省项目管理人员的时间和精力，提高工作效率和质量。这些工具能够实时反映项目状态，帮助团队快速响应变化，从而加快项目执行速度，缩短项目周期。例如，Jira 等项目管理软件，通过其灵活的任务管理和进度追踪功能，确保团队成员能够高效协同工作，并按时交付项目成果。

（3）先进项目管理工具能够有效增强团队协作沟通能力

项目管理工具可为团队成员提供一个集中的工作平台，使信息共享和沟通变得更加便捷。团队成员可以实时查看任务状态、讨论问题、分享文件，从而打破信息孤岛、增强团队协作能力。例如，Trello 等协作工具通过看板形式展示任务，团队成员可以直观地了解项目进展，并通过评论和讨论功能进行实时沟通。

（4）先进项目管理工具能够有效优化资源配置并辅助风险防控

它们帮助项目经理更准确地评估项目需求，科学合理地分配人力资源、财务资源和时间资源。同时，这些工具还提供了风险识别、分析和应对的功能，帮助团队及时发现并控制潜在风险。例如，Primavera P6 等项目管理软件通过其集成化的资源管理和风险管理模块，帮助项目经理实现资源的优化配置和风险的有效控制。

（5）先进项目管理工具能够有效提高项目质量与透明度

项目管理工具通过标准化的工作流程和质量控制机制，确保项目能够严格按照既定计划和质量标准执行。同时，这些工具还提供丰富的报表和数据分析功能，帮助团队实时了解项目状态和各项性能指标，从而提高项目质量和透明度。例如，Smartsheet 等项目管理平台通过其自定义报表和直观的仪表盘功能，为项目经理提供全面的项目概览和深入的数据分析支持。

2. 项目计划管理工具

项目计划管理工具通常指一类软件，旨在帮助项目团队实现更高效的项目规划、执行和监控，从而保障项目能够按照预定的成本、进度和质量标准顺利完成。

（1）项目计划管理工具的主要功能

项目计划管理工具服务于工作项目的顺利推进，同时涵盖对人员、产品、过程和项目进行分析和管理。

1）项目规划。帮助团队定义项目目标、明确项目范围、制订项目计划、制定合理的资源分配方案。通过工具的任务分配和追踪功能，团队可以明确项目的具体任务和交付成果，并将其纳入项目范围。

2）任务管理。提供任务分配、进度追踪和任务优先级设置等功能，确保项目中的各项任务都能够得到有效执行和严格监控。

3）实时协作与沟通。支持团队成员之间的实时信息共享、讨论和协调，从而促进团队内部合作，提高工作效率。

4）文档与文件管理。提供文档和文件的管理能力，涵盖版本控制、共享和在线编辑等诸多功能，确保项目资料的一致性和易于访问。

5）报告与分析。生成项目状态报告、资源利用率报告、风险分析报告等，帮助团队全面监控项目进展和绩效，并做出相应调整。

（2）常见项目计划管理工具及选择要点

常见项目计划管理工具见表 4-1。

表 4-1　常见项目计划管理工具

工具类别	工具作用	工具名称
项目计划工具	创建和管理项目计划，包括任务分配、工期安排、优先级设置等	Microsoft Project、OmniPlan、Smartsheet 等
任务管理工具	跟踪和管理项目中的各项任务，提供任务分配、进度追踪和任务优先级等功能	Trello、Asana、Wrike 等

（续）

工具类别	工具作用	工具名称
团队协作工具	促进团队成员之间的合作和沟通，提供共享文件、讨论主题、协作编辑等功能	Slack、Microsoft Teams、Google Docs 等
问题跟踪工具	跟踪和解决项目中的问题和风险，包括问题记录、状态更新和解决方案追踪等	Jira、Bugzilla、Redmine 等
文档管理工具	管理项目相关的文档和资料，包括版本控制、文档共享和在线编辑等功能	SharePoint、Google Drive、Dropbox 等

在选择项目计划管理工具时，需要考虑以下要点：

1）项目需求。根据项目的规模和复杂性，选择功能匹配的工具。

2）团队习惯。考虑团队成员的使用习惯和技能水平，选择易于上手和符合团队工作流程、符合团队使用习惯的工具。

3）成本效益。评估工具的性价比，确保所选工具能够带来实际效益且符合预算要求。

4）集成能力。考虑工具与其他系统和软件的集成能力，以便更好地整合项目信息和管理流程。

项目计划管理工具是企业项目化管理不可或缺的一部分，它们通过提供强大的功能和支持，帮助团队更高效地规划、执行和监控项目进程。在选择适用的工具时，需综合考虑项目需求、团队习惯、成本效益和集成能力等因素，以确保所选工具能够最大限度地提升项目管理的效率和效果。

（3）项目管理领域常用工具

1）WBS。工作分解结构（Work Breakdown Structure，WBS）是项目管理领域的常用工具，用于将项目的工作内容分解为可管理和可控制的多个组成部分。

①定义与目的。WBS 是一个层次化的分解图，将项目工作分解为更小的、更易管理的工作包或具体任务。它构成了项目规划的基础，并有助于确保项目团队在执行过程中不遗漏任何关键工作内容。

②结构与组成。WBS 通常采用树状结构表示，从最高层级开始逐步分解，

直至细化为可单独管理的工作包。每个层级的元素代表不同层次的任务或交付物。

- 顶层：项目的最高级别，通常是项目的主要阶段或主要交付物。
- 第二层：依次细分为项目阶段或主要子系统。
- 更低层级：持续细化为可以单独分配给责任人并进行管理的最小单位。

③构建步骤如下：

- 识别项目的主要阶段或交付物。确定项目的整体框架和主要目标。
- 分解阶段为更小的组成部分。将每个阶段进一步分解为更小的任务或子系统。
- 继续细化。不断细化直到达到可以管理和监控的层级。
- 编制 WBS 文档。将分解结构记录在正式文档中，以便项目团队和利益相关方参考和使用。

④优点与应用。

- 清晰和透明的项目结构。WBS 能够帮助团队和利益相关方理解项目的结构和范围，从而有效地进行项目规划和执行。
- 责任分配和管理。通过工作分解结构，元素可以被分配给特定的责任人或团队，有助于管理和追踪项目进度。
- 变更管理。在项目执行过程中，工作分解结构能够帮助识别变更对其他工作环节的影响，从而更好地控制变更带来的影响。

综上所述，WBS 是项目管理中非常重要的工具之一，它通过逐级分解项目任务，确保能够有序、高效地执行项目，并在整个项目生命周期中提供清晰的方向和指导。

2）甘特图（Gantt chart）。甘特图是通过条形图的形式展示项目计划和进度。甘特图以时间为基础，将项目的各项任务、活动或事件按照时间顺序排列，从而能够清晰地显示出每个任务的开始时间、持续时长和结束时间。

①结构与特点

- 时间轴展示。以水平时间轴为基础，通常其横轴代表时间，竖轴代表不同的任务或资源。
- 任务条形显示。每个任务都由一个条形块表示，条形块的长度表示任务的持续时间，位置表示任务的开始和结束时间。

●依赖关系。可以显示任务之间的依赖关系，例如，某些任务必须在其他特定任务完成后才能开始。

●资源分配。可以标识出每个任务分配的资源或相应责任人。

●进度跟踪。提供实时更新和跟踪任务的完成情况的功能，帮助管理者了解和掌握项目的实际进度与计划进度的差异。

②制作与使用

●任务识别与列表。首先需识别项目中的所有任务，并确定它们之间的执行顺序和依赖关系。

●时间分配。确定每项任务的开始时间、持续时长和结束时间。

●甘特图绘制。使用专业的项目管理软件或在线工具绘制甘特图，将各项任务在时间轴上进行可视化排列。

●更新与调整。在项目执行过程中，需要持续更新甘特图以反映项目的实际进展情况，根据实际需求调整任务的时间和依赖关系。

③优点与应用

●可视化管理。为项目的时间安排和进度提供了直观的展示方式，帮助团队成员和利益相关方理解项目的整体状况。

●资源优化。可以协助管理者有效分配和利用项目资源，避免资源冲突和浪费。

●进度控制。能够及时发现项目进度偏差，采取措施调整和优化项目的进展。

●沟通工具。是与团队成员和利益相关方沟通的重要工具，它能使所有使用者了解项目的时间表和重要节点。

作为一种强大的项目管理工具，甘特图不仅能够帮助团队规划和执行项目，还能有效追踪项目进度和资源利用情况，已经成为企业项目化管理中不可或缺的重要工具之一。

3）PROJECT。"PROJECT"是一种通用的项目管理软件。下面介绍常见的项目管理软件 Microsoft Project 和 Project Libre。

①Microsoft Project。Microsoft Project 是微软公司推出的专业项目管理软件，

具有强大的功能和广泛的应用范围。以下是该软件的主要特点和功能：

• 甘特图和网络图。能够创建和管理项目计划，以甘特图和网络图的形式展示各项任务、资源和进度情况。

• 资源管理。能够有效地分配和管理项目中的各种资源，这包括了人力资源和物质资源。

• 成本管理。能够制定并追踪项目的成本预算，分析成本变化和影响。

• 团队协作。支持多人协作模式，可以分配任务、设置任务间的依赖关系，并通过 Share Point 或 Project Online 平台实现团队协作。

• 报告和分析。提供了丰富的报表和分析工具，协助管理者监控项目进度、资源使用情况和成本预算。

• 整合性。可与 Microsoft Office 和其他 Microsoft 产品（如 Excel、Word 等）集成，从而方便数据的导入、导出，以及文档分享。

Microsoft Project 适用于需要高级项目管理功能、企业级支持和与 Microsoft 生态系统集成的项目。

②Project Libre。Project Libre 是一款开源的项目管理软件，与 Microsoft Project 相似，优势在于免费并且支持跨平台使用。以下是其主要特点：

• 多平台支持。可在 Windows、Mac OS X 和 Linux 等多个操作系统上运行。

• 甘特图和资源管理。支持创建和编辑甘特图，管理任务、资源分配和依赖关系。

• 成本和资源。可以跟踪项目的成本、资源使用情况和预算信息。

• 导入导出。支持导入和导出 Microsoft Project 的文件格式，与其他项目管理软件兼容。

• 开源免费。完全开源并且免费，社区支持活跃，用户可以根据自身需求自由定制和改进软件。

Project Libre 适合中小型项目或个人用户使用。

无论选择哪种项目管理工具，都应根据项目规模、具体需求和团队成员的技能水平做出决策。

4.3.3　胸有成竹做准备，企业中层管理者应妥善制订项目计划

对企业中层管理者而言，妥善制订完善的项目计划不仅是其管理能力的体

现，更是确保项目取得成功和持续发展的关键。通过有效的计划和策略，企业中层管理者能够在复杂的业务环境中明确目标，推动企业实现其战略目标并维持持续增长。因此，企业中层管理者应当进行充分的准备和计划，特别是在项目计划的制订方面，更应尽量完善。

1. 制订详细的行动计划

企业中层管理者应当具备充分的准备和计划，特别是在制订项目计划方面，其完善和妥善性至关重要。这种完善的项目计划对企业项目管理具有重要意义。

完善的项目计划有助于确立清晰的目标和路线图。通过详细规划项目的目标、阶段性里程碑和关键活动，企业中层管理者能够为项目团队和利益相关方提供明确的指引和期望，确保各方在同一个目标下协同工作。

完善的项目计划有助于有效的资源管理。项目计划应全面涵盖时间表、任务分配及资源（人力、物力、财力）的合理利用。通过周密的资源规划与调配，可以实现资源利用效率最大化，避免资源不当使用或短缺引发的项目延误。

完善的项目计划有助于风险管理和控制。在计划阶段，通过识别和评估潜在风险，企业中层管理者可以制定相应的风险应对策略和备选方案。这种前瞻性的风险管理举措可以帮助企业在项目执行过程中迅速应对突发状况，最大限度地减少风险对项目进度和成本的影响。

完善的项目计划有助于提升团队的执行力和协作效率。项目计划为团队成员提供了明确的任务分配和工作指南，减少沟通误解和冲突，并提升工作效率和整体执行力。在有序和规范的计划指导下，团队能够更专注于推动项目进展，从而增强团队的凝聚力和执行力。

对企业中层管理者而言，妥善制订完善的项目计划不仅体现了其卓越的管理能力，更是确保项目成功和持续发展的基石。通过实施有效的计划和策略，企业中层管理者能够在复杂的业务环境中有效找到实现目标的路径。

企业中层管理者在制订详细的行动计划时，应着重考虑以下关键内容。

（1）项目背景和目标明确化

描述项目的背景信息，包括项目的起因、背景和相关环境。确保所有团队成员对项目的背景有清晰、一致的理解。同时，需明确定义项目的具体目标和预期成果，引导整个团队朝着共同的目标努力。

（2）任务和活动分解

将项目目标分解为具体的任务和活动。每项任务应包含清晰的描述、执行者、起止时间、关联依赖关系等信息。通过逐步细化任务，确保每个团队成员都明确自己的职责和任务内容。

（3）时间表和工期安排

制定详细的时间表，明确每个阶段和任务的开始时间、完成时间和关键节点。这有助于团队成员了解项目的时间要求，避免时间冲突和延误，确保项目能够按时完成。

（4）资源分配和利用

确定项目所需的资源，包括人力、物力和财力资源等。对资源进行合理的分配、利用和回收，以保障项目执行过程中资源的有效利用，避免资源短缺或浪费。

（5）风险评估和应对

识别和评估项目可能面临的风险和挑战，并制订相应的风险管理策略和应对计划。包括预防措施、缓解措施和应急响应计划，以确保项目在遭遇风险时能够迅速有效地应对。

（6）绩效评估和监控机制

设定明确的绩效评估指标和监控机制，用于跟踪和评估项目进展。包括定期的进度更新、报告和团队会议，以确保对项目的实时掌控和问题的及时解决。

（7）沟通和协作计划

确立团队内部及与利益相关方之间的有效沟通和协作机制，确保信息清晰、及时传递，并促进团队成员之间的有效协作和合作。

（8）变更管理和调整策略

制订变更管理计划，用于处理项目执行过程中的变更请求和调整需求，确保对变更的有效控制和管理，从而最大限度地保持项目的稳定性和目标的一致性。

　　详尽的行动计划应全面覆盖项目的各个方面，从明确项目背景和目标到具体的任务分解和资源管理，再到风险评估和沟通计划的制订，都需要企业中层管理者细致、谨慎地考虑和规划，以确保项目能够高效、有序地实施，并最终取得预期成果。

2. 合理分配部门内部资源

　　合理分配资源能够最大限度地提升使用效率，减少资源浪费，从而节约成本。通过明确的资源分配，可以确保每个成员或团队在其专业领域内承担明确的任务分工，提高执行效率和工作质量。有效的资源分配能够帮助部门更从容地应对突发事件、市场变化或临时机遇，实现快速调整和响应。同时，公平和透明的资源分配方式可以增强团队的凝聚力，提振士气，提升员工的工作满意度和忠诚度。部门资源的有效利用是实现战略目标的关键环节，能够推动企业朝着长远目标前进。

　　对于部门内部资源的合理分配，应着重关注以下 6 个要点。

　　（1）明确目标和优先级

　　确保资源分配与部门的目标和优先级保持一致。为此，需清晰界定并充分沟通部门目标，以便将资源集投向最关键的项目和活动。

　　（2）绩效评估和需求分析

　　根据实际情况进行绩效评估和需求分析，掌握每个项目或活动对资源的具体需求，为做出合理的分配决策提供依据。

　　（3）跨功能协调

　　企业中层管理者应积极推动部门内各功能团队之间的协调与合作，确保资源在不同团队之间得到均衡且高效的利用。

　　（4）透明和公平的分配流程

　　确立透明、公平的资源分配流程和机制，如制定标准化的资源分配准则，并运用项目管理工具进行资源分配规划。

　　（5）定期评估和调整

　　定期评估资源分配效果，根据反馈和实际执行情况做出必要的调整和优化，以确保资源分配策略的持续有效性。

（6）技术和自动化支持

利用适当的技术工具和自动化系统，以辅助资源分配决策和管理，从而提高决策的科学性和效率。

企业中层管理者可以更好地管理和优化部门内部资源，实现资源的最大化利用，不仅可以保障任务在规定的时间段内高效完成，还能通过合理分配资源实现最佳效益，充分发挥资源的潜力，进而提高工作质量和竞争力，推动部门乃至整体组织的持续发展和成功。

3. 建立部门内部综合协调管控机制

企业中层管理者在部门内部建立协调机制至关重要。该机制不仅有助于优化资源配置，确保人力、物力和财力的合理分配和高效利用，避免资源浪费，还能够促进团队成员之间的沟通与合作，减少不必要的冲突和误解，进而提升整体工作效率和团队凝聚力。此外，良好的协调机制能够强化信息共享，保障所有成员均能及时获取关键信息与支持，从而迅速和精确地做出决策并应对各类变化。最终，这种机制将助力部门顺利实现既定目标。

（1）建立明确的会议机制和汇报机制

需确保部门内部定期召开会议，例如，设定每周固定的团队例会或者跨部门的协调会议。此类会议应设有明确的议程与讨论目标，以保障所有成员均能参与讨论和决策过程。同时，应建立规范的工作汇报流程，例如，实施每周工作汇报制度，内容涵盖周工作计划、日工作进度及存在问题等，以便全面掌握员工工作状况与部门计划推进情况。

（2）制定清晰的工作流程和责任分工

需建立清晰的工作流程并明确具体分工，将角色定位、制度规范、风险控制、考核指标等要素落实到具体的流程节点上，强调简约与高效原则，确保每位成员均能围绕工作流程明确自身职责与任务。此举有助于避免工作重叠和责任模糊现象，提高工作效率和执行力。

（3）建立团队间的合作和协作机制

应鼓励部门内各团队之间加强协同合作，通过资源共享、信息互通和最佳实践交流等方式来实现，通过正向激励机制促进协同行为的落地执行。同时，可以考虑建立专门的跨团队工作小组或项目组，以推动部门内部的深度合作，协同进步。

（4）使用有效的协作工具和技术手段

应充分利用现代化的协作工具和技术手段，如项目管理软件、在线协作平台和实时通信工具等，以提升团队成员之间的沟通效率和信息共享程度。根据实际需求，引用人工智能技术（如 DeepSeek 数据大模型），发挥其在项目管理和日常运营工作中的独特优势与价值。

（5）建立共享目标和绩效评估体系

需确保整个部门对共同的目标和绩效评估标准形成清晰的认识和共识，定期进行强化掌握。这有助于激发团队成员朝着共同的方向努力奋进的积极性，同时也能够更为有效地评估并奖励团队成员的贡献与成果。

（6）持续改进和反馈机制

应倡导持续改进的企业文化，鼓励团队成员积极提供反馈意见并及时进行调整优化。定期对协调机制的有效性进行评估审查，发现存在的问题并寻求改进措施，以保持机制的灵活性和环境适应能力。

通过上述举措的实施，企业中层管理者可以建立一个稳固和高效的部门内协调机制，促进团队成员之间的合作与协作，提高部门的整体运作效率和绩效表现。

古人云："谋定而后动，三思而后行。"无论是制定军事策略还是处理日常工作，事先的周密计划和充分准备均是保障成功不可或缺的重要环节。企业战略的下达如同发布了"动员令"，形成的项目任务犹如"作战书"，设定的项目计划则转化为具体的"施工图"。企业中层管理者通过制订完善的项目计划，为项目任务描绘出清晰的"施工图"，带领部门团队依据"施工图"朝着目标勇往直前。

4.4　统筹协调，严快执行强管控

在项目管理的过程中，应当铭记《老子》中的教诲："千里之行，始于足下。"这一智慧启示人们，无论项目规模如何宏大，其成功的基石均源于每一个细微步骤的稳扎稳打。通过高瞻远瞩的统筹规划与细致入微的协调沟通，保障项目中的每一个环节、每一个组件，都能如精密齿轮般严丝合缝，共同推动项目不断向前发展。

正如《孙子兵法》所言："兵贵神速。"在项目执行的战场上，应追求既严谨又高效的行动步伐。这意味着，在保持对项目全局深刻洞察的同时，必须以迅速果断之势推进各项任务，确保每一步都可控能控，不容任何懈怠。同时，强化管理力度，如同编织一张无懈可击的防护网，确保项目在快速推进的同时，亦能稳健前行，减少风险与偏差。

企业中层管理者应当通过匠心独运的管理策略、稳健有力的执行步伐、丰富多样的方法工具、富有情感的沟通协调等，带领部门团队共同推动项目的成功。在这一过程中，每一分努力都凝聚着对卓越的执着追求，每一次协作都彰显着团队的团结精神、每一项创新都推动着企业战略的实现。最终，全体成员见证项目和任务的圆满完成，不仅达成既定的目标与效果，更在过程中锤炼出一支无坚不摧、战无不胜的项目管理"铁军"。

4.4.1 厉兵秣马刻心中，企业中层管理者应持续增强项目管控能力

项目管控能力是一个综合性的概念，涵盖项目管理过程中的多个关键方面。根据项目管理的 3 个维度总结出其对应的项目管理能力如图 4-1 所示。企业中层管理者应提升各项能力，以保障项目能够按照既定的目标、时间、成本和质量要求推进。

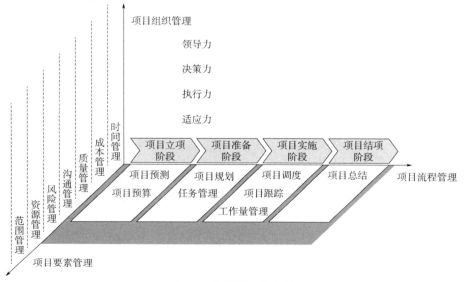

图 4-1　项目管理能力图

1. 项目组织管理维度

项目组织管理是对参与项目的各个岗位和角色进行全面管理，重点在于提升对人的管理能力，以下将从 4 个方面进行深入阐述。

（1）领导力

企业中层管理者应具备出色的领导力，能够清晰、有力地传达项目目标，并有效激发部门团队成员的积极性。他们应构建明确且具有吸引力的项目愿景，这涵盖了设定清晰的目标和期望，同时通过激励、指导和支持，帮助团队成员发挥最佳潜能。领导力的提升不仅增强团队凝聚力和执行力，更是项目成功推进的关键支撑。此外，领导力也体现了个人魅力与管理的艺术性。杰出的领导者能够通过自身魅力赢得团队成员的信任和尊重，建立深厚的合作关系。通过持续的热情、积极的态度和真诚的沟通感染他人，巩固团队的信任基础，发挥榜样作用，增强团队的凝聚力和协作精神。

（2）决策力

企业中层管理者在面对复杂情况时，需具备迅速而准确的决策能力。这要求他们深刻理解项目的核心目标、资源限制和潜在风险，并结合数据分析和经验判断，全面权衡各种因素和利弊，以选择最优行动方案。同时，优秀的决策力还包括良好的预见性，即能够预测决策可能带来的直接和长远影响，从而最大限度提高项目的成功率。

（3）执行力

企业中层管理者需要展现出强大的执行力，能够高效地带领部门团队完成预定计划和任务。在遇到问题时，他们能快速调整策略，保障项目按照时间表和预算顺利推进。执行力的提升不仅包括对工作任务的有效落实，还包括对团队资源的统筹协调，处理可能出现的障碍与问题。通过这些努力，保障项目每一阶段的目标都能够顺利达成，最终实现项目的预期成果。

（4）适应力

企业中层管理者应具备快速学习和适应新思维、新技术和新方法的能力。他们应能够灵活应对不同的工作环境和场景，这意味着在项目实施过程中，需要不断更新知识储备，掌握前沿的工具和技术，并根据实际情况调整工作策略和方法。同时，保持开放的心态，在多变的环境中迅速适应新挑战与新变化。

领导力、决策力、执行力 3 个重要能力共同保持了团队的高效工作，适应力则能够促进企业中层管理者循环式自我能力提升。这些能力的综合提升，对于维护团队所有成员的团结合作、保持高昂士气及共同完成项目具有至关重要的推动作用。

2. 项目流程管理维度

项目流程管理是指在项目执行过程中，对项目进行系统化的管理和优化，以确保项目能够按预期目标顺利推进。

在此维度中，重点阐述对过程的管理，具体从以下 3 个方面入手。

（1）任务分解能力

任务是构成项目的基本单元。需经过创建、组织、分配及督办跟踪落实。通过任务分解，可将复杂的任务拆分成多个小型、相对独立的子任务，进而网格化分别明确各子任务职责、范围和权限等，从而有利于从整体和局部层面全面管控项目进度、资源分配、成本控制和风险管理等。企业中层管理者要组织进行清晰的任务分解，根据任务的紧急程度和重要程度进行合理排序，安排时间并制定子任务时间表，确保资源配置得当。之后，把子任务分派给合适的团队成员，制订具体的工作计划和检查计划，保障所有子任务均能保质保量完成。

（2）项目跟踪能力

项目跟踪用于衡量项目所涉及的工作活动的进展情况，旨在监控项目进度，确保其符合既定时间表。若出现偏差，需及时识别导致延迟的问题并采取解决措施。这一过程至关重要，应从项目早期着手进行。跟踪项目进度和绩效，以确保项目按计划推进措施，并在实施过程中发现并解决可能影响项目预算和完成时间的各种问题。

企业中层管理者在进行项目跟进时，首先，需要设定明确的目标和里程碑。根据任务分解情况制定可量化的里程碑，并确定关键的跟踪指标，这些指标包括项目的进度、成本、质量、风险等多个方面。定期收集和更新这些指标数据，与项目计划进行比对分析，评估和跟踪项目的进展情况，及时发现并纠正偏差，采取适当的措施进行优化调整。其次，需精细且高效地跟进项目，精通专业的项目管理软件，以集中且规范的方式存储项目信息。例如，Sea Table

智能表格涵盖文件、图片、协作人、部门、链接列等近 30 种数据类型，把项目的各类信息以集中、规范的方式存储和管理。利用自动化工具实时同步最新信息，精准控制协作权限，显著提升项目跟进的及时性和准确性。例如，通过 Sea Table 的提醒规则、自动化规则功能，能够进行多种触发条件下自动通知及自动执行多种操作。在跟进项目时，不应局限于表格任务列表、表格视图，应充分利用好直观的日历、看板、时间线、甘特图等视觉辅助工具，全面掌握项目进展情况。最后，定期进行项目评审和沟通。确保团队成员对项目进度保持一致的认识，及时解决项目实施过程中遇到的问题。例如，召开项目进度会议，讨论已完成的任务、当前的挑战和下一步行动计划等，确保团队成员信息同步。

（3）项目总结能力

项目总结能力是指在项目结束后，对项目的全过程进行系统地回顾和分析，总结关键成果、经验教训，并提炼出可用于未来项目有益的改进建议。这不仅涉及对项目目标和成果的全面评估，还包括对遇到的问题和挑战的深入分析，以便积累经验、优化流程，并为后续项目提供宝贵的参考和指导。企业中层管理者在项目结束后，应运用批判性思维进行总结复盘，既要从团队角度考虑，也要从个人层面分析，深入挖掘短板和不足，并系统总结经验和亮点。同时，结合以往项目情况，思考未来项目应对策略，全方位多角度为项目总结提供视角和思路。企业中层管理者必须要具备此项能力，并将梳理汇总的结果长期保存，应用于后续实际工作，以持续提升团队的项目绩效和能力。

3. 项目要素管理维度

项目要素管理通过系统规划和控制项目的范围、资源、风险、时间、质量、成本和沟通等核心要素，保障项目能够高效推进、按时完成，从而实现项目预期成果。这种管理方法不仅能提升项目的执行效率和质量，还能有效控制风险和成本，强化团队合作和沟通，进而提高项目成功的概率。具体从以下 7 个方面入手。

（1）时间管理能力

时间管理是项目管理的三重约束之一，也是最重要的技能之一。缺乏时间管理技能可能会导致工作进度受阻。项目管理要求遵守既定期限，按时交付成果。这样不仅能够履行合同义务，还能有效控制成本。企业中层管理者必须具备出色的时间管理能力，包括对项目总时间、团队时间及个人时间的精准把控。

时间管理涉及制定详细的项目时间表、识别关键路径、合理安排资源，并定期跟踪进度，以便及时调整计划应对变化。通常，甘特图、网络图等工具被用于展示项目进度，而关键路径法（Critical Path Method，CPM）则用于确定关键任务。关键路径法是一种项目管理工具，它通过将整个项目分解成一系列的工作任务，以流程图的形式展示，然后根据每个任务预估的时间框架来计算整个项目的持续时间。它的目的是识别在时间上的关键任务，帮助管理者确定项目的最短完成周期，识别和分析项目中耗时最长的路径，以达到管控项目进度、缩短工期、提高工效、降低成本的目的。

（2）成本管理能力

项目实施需要资金支持。制定预算是项目管理计划阶段的重要环节。一旦项目预算确定，就需运用预算管理来确保在执行阶段成本的有效控制。项目预算管理是企业在战略目标的指引下，对未来的经营活动和相应财务结果进行全面预测与筹划。通过对执行过程的监控，预算管理帮助管理者更加有效地管理并最大限度地实现战略目标。为提高企业中层管理者的项目预算管理能力，企业应提供相关培训机会，例如专家讲座、外出研学等，让中层管理者深入理解预算管理的概念、原理和使用技巧。同时，指定有经验的导师提供一对一的指导，分享实践经验，以加深其对应用预算管理方法的理解。此外，应给予全部企业中层管理者实际操作项目预算管理的机会，如参与预算编制、执行和控制工作，通过实际操作提升其预算能力和经验。

企业中层管理者需熟练掌握并运用成本管理工具。挣值分析是一种项目管理工具，用于评估项目进度和成本绩效。它通过比较计划值（Plan Value，PV）、实际成本（Actual Cost，AC）和挣值（Earned Value，EV）3个关键指标来评估项目的状态。挣值分析的核心在于提供一个综合度量标准，将项目的进度和费用相结合，从而准确描述项目的进展状况，预测项目可能发生的工期延误和成本超支情况。计划值：也称为计划工作量的预算费用（Budgeted Cost for Work Scheduled，BCWS），它是指在项目实施过程中某阶段计划要求完成的工作量所需的预算工时或费用。实际成本：指在项目实施过程中某阶段实际完成的工作量所消耗的直接和间接成本的总额。挣值：也称为已完成工作的预算成本（Budgeted Cost for Work Performed，BCWP），它表示到某一时间点为止，项目实际完成工作所消耗的预算成本。通过指标成本偏差（Cost Variance，CV）表示项目实际成本与预算成本之间的差异，计算公式为 $CV = EV - AC$。正值表示成本节约，零值表示成本按预算进行，负值表示成本超支。挣值分析不仅可以帮助企业中层管理者评估项目的当前状态，还能预测项目的未来趋势，从而及时采取纠正措施，确保项目按计划进行。通过挣值分析，企业中层管理者可以更好地管理项目的进度和成本，提高项目成功率和客户满意度。

（3）质量管理能力

项目质量管理的作用在于确保项目交付的产品或服务符合预定的质量标准和客户期望。通过系统化的质量规划、控制和保证措施，项目质量管理有助于识别和解决质量问题，减少缺陷和返工，提升交付成果的一致性和可靠性，从而增强客户满意度和项目成功率，全面实现项目目标。质量管理包括制定详细的质量标准，进行质量控制、质量保证和质量改进，以及对项目质量进行全面评估。通常通过质量检测、质量评审、质量培训等方式提高项目质量。

首先，要制定项目质量目标。针对项目交付的产品或服务制定合格或优秀的标准。其次，策划项目质量管理计划。规定整个项目中质量管理的全部细化工作，将项目质量目标贯彻整个计划，快速掌握项目质量管理过程中需要运用的方法、分析工具，如因果图、流程图、核查表、控制图等，将抽象的项目质量指标转化为直观的指标，全面准确地实施计划。最后，实施项目质量控制。根据计划实施各项具体的质量管理工作，包括发现问题、评估问题、处理问题、确认结果等。在此过程中，应学习并熟练运用项目质量控制的方法和工具，避免随意处理。

（4）沟通管理能力

项目沟通管理的作用在于确保信息在项目相关方之间得到正确、及时和有效的传递，以维持项目信息的一致性与参与者的协同合作。良好的沟通是项目成功的关键，沟通管理能够有效建立并维护项目团队及成员、利益相关方及客户之间的有效沟通渠道，提升信息的清晰度和决策的质量，从而降低误解和风险，促进团队协作和客户满意度，保障项目目标的顺利实现。沟通管理主要包括制订详细的沟通计划、选择合适的沟通渠道、确保沟通的有效性，以及处理沟通障碍。通常通过定期会议、项目报告、进度汇报等方式，确保信息的及时传递。

（5）风险管理能力

无论规模大小，项目都存在着风险。在执行项目之前，需要创建风险管理计划以识别、评估和控制风险。风险管理能力越强，项目成功的概率就越大。项目风险管理的作用在于识别、评估和应对潜在风险，以降低其对项目目标的影响。通过系统化的风险管理流程，项目团队可以预测可能出现的问题，并制定相应的应对策略，以确保在风险发生时能够迅速采取行动，从而最大限度减少损失和延误。这不仅有助于提高项目的稳定性和成功率，还能增强团队对不确定性的适应能力，提升整体项目管理水平。

企业中层管理者需提高对项目的风险管控能力。首先，应学会识别风险。项目风险识别并非一次性行为，而是应在项目启动前进行初步识别，并在项目实施过程中定期进行补充与更新。可通过资料收集、头脑风暴法、德尔菲法、情景分析法、假设分析法、核对表法、图解技术等方法帮助识别风险。其次，对风险进行分类。影响风险的因素包括市场、技术、资源、配套条件、投融资等，企业中层管理者需要综合考虑这些因素对风险进行分类，以便更好地应对项目中的潜在问题。再次，需对风险进行评估。应采用定性风险分析与定量风险分析相结合的方式对项目进行风险评估，确定各个风险管理的优先等级。定性风险分析指定性判断风险发生的概率及风险发生后对项目目标的影响。定量风险分析指在定性分析的逻辑基础上，给出各个风险源的风险量化指标及其发生概率数值，再通过一定的专业方法得到风险的量化值。它是定性风险分析基础上的数学处理过程。最后，需制定应对风险策略。根据风险评估的结果确定风险管理等级，运用风险组合观念选择适当的风险应对方案。

（6）资源调度能力

资源调度指对项目所需的各种资源进行合理分配、协调和控制的过程。这些资源包括人力、物力、财力、时间和信息等。资源调度的主要目的是确保项目在不同阶段和环节能够获得及时、准确、充分的资源支持，以支持项目的顺利推进。资源调度能力是企业中层管理者不可或缺的能力，通过对项目所需资源进行预测和规划，制订合理的资源需求计划，将资源合理分配到项目的不同阶段和环节。同时，对资源的实际使用情况进行实时监控，并根据实际情况进行必要的调整，确保资源的有效利用并实现战略任务目标。

企业中层管理者在制订资源调度计划时，对任务进行分解，确定每个阶段和环节所需的资源，并根据优先级进行排序。同时，还需要充分考虑项目的不确定性和风险因素。在资源分配过程中，要确保关键任务和环节分配到足够的资源，以支撑其顺利完成。对于非关键任务和环节，则可根据实际情况适当减少资源分配。此外，还需根据资源的实际情况选择合适的人员、物资、设备等，以充分发挥资源的效用。

除了处理当下的任务，中层管理者还应考虑长期任务的资源规划，通过不断学习和改进自己的调度技巧，通过反思和总结经验教训，找到适合团队的最佳调度方法，并持续改进以提高工作效率。同时，企业中层管理者还应与企业内部资源管理部门和其他部门，以及企业外部有关单位保持良好关系，以便在遭遇资源短缺时能够及时获得多方支持。

（7）范围管理能力

项目范围是关于项目目标、可交付成果、任务、成本和截止日期的综合性文档，通常被称为项目工作范围声明或职权范围。项目范围界定的目的是为项目设定界限，定义项目团队的角色和职责，确定执行、测试和批准项目工作的工作流程。明确项目范围可以提高项目的效率，确保项目目标的实现。项目范围管理主要包括项目范围的界定、范围变更的管理、范围的确认等，通过制定项目工作范围声明，明确项目目标、可交付成果、任务、成本和截止日期等。

企业中层管理者可以从以下 3 个方面提高对项目的范围管理能力。一是规划项目范围管理。主要包括确定项目的范围、编制工作分解结构和制订范围管理计划。二是管理项目范围。根据项目的范围定义和相应的计划，分配资源并监控项目的进度，以确保项目在预定时间内完成。三是控制项目范围。需对管理项目范围进行严格控制，管理项目范围变更情况，以确保项目的目标和范围得到控制和管理。制订变更控制计划，包括对项目的范围、进度和成本等方面的变更进行管理和控制。在控制变更时，应审查变更请求，并根据变更控制计划进行审核和批准。任何未经批准的变更都应予以拒绝。

综上所述，可以看出项目管理能力是一个综合性的能力体系，涵盖时间管理、成本管理、质量管理、沟通管理、风险管理、资源管理和范围管理等多个方面。同时，领导力、决策力、执行力和适应力也是项目管理能力的重要组成部分。这些能力的综合运用将为最终实现项目目标提供支撑。

4.4.2　见微知著显真功，企业中层管理者要抓牢保障项目严快执行的 3 个关键点

见微知著，小事不小，大事可成。见微知著指能够从细微之处察觉到事物的本质和趋势。在企业运营中，企业中层管理者需要具备高度的敏锐性和深刻的洞察力，以便从部门内部或部门之间的小事、细节中识别问题，预见潜在的风险与机遇。这种能力不仅能帮助企业中层管理者及时应对挑战，还有助于他们抓住市场先机，推动企业发展。仅仅看到细微之处还不够，还需对这些观察进行深入的分析和研判。企业中层管理者需要通过数据报告、案例分析、员工反馈等多种渠道收集信息，运用自身的专业知识和管理经验对问题进行全面剖析，从而做出科学、合理的决策。通过见微知著的方式，企业中层管理者能够展现出其深厚的专业素养和出色的领导能力，为企业带来切实的效益和显著的改变。

在企业运营中，为确保项目的严谨、迅速执行，企业中层管理者要牢固把握3 个关键点：明确项目目标不改变，保证职责任务相匹配，严格把关项目交付。

1. 明确项目目标，绝不轻易改变

（1）牢固树立目标意识

企业中层管理者在项目管理中的关键职责之一是确保项目目标从始至终保持明确、具体且具备可衡量性。项目启动时，他们应清晰界定项目的最终成果和预期效益，确保所有利益相关方对目标有共同的理解和期望。这包括设定具体的指标和标准，从而能够在项目实施过程中量化进展和成果。

在项目执行过程中，企业中层管理者还需持续关注项目目标的稳定性。尽管项目可能会遇到资源变化、外部环境的影响或团队内部问题等各种挑战和变动，但项目目标绝不应轻易更改。企业中层管理者应坚守既定目标，通过实施

有效的风险管理和问题解决策略应对这些挑战。任何对项目目标的调整，都必须经过充分研讨和慎重考量，以确保调整后的目标仍与项目的整体方向和利益相关方的期望相符合，并且必须严格遵循企业的审批流程。此举不仅有助于维护项目方向的一致性，还能规避目标频繁变动引发的不确定性，从而保障项目能够依照既定的目标和计划顺利推进。

（2）目标导向决策

企业中层管理者在项目推进过程中应始终遵守目标导向决策的原则。切记，一切决策都应从项目目标出发。这意味着所有的决策和行动都应紧密围绕项目的既定目标展开，确保每个决策都能推动项目目标的实现。企业中层管理者需要确保在资源分配、任务优先级、进度调整等关键环节的决策均与项目的总体目标保持一致。通过此种方式，可以提高决策的有效性和效率，减少无关或次要活动的干扰，确保项目始终朝着预期成果的方向前进。此外，目标导向决策还要求管理者在面临挑战和变化时，能够保持目标的清晰性和稳定性，绝不轻易偏离既定目标，从而提高项目的执行力和成功率。

2. 保证下属职责和任务相匹配

（1）精准分工

精准分工指在项目或任务的推进过程中，根据每个团队成员所具备的专业技能、工作经验和实际能力，将具体工作任务细分并分配给最适宜的人选。通过明确各成员的职责和分工，团队能够提高整体工作质量和效率，避免重复劳动和资源浪费，进而高效地完成工作。精准分工不仅有助于充分发挥每个成员的优势，还能提升团队协作的默契度和任务执行的精准度，从而推动项目目标的顺利达成。

首先，企业中层管理者应向每个团队成员明确传达清晰的目标，并据此分配具体的任务，确保团队全体成员对自身工作范围和目标成果有明确认知；其次，企业中层管理者需充分了解团队成员实际情况，根据他们的能力和经验、优势和特长，分配与之相匹配的任务，保证每名成员都能在各自擅长的领域内工作，发挥最大效能；再次，中层管理者应明确界定每项任务的责任主体和相应权限，**为每项任务指定唯一的负责人**，确保责任到人，并赋予相应的权限；同时，企业中层管理者应及时沟通和协调，在分工过程中及时收集意见反馈，特别是针对牢骚和反对声音，按照具体问题具体分析的原则进行处理，既要保证公平公正，也要兼顾团队成员的心理感受；最后，企业中层管理者应根据出现的问题和团队成员的反馈情况，定期评估分工方案效果，必要时进行适当调整以确保其科学合理。

（2）团队协作

企业中层管理者在促进团队协作、实现无缝衔接、加强沟通与支持、明确责任分工及合理配置资源方面扮演着非常重要的角色。他们应明确界定各成员职责范围、工作目标、任务要求及关键绩效指标，确保每名成员都能清晰认知自身的角色和责任。同时，建立健全的奖励机制和问责机制，对于能够按时按质完成任务的成员给予相应的奖励，包括物质层面奖励和精神层面嘉许；对于未能达到预期目标的成员进行及时的跟进辅导和必要的告诫，确保责任落实到位。此外，定期开展人才盘点工作，全面了解团队成员的技能特长、经验背景和发展需求，并根据项目的实际需求，合理配置和调整人力资源，以支撑每名成员都能在最适合的岗位上发挥最大效能。

企业中层管理者应强化团队间的信任与理解，通过组织跨部门团队建设活动、分享会等形式，增进团队成员之间的相互了解和信任，减少因误解产生的冲突，为实现无缝衔接奠定坚实的基础。同时，主动制定详细的跨部门协作流程，明确各岗位、各部门之间的"接口"和协作方式。针对协作过程中出现的问题，应迅速组织利益相关方进行研讨并寻求有效的解决方案，支撑工作流程的持续优化和无缝运行。在项目执行过程中，密切关注团队成员的工作状态和项目进度情况。及时发现并解决工作负荷不均或技能不匹配的问题，保障资源的合理配置和高效利用。

3. 聚焦实施过程中的"门碑点"管控

在项目实施过程中，质量门、里程碑和成本点是3个非常重要的因素，三者相互关联、相互制约，共同决定项目的成败。质量是项目成功的基础，一个高质量的项目不仅能够满足客户期望，还能提升企业的品牌形象和市场竞争力。在项目实施过程中，重视质量意味着要确保项目的每一个环节都符合预期的标准和要求，提高客户满意度。里程碑标志着项目进展的关键节点，它代表项目在不同阶段所达到的目标。合理设置里程碑有助于实时监控项目的进度，保障项目按计划进行。成本控制是项目管理中的核心环节之一，有效的成本控制可以保障项目在预算范围内完成，避免因超支引发的财务风险。

（1）质量门

项目管理的质量门是一个在项目执行过程中设定的检查点，用于保证项目在各个阶段达到预设的质量标准。通过设立质量门，项目团队能够在项目开发过程中及时发现问题，并进行相应的修正和调整，从而实现项目的质量控制目标。这种方法对于保证项目的质量、减少失误和遗漏、提高项目成功率具有重要作用。质量门的设定和管理是一个细致的过程，需要根据项目的具体需求进行设定。

企业中层管理者在设定质量门的过程中，需要明确质量门的目标、质量门的检查内容、质量门的检查方法。首先，要清晰界定项目的目标和需求，并结合项目的复杂性、项目团队的能力等因素来合理设定质量门。其次，需进行质量门的检查和评估。在项目执行过程中，通过测量和评估项目交付的成果，以及项目过程中的质量绩效表现，来判定项目是否符合预期质量标准。再次，需要进行质量控制和改进。在项目执行过程中，采取一系列措施确保项目交付的成果符合预期质量标准，包括制订质量检查计划、进行质量检查和测试、纠正和预防质量问题等。根据质量测量和评估的结果，及时调整项目的质量控制策略，改进质量绩效，从而提高项目交付成果的质量。最后，需要掌握质量管理工具和技术。企业中层管理者应熟练掌握并运用如质量管理计划、质量度量指标、质量控制图、质量审计等管理工具和技术，以指导团队成员，支撑质量管理的有效实施。

（2）里程碑

项目管理中的里程碑代表项目中具有重要意义的节点或事件，标志着项目的重要阶段、任务或目标的进展。这些里程碑通常不涉及具体的执行细节，而是突出展现项目进展的关键点。它们与项目的主要目标、关键阶段或重要事件相关联，用于追踪项目的进展，并作为衡量项目阶段性成功与否的重要标志。里程碑的设定有助于企业中层管理者清楚地了解项目在各个阶段的目标和预期成果，从而确保项目能够按计划顺利进行，并最终达到预期目标。

企业中层管理者在管控里程碑时，首先，应明确设立项目的关键任务和相应里程碑。关键任务是项目成功实施所不可或缺的环节，里程碑则代表关键任务的完成节点。确定关键任务和里程碑之后，需设定每个里程碑的完成时间，这些时间节点应该具有可行性，并且需要综合考虑项目的整体进度和资源限制。其次，要使用项目管理工具（如甘特图或项目管理软件）持续监控和跟踪各个里程碑的进度。若在监控和跟踪过程中发现某个里程碑的进度落后，应及时调整计划，包括重新分配资源、重新安排任务顺序或重新评估时间表等，确保对项目里程碑的有效管控。

（3）成本点

项目成本点是为实现项目的预期目标而必须付出的代价。这一概念涵盖了项目的财务成本、经济成本和社会成本 3 个不同的维度，反映了在不同立场和角度上项目成本的内涵。具体来说，项目的财务成本主要站在企业的角度，包括投资费用和经营费用，这些费用应包括利息、税金等非利润分配性质的转移性支付。项目的经济成本更广泛地考虑了机会成本和资源价值。项目的社会成本则关注项目对社会的整体影响。项目实施过程中所涉及的资金，是项目预算和成本管理的核心要素。

企业中层管理者在进行项目管理成本管控时，应遵循以下关键点，以支撑项目在预算范围内完成。首先，应制定合理的项目预算。项目预算是在项目开始前设定的，它必须基于项目的具体需求及项目的预期结果来设定，需要考虑的因素包括人力成本、材料成本、设备成本、运营成本等。企业中层管理者需充分了解项目需求、目标及其潜在风险，综合考虑这些因素制订详细的预算计划，以保障项目的顺利进行。其次，应严格执行成本控制措施。这包括制定详细的成本控制措施，涵盖成本审批、成本报销、成本核算等各个环节，通过严格执行控制项目成本。最后，应建立风险预警机制。定期对项目成本进行统计和分析，对可能影响项目成本的因素进行监控，发现成本控制的潜在风险和薄弱环节，及时采取措施进行改进。

在项目实施过程中，应注重质量门、里程碑、成本点 3 个要素的联动管理，以确保项目在质量、时间和成本 3 个方面达到平衡，实现对项目质量、进度和成本的全面控制。这种综合管理方法可以提高项目的成功率，确保项目能够按时、按质按预算完成。

案例

A 大型乐园的建设与开园

背景：A 大型乐园作为一个主题公园项目，涵盖广泛且复杂的工作内容，包括建设工程、市场营销、运营管理等方面。

在项目启动阶段，项目团队制订了详尽的项目计划，并专门设立了协调委员会，以确保不同部门和供应商之间的工作能够实现无缝衔接。例如，建设部门、运营团队和市场团队之间保持密切沟通与协作，能够确保建设进度、设施配置和市场推广同步进行。

为了确保该项目如期完成，项目管理团队采用了"严快执行"的原则。他们设置了严格的时间节点和任务要求，并对每一个阶段的进展都实施了严格监控。在建设阶段，项目经理定期召开进度会议，快速解决出现的任何问题，确保每个环节按计划推进。例如，在遇到建设延误的情况时，项目团队会迅速调配资源进行补救，全力保障项目能够如期完成。

在项目实施过程中，强管控是关键。项目管理团队建立了完善的管控体系，包括实时监测系统和定期审查机制，以确保每个环节都能达到既定质量标准，并且进度符合预期。例如，在园区建设过程中，通过建立质量控制标准和现场检查流程，确保施工质量达到园区建设的高标准要求。同时，采用预算控制措施，严格把控项目成本，防止超支。

得益于上述的统筹协调、严快执行和强管控措施，A 大型乐园最终在 2016 年顺利开园。项目不仅按时完成，而且在运营初期便取得了良好的市场反馈和令人满意的商业成绩。这一成功案例展示了在复杂项目中如何通过高效的协调、快速的执行及严格的管控确保项目的成功实施。

4.5 随机应变，成果交付提价值

在推进企业项目化管理落地的过程中，企业中层管理者应展现出强烈的价值追求和成果交付意识，全过程具备灵活应变的能力，迅速识别变化，及时调整策略、有效应对挑战。这要求他们有足够的敏锐度和适应能力，在遇到挑战时能够找到合适的应变之道，保障团队在动态的环境中能够有效处理各种问题，确保以让人放心和满意的方式实现项目交付。

4.5.1 聚焦结果不放松，企业中层管理者要懂得随机应变

《后汉书·贾逵传》记载了贾逵的生平事迹，他是一位智勇双全的历史人物。在军事领域，贾逵展现出审时度势的能力，能够灵活应对战场形势的变幻，并根据实际情况及时调整策略，从而取得多次重大胜利，曾解救曹休，保全魏军主力。在政治领域，贾逵同样展现出高超的应变智慧。在担任豫州刺史期间，他面对辖区内的诸多复杂问题，始终坚守法规原则，严厉打击违法行为，同时致力于改善民生和促进农业发展。他主导开通中原地区部分运河，全长二百余里，极大便利了交通运输，这段运河被后人誉为"贾侯渠"。

贾逵这种以结果为导向、过程中展现灵活和智慧的做法，体现了"随机应变"的管理理念，强调了在坚守目标的同时要根据具体情况灵活调整策略和方法。

企业中层管理者在推进企业项目化管理实施尤其是项目管理过程中，时常会受到各种不可预测的内外部因素的影响。外部因素可能包括市场环境的变化、政策法规的调整、技术进步的冲击和不可抗力的阻碍等；内部因素则可能涉及团队士气的波动、资源分配的调整、项目范围的变更和企业高层管理者的突然更替等。面对这些复杂且多变的影响因素，企业中层管理者需要展现出强大的灵活性和应变能力。他们不仅需要迅速识别和分析这些因素对项目进展的潜在影响，还需要及时调整项目计划、重新优化资源配置、与团队成员及利益相关方进行有效沟通协调，以确保项目能够持续稳定地朝着目标前进。

1. 面对突发变化要冷静分析

在项目执行过程中，不可避免会遇到各种突发状况，如供应商的意外延误、突发的技术难题、资源的临时短缺、核心骨干人员的突然离职等。在面临这些紧急且具有挑战性的情况时，企业中层管理者首先任务是竭力保持镇定，避免情绪干扰判断。随后需要迅速而准确地分析问题的本质，评估其对项目的潜在影响，并及时提出有效的应对策略。这种能够在突发事件下保持冷静并迅

速明智地进行应对处置的能力，是企业中层管理者随机应变能力的主要体现。

"宝剑锋从磨砺出，梅花香自苦寒来。"这种能够冷静且有效处理突发事件的能力，绝非凭空获得，而是需要采取多种方式方法进行长期的锻炼和提升。

（1）以案例为载体强化模拟演练

"前车之鉴，后事之师。"企业中层管理者应定期（推荐每两个月一次）组织案例分析会，所选案例既可以是外部企业的突发事件，也可以是本企业过往遭遇的紧急情况。在此过程中，中层管理者需引导团队设身处地从当时对方的角度进行深入剖析，汲取他人教训作为自身警示，珍视他人经验视为宝贵财富。企业中层管理者要结合项目风险评估情况，将学习案例的成果融入其中，组织团队进行突发事件模拟演练，如模拟甲方客户问题、乙方供应商问题、自然灾害、安全事件等场景，在模拟环境中，着重锻炼团队成员的协调、沟通、求援等能力。通过模拟突发情况的演练，企业中层管理者要锻炼团队成员的心理承受能力，熟悉紧急情况的处理流程，模拟进行决策和行动，思考如何提高紧急情况的响应速度等。演练结束要及时复盘总结，全面分析演练过程中的优点与不足，将所得经验教训融入案例学习的整体成果当中，从而切实发挥案例分析和模拟演练的综合价值。

（2）以压测为手段增强培训效果

企业中层管理者应参加企业组织或自行选择的情绪管理培训，重点学习如何在突发事件中如何保持冷静、如何在复杂环境下控制情绪，以及如何帮助和指导团队成员共同面对挑战，从而合理控制压力、紧张和焦虑等负面情绪的影响范围。企业中层管理者应尝试有针对性地运用在情绪管理培训中所学知识，自省检查自身控制情绪方面的提升情况。同时，应鼓励团队成员在生活中实践这些技巧，为在工作中有效应对突发状况积累经验。企业中层管理者还要定期主动组织高压环境下的压力测试，检测自己和团队成员在极端条件下的反应和状态，掌握团队的真实状况，为后续通过针对性培训和锻炼进行改进提供有力支撑。

（3）以实践为依托做好复盘总结

"实践是最好的老师，现场是最好的课堂。"企业中层管理者一方面要在实践中聚焦专业知识萃取以积累宝贵经验；另一方面，要通过多参与项目积累处理各种突发事件的技巧。在每一个项目结束后，无论其结果是成功还是失败，都应坚持主动进行复盘与总结。无论是教训，还是经验，都将成为未来应对突发事件的珍贵财富。因此，要切实做好改进提升工作，同时实现经验知识的有效共享，以确保整个团队都从中受益。

2. 项目实施计划要灵活调整

由于项目环境具有复杂性和不确定性，项目计划在执行过程中往往会面临诸多变数。这要求具体问题具体分析，并根据实际情况采取相应措施。企业中层管理者作为部门的负责人，需要根据实际情况对项目计划进行灵活调整。这些调整包括但不限于任务分配的重新规划、时间进度的合理调配、资源配置的优化等。在此过程中，企业中层管理者需充分考虑项目目标、团队能力、资源状况及外部环境等多重因素，以确保经过灵活调整的项目计划既符合实际需求，又能有效推进项目的顺利进行。需特别强调的是，若涉及重大调整，需依据规定向企业高层管理者请示汇报，并严格遵守企业的规章制度等要求。

这种灵活调整项目计划的能力对于企业中层管理者来说非常重要。这要求他们具备敏锐的洞察力，能够准确捕捉项目执行过程中的各种变化，及时做出相应的反应。同时，果断的决策力也是必不可少的。企业中层管理者需在短时间内权衡利弊，做出最有利于项目推进的决策。

为了提升灵活调整项目计划的能力，企业中层管理者应该做到以下 3 点。

（1）培养洞察力，增强预见性

洞察力是感知、探测和解释来自企业内外部的敏感性信号的能力，能够帮助管理者更早地预见变化并更快地采取行动。企业中层管理者应通过学习项目管理最佳实践、深入分析行业趋势及借鉴历史项目经验，不断提升自身知识水平和理论素养。同时，强化执行力和风险管理，关注细节和质量，增强对未来可能出现的问题和挑战的预见性，从而提前制定应对策略。同时，时刻保持对项目的敏锐观察，关注项目执行的每一个细节。通过定期的项目审查、收集团队成员反馈及与客户和供应商等沟通，及时发现项目中的问题，并迅速做出相应的调整。多渠道学习和感悟各行业标杆人物的经验分享，有针对性地用于自身的实践锻炼中。

（2）坚定信念，合理应对压力与调整

面对压力时保持坚定的信念和强大的内心并非易事。企业中层管理者要认识到，压力是成长的机遇，每一次挑战都是提升自我的契机。企业中层管理者应在应用好上述方法的基础上，保持头脑冷静，迅速指挥收集相关信息，进行全面快速的分析，并基于分析结果做出合理的调整选择。无论是小幅调整、大幅调整抑或维持原状，都要从完成项目目标的整体角度出发进行考虑，同时遵守企业既有的规章制度。一旦做出决策，就需迅速完善原有的工作方案，确保各项工作的顺利衔接配合，把所需调整的内容全部落实到位。

（3）向"高手"学习，在反思中成长

"行家伸伸手，便知有没有。"世界广阔，人才辈出，总有更优秀的人存在。因此，任何时候，都应该保持谦虚的态度，不断学习和进步。在企业内部，企业中层管理者应向企业高层管理者学习，因为企业高层管理者往往具有丰富的经验和深刻的见解，而且交流机会更多；此外，也应向优秀的企业中层管理者和企业基层人员学习，特别是那些能培养出标杆榜样的同事，要相信更优秀的员工确实在身边。在企业外部，企业中层管理者应向客户、供应商、和竞争对手当中的行业佼佼者学习，细心观察他们在面对计划调整时的工作技巧、决策过程和取舍考量等，借鉴他们的成功经验来提升自身能力。每次学习之后都应进行反思，把所学到的知识和技巧真正融入自己的智慧，通过实践的不断磨砺，让自己也成长为行业中的"高手"。

3. 沟通求援要及时有效

在项目执行过程中遇到突发情况时，企业中层管理者需及时与相关各方进行沟通联络，了解各方需求和意见，在充分统筹的基础上，及时解决所遇到的问题，避免事态进一步恶化。在此过程中，往往需要从相关方面，特别是从利益相关方获得援助，共同推动问题迅速解决。

要着重从以下 4 个方面考虑突发情况求援实施方式：

（1）应变沟通增强同理心，减少以自我为中心

增强同理心，意味着要能够充分站在他人的立场去看待问题。当面对突发事件和问题时，不同的利益相关方均有其独特的诉求和担忧。企业中层管理者只有设身处地为他人着想，才能准确把握各方的心理状态和实际需求，进而更好地为自己谋划。这样的沟通协调并非单向传递信息，而是双向的理解和共鸣。减少以自我为中心，则是要力求摒弃个人私利和小团体利益的束缚。唯有

如此，在面对危机和问题时，方能避免陷入狭隘的思维定式，做出短视的决策。相反，应以大局为重，方能客观、公正地处理问题，做出明智的判断。

（2）应变处置中方显日常建立信任的重要

"信任如金，珍贵稀少。"信任同样需要在长久相处中经受考验而逐渐展现。面对突发事件的应变处置，若缺乏信任，尤其是缺乏日常建立的信任基础，则难以想象能够共同战胜挑战并最终解决问题。与企业高层管理者在日常工作中建立信任，能够在问题突然发生时，第一时间获得其理解和指导，从而心中踏实。与团队在日常工作中建立信任，能够使得成员们在突发事件下相互扶持、紧密协作，毫不犹豫地执行指令，共同应对困难与挑战。与合作方于日常中建立信任，能够在应急时刻获得"一方有难，八方支援"的帮助，及时整合资源，实现优势互补。那些在平日里积累的良好关系，在关键时刻往往会转化为强大的助力，共同为解决突发事件形成强大的合力。

（3）应变协调要懂得付出与妥协

在顺境中取得成功不足为奇，而在逆境中能巧妙应对方显高明。在应对突发事件时，真正实现科学性与艺术性的统一，才是协调成功的关键所在。在协调解决重点问题时，企业中层管理者必须明确自身定位，更多地考虑付出而非算计，从整体角度出发，以科学性的付出来换取重点问题解决。在协调解决难点问题时，企业中层管理者的心态一定要保持平和，更多地考虑可能的损失而非追求完美，要从大局层面着眼，以艺术性的妥协换取难点的攻克。企业中层管理者应适当学习兵法策略，领悟"不战而屈人之兵"的奥妙，在科学的付出和艺术的妥协中实现协调的目的。

（4）涵养个人魅力为求援未雨绸缪

魅力是一种难以言喻的吸引力，能够无声地影响并深深影响周围的人。企业中层管理者要提升自己的专业魅力，成为专业领域中的行家里手，方能赢得企业内部的尊敬。企业中层管理者要培养自己的品德魅力，成为职场中的模范代表，以赢得企业内外部的广泛赞誉。企业中层管理者要塑造自己的人格魅力，成为项目化管理领域的榜样标杆，进而赢得广大利益相关方的信任与支持。唯有如此，当突发事件降临时，才能挺身而出，坦然处之。

4.5.2 经验价值放手中，企业中层管理者要善于提炼固化

项目通过结项验收后，意味着团队按照目标、范围、时间和质量要求完成了任务，但并不代表着项目工作的终结。相反，应将其作为项目价值提升的新起点，这也是项目化管理知识能力复制系统的必然要求。为了充分发挥项目成果和管理经验的作用，企业中层管理者需主导一系列后续活动，进一步提炼和应用这些宝贵的资产。

1. 复盘与溯源要及时跟进

项目结束后，进行系统性的复盘和溯源极具价值，对于团队和员工的成长至关重要。此举既有助于总结优秀实践并加以巩固，也可以发现不足之处并及时纠正。

（1）溯源时应关注的内容

企业中层管理者在结项后，应及时跟进经验的复盘与溯源工作，重点需要关注以下3点：

1）回顾项目初期的规划的合理性。在项目立项之初，项目管理者已经与相关人员讨论并共同制定了项目规划。但是在项目实施过程中，是否严格遵循该规划？如果存在偏差，问题的根源何在？在项目结束后，对项目规划进行探讨，有利于及时发现规划中潜在的问题，以便为后续项目制定更加合理的规划。

2）分析项目实施过程中的问题。项目实施过程中难免会遇到各种问题，尤其对于长期项目而言遭遇问题的概率更高。通过分析项目实施过程中的问题，如管理流程是否存在冗余，评估技术实施方案的优劣、人员配置是否合理等，能更准确地发现问题的根源。

3）当时的解决方案是否为最优。在项目实施过程中，遇到问题需寻求相应解决方案。受项目周期限制，当时的解决方案可能仅为权宜之计。项目结项后，应重新审视当时的解决方案，探讨是否存在更优方案，并思考后续相应的处理策略。只有不断地进行回顾和反思，才能保证在未来的项目中选择更好的实施策略。

（2）复盘时应具备的能力

为了能够更好地做好复盘与溯源工作，企业中层管理者在复盘与溯源过程

中需要具备以下 3 项关键能力：

1）全面回顾看主流，细致观察摘重点。企业中层管理者需具备全面回顾项目每一个阶段和关键节点的能力，注重整体和主流趋势，兼顾部分和支流，确保不遗漏任何重要信息。这要求他们拥有细致的回溯能力，能够如侦探般回顾并捕捉项目执行过程中出现的各类问题。无论是筹划阶段的疏忽大意，还是考虑的不够周全，无论是执行过程中的能力不及，还是应急处突的手忙脚乱，无论是面对客户合理诉求的响应不及时，还是和供应商打交道的缺乏经验，都应纳入他们的回溯范围。通过这样的方式，企业中层管理者可以在结项后构建一个完整且详尽的项目执行过程图，不仅包含项目的整体框架和关键节点，还需要对每一个细微的变化和潜在的问题点进行初筛，标注重点，避免过于深入细节。此举为后续的分析和总结奠定坚实的基础，使得企业中层管理者能够更加准确地识别问题、分析原因，并制定出有效的后续改进措施。

2）客观剖析别护短，理性判断需辩证。在复盘与溯源过程中，企业中层管理者必须保持客观中立的立场，避免个人情感或偏见对项目评估造成干扰。这一点的重要性不言而喻，因为企业中层管理者往往与团队成员有着紧密的联系，可能会因为情感等因素而产生偏袒心理，从而影响对项目真实情况的评估。为了确保客观公正，企业中层管理者应具备理性分析的能力，能够依据项目数据、客观事实及团队成员的真实反馈，进行理性的逻辑推理和判断。剥离情感因素，以数据和事实为依据，得出相对准确且客观的结论。这样的结论并非旨在追责或处分，而是从长远的视角和辩证的角度出发，为项目的持续改进提供有力的支持。客观中立的复盘与溯源，可以帮助企业中层管理者制定更具针对性的改进措施。

3）问题识别要精准，根源挖掘要深入。在复盘与溯源过程中，企业中层管理者的一项核心任务是精准识别项目过程中出现的问题。这要求他们具备强烈的发现意识，能够及时挖掘出那些尚未被察觉的问题。然而，仅仅发现问题还不够，企业中层管理者还需要深入探究这些问题的根源，他们应能够像挖掘隧道般不畏艰难、层层深入，无论是能力与岗位要求之间的不匹配、沟通不彻底导致的误解、资源分配的不合理等，都应被逐一揭示，并进行全面深入的分析。通过这样的根源分析，企业中层管理者能够制定有效的改进措施，从而确保在未来的项目中避免类似问题的重复发生。

2. 提炼与萃取要科学有效

项目经验的提炼与萃取是在项目复盘与溯源的基础上，将所得信息进行知识化处理，以便个人和组织可以系统地掌握这些知识，进而将这些知识转化为推动企业持续发展不可缺少的宝贵财富。同时，基于经验提炼与萃取，还能探索新的工作方法和思路，进一步推动组织的创新和发展。

企业中层管理者要做到科学有效地开展相关经验提炼与萃取工作，需参考以下3点建议。

（1）信息筛选与整理要去粗取精

初步筛选、深度梳理、分类归纳这3个步骤相互关联、相互促进，共同构成了信息筛选与整理的全过程。这要求企业中层管理者排除不相关或质量不高的信息，保留那些真正有价值、能够指导后续项目实施的相关内容，让后续信息的提炼更加有效。随后，对筛选出的信息进行深度梳理分析，理解其核心要点，研究结论推导过程，并核实支撑结论的数据和证据是否充分，形成内在的逻辑价值体系。同时，在梳理信息的过程中，将相关信息进行分类和归纳，有助于将零散的信息整理成有序的系统，以便后续的知识提炼和整合。

（2）知识提炼与整合要独具匠心

这是一个将零散信息转化为有价值知识的过程。中层管理者应根据信息梳理的结果，采用思维导图、编制概要等方式进行汇总和整合，将复杂的信息结构化，使其更加清晰易懂。在提炼过程中，需捕捉不同来源中的共同点及差异，结合团队实际和项目实施情况，有针对性地形成贴合企业现状的宏观理解。同时，为增强知识的实用性和可操作性，应将复杂的信息简化为容易理解和记忆的知识点，并进一步形成管理手册、培训课件等实用文档，方便团队成员学习应用。

（3）知识验证与修正要科学准确

从经验中萃取的知识可能源于权威学术理论的具体应用，也可能来自团队自主创新与实践。这些内容需要经过科学严谨的验证和修正，才能确保其应用的可靠性。验证可通过实验假设、案例分析、专家评审等方式进行，判断得出的结论是否具有通用性。如果验证过程中发现知识存在错误、不足或通用性差等问题，则应及时进行修正和完善。这可能需要回溯至上述某个环节，如重新梳理信息来源、补充新的数据或案例、重新构建知识的框架和逻辑。但无论如何调整，都必须确保最终萃取出的知识是科学、准确、可靠且具有实用价值的。

3. 固化与应用要彰显价值

成果固化与应用是项目管理和组织进步至关重要的能力。它不仅关乎如何将项目实践中获得的宝贵经验及成果有效保存，还涉及如何将这些经验和成果应用于新的项目和业务场景，以推动组织的持续改进和创新。可固化与应用的内容既包括项目实施过程中探索出的管理经验、流程、方法、工具，也包括项目自身所取得的成果。成果固化与应用的过程就是项目化管理中的项目成果转运营环节，即通过运营实现项目成果的经济和社会价值。

项目管理经验、流程、方法的固化与应用需要将前期提炼与萃取的核心知识转化为具体的、可操作的资产。这一过程要求将这些知识转化为企业中其他成员可以直接学习、对工作具有指导意义的有形知识资产，包括但不限于制定标准化的操作流程、编写详细的案例研究、开发实用性强的工具或模板。通过这些形式，项目管理经验得以更好地保存、共享和应用，为未来项目管理的顺利开展提供有力的支持。

这要求企业中层管理者具备系统化的管理思维，能够制定并执行完善项目管理经验固化机制，以确保经验的完整性和准确性。同时，还需利用先进的技术和工具，如知识管理系统、数据库或云平台，对这些经验进行有效存储和管理，便于后续的检索和复用。

项目成果转运营需要按照以下 5 个步骤进行。

（1）项目成果定义与评估要全面

在项目成果转运营之前，需邀请相关专家对成果进行全面的评估。评估范围应包括技术成熟度、市场需求、竞争状态、经济效益的预测等。不同于结项验收过程中的专家评审环节，此阶段评估目的是确定项目成果是否具备转运营的条件、明确转运营的方向和目标。

（2）转运营的策略制定要详细

基于对项目成果的全面评估，需要制定详细的转运营策略。策略的制定应综合考虑市场需求、技术发展路线、商业模式、资源配置等因素。具体来说，策略内容可能包括市场定位、目标客户群体、产品定价、营销策略、渠道建设、合作伙伴选择等。

（3）资源整合与配置要系统

项目成果转运营需要整合多方面的资源，包括技术、人力、资金、市场等资源。资源整合的目的是为转运营提供有力的支持和保障。在资源配置环节，应根据转运营策略的具体需求合理调配各类资源，以确保转运营活动的顺利进行。

（4）转运营活动实施要顺畅

转运营活动是整个流程的核心环节之一。在此阶段，需按照既定的策略和资源配置方案，开展具体的转运营工作。这些工作包括产品开发、市场推广、客户服务、售后支持等。同时，还需要密切关注市场动态和竞争态势，及时调整转运营策略和资源配置方案，以应对可能出现的风险和挑战。

（5）运营效果评估与改进要切实

项目成果转运营的效果需通过评估进行验证。评估的内容可能包括市场接受度、销售额、利润率、客户满意度等。通过评估，可以了解转运营活动的实际效果和存在的问题，为后续改进提供依据。在评估的基础上，需对转运营策略和资源配置方案进行必要的调整和优化，以提高转运营的效率和效果。

项目成果转运营是一个涵盖多个环节和方面的复杂过程。通过全面的评估、详细的策略制定、有效的资源整合、具体的活动实施、及时的评估与改进，以及借鉴成功的案例和经验等措施，可以更好地实现项目成果的转运营，并创造更大的价值。

第 5 章　企业基层人员的项目化管理能力修炼

　　企业基层人员是企业的基石，为整个企业提供了坚实的基础和稳固的支撑。企业基层人员作为企业整体架构中的基础层和执行层，其角色至关重要。基层人员是企业实现战略目标的前沿实践者和一线创新者，其项目化管理能力直接影响项目成效乃至整个企业的运营。本章旨在系统性地构建基层项目化管理能力修炼框架，规划修炼路径，通过 4 项环环相扣、紧密相连的能力修炼，逐步引导企业基层人员成为企业项目成功的中坚力量，持续推动企业朝着永续发展前进。

　　企业基层人员项目化管理需修炼以下 4 项能力：一是修炼项目任务承接的能力，养成把自身岗位价值贡献关联到成就项目价值的习惯，明确自身在项目中的角色和价值，激发热情和责任感；二是修炼高效准确的执行力，提升个人专业技术和业务能力，以便能高效完成任务；三是修炼推进项目任务的综合技能，包括但不限于项目任务的执行、风险管控、进展汇报、偏差控制和问题解决；四是修炼企业基层人员的自我驱动、成果导向意识、实现绩效的能力。

5.1　任务承接，岗位价值联项目

　　企业基层人员在项目化管理中扮演着执行和落地的关键角色，对于企业战略通过项目实现落地具有举足轻重的意义。企业基层人员要清晰理解企业中层管理者下达的战略分解目标，领会企业高层管理者的战略意图，树立正确的项目价值观，把岗位价值有效关联到项目，明确自身角色定位，以确保有效承接企业中层管理者所交办的项目和任务。这是企业基层人员在项目化管理能力提升方面的基础修炼。企业基层人员若能积极承接项目任务，对项目成功怀有强

187

烈渴望，并深感自身的价值贡献时，团队便会形成共同奋斗、持续推动项目目标实现的动力。

5.1.1 企业基层人员在项目化管理中的角色定位

企业基层人员作为企业的重要组成部分，与企业中高层管理者一样需要明确的角色定位，即明确"我是谁"的问题。清晰认识自身角色定位，才能强化自我身份认同，产生职业荣誉感，进而主动承接项目和任务，任务完成后体验到成就感和价值感，这是推动企业基层人员做好项目化管理的内在驱动力。

1. 牢固树立企业基层人员自身价值关乎项目成败的理念

在现代企业的经营管理中，把项目化管理作为先进高效的管理方式，已逐渐为许多人认可。众多企业对标以华为为代表的先进企业，陆续开展项目化管理，以推动企业的优化、变革、转型。这一过程要求企业全员参与，特别是企业基层人员都应拥有清晰的自我定位和价值认识。企业基层人员不仅是项目的执行者，更是项目成功的关键贡献者。企业基层人员首先要认识到，他们工作的质量、进度直接影响着项目最后的成败。每一次的努力付出，对每一个细节的把控，都可能成为推动项目成功的关键因素。

在企业高层、中层管理者的引领示范下，企业基层人员也逐步筑牢自身价值关乎项目成败的理念。一家企业要实现宏伟的发展愿景，需要由企业高层管理者制定战略目标并进行战略分解，再由企业中层管理者将战略落实到具体项目中，最后由企业基层人员执行实施具体项目，汇聚项目和运营成果以实现发展目标。此过程中存在多个环节、多个要素，而企业基层人员工作在项目一线，承担着大量具体工作，其贡献如同支撑企业战略实现的"一砖一瓦"。企业基层人员所承担的每一项具体工作，都是项目这座"大厦"的"一块砖"，都是项目这部"机器"的一个"零部件"，是项目中不可缺少的、默默无闻的组成部分。企业基层人员的坚韧和努力是企业项目成功的基石。

因此，企业基层人员必须深刻认识到自身价值对项目成败的重要性。作为一名企业基层人员，应时刻牢记自己是项目成功的守护者。每一次项目的精准执行，每一次项目遭遇困境时的坚持，每一个具有创造性的解决问题的想法，都是推动项目向前发展，正常运营的重要力量和动力。同时，基层人员应常做假设：如果没有我，会对这个项目造成什么样的影响？如果我做不好，会影响甚至拖累其他同事和其他部门吗？并据此保持忧患意识和紧迫感。此外，多向优秀的项目经理前辈学习、请教。他们作为"过来人"，有宝贵、丰富的职场经验、心路历程、成功方法等，值得基层人员虚心求取。其中最重要的品质是作为企业基层人员做项目工作时，先具有正确的理念，再通过自己的努力和坚持、付出和汗水，做好每个项目和随后运营工作，最终成长为企业骨干。

从企业整体层面来看，树立企业基层人员自身价值关乎项目成败的理念至关重要。企业应倡导并推动企业中高层管理者理解并尊重企业基层人员的价值，企业基层人员自己也要发自内心认可自己的价值，逐步形成项目价值认同文化氛围，这是企业项目化管理成功与否在认知层面上的重要问题。一旦建立起这样的价值认同，企业基层人员自然就会明确自身角色定位和自己在项目化管理中的重要职责。

2. 明确定位企业基层人员在项目化中的角色、职责和价值

企业基层人员在项目化管理中扮演着两个层面的角色：项目化管理工作的推进者和具体项目管理工作的执行者。在项目化管理层面，他们要贯彻落实来自企业项目化管理整体框架的基层任务。例如，项目化管理制度流程基层落地、项目化管理决策的执行，以及基层团队项目化管理意识培养、项目管理技能提升。

在项目管理层面，企业基层人员的角色是多维的。明确自身在项目中的角色，明确在项目中的任务和责任，是项目工作有效开展的前提。企业基层人员的专业技能和责任心，为项目带来增值。

通常来说，项目中的工作可以分为两类：管理工作和技术工作。管理工作主要涉及规划、授权、执行、监督、控制等管理活动，如组织会议、项目计划、沟通协同，管理条线串起各项专业工作有序开展、整合各专业工作正常推进。作为企业基层人员，他们可能需要在一个或多个项目中承担一定比例的管理职责，如日常计划安排、任务分配、工作包跟进监控、日常会议、问题处理等。技术工作负责交付项目专业成果，根据项目所处的行业领域等有不同的专业分工要求。例如，一个软件项目需要设置需求分析、设计、开发、测试等多个专业小组。此外，项目中的某些角色可能由同一个人兼任，如专业小组的经

追求卓越：企业项目化管理能力修炼

理不但需要承担部分技术管理工作，还作为专家参与技术评审、产品设计等专业工作。

以下是企业基层人员在项目管理中常见的角色和职责。

（1）企业基层管理者

企业基层管理者属于项目管理条线，是项目协调与决策的关键角色。企业基层管理者通常负责项目的日常运作和团队协调，需要具备项目管理的基础知识，如项目范围管理、时间管理、成本管理、质量管理、安全管理等。例如，一个基层项目经理在负责一个小团队的软件开发项目时，需确保项目按预定时间和预算完成。

（2）专业工作者

专业工作者在项目中承担特定领域的专业技能任务。无论是普通员工还是项目团队成员，通常都专注于具体的技术任务和专业领域。这些专业技能工作者对项目的成果及其质量具有决定性影响。以风机设备的研发项目为例，高级电机工程师需具备扎实的电机专业知识和丰富的实践经验，以确保风机的电机部分达到设计标准并满足严格的产品验收标准。

（3）技术创新者

技术创新者源于工作实践的创新思维。企业基层人员在实际操作中积累的经验和洞察力是创新的源泉。他们能够发现流程中的瓶颈和改进点，提出创新的解决方案。例如，生产线上的技术工人可能会发现一种新的装配方法，以减少装配时间、提高生产效率并提高产品一致性。

（4）任务决策者⊖

任务决策者指项目授权范围内的决策者。在项目管理中，企业基层人员在授权范围内做出决策，这对项目的快速响应和适应性非常重要。例如，现场工程师可能需要根据天气变化等实际情况调整施工计划，以确保工程进度和安全。

（5）信息沟通者

信息沟通者是信息流通的桥梁。企业基层人员在项目中需要承担沟通者的

⊖ 这里的"决策者"与高层的"决策"在含义上有差异，基层在工作授权范围内也需要做出决定并推进工作。

角色，负责及时准确地传递信息，确保团队成员之间实现有效沟通。例如，企业基层管理者需要定期与团队成员召开会议，更新项目进展并协调解决团队问题。

（6）质量守护者

质量守护者负责高标准的项目专业工作质量。企业基层人员的工作质量直接关系到项目成果的质量，他们需要遵守工作标准和流程，确保交付的工作成果达到预期的质量要求。

案　例

XM 公司创业项目

在 XM 公司的创业项目中，初期团队规模极小，公司的创始人和领导者身兼数职，执行了很多企业基层人员的任务，体现了企业基层人员在项目中的多维价值，影响并带动了所有初创人员。面对激烈的市场竞争和供应链的挑战，他不仅要确保产品按照设计标准和市场需求进行开发，还要处理供应链管理、市场定位等问题。通过与团队成员的紧密合作和有效沟通，成功地引领了 XM 的快速成长，并在预算和时间范围内实现了高质量的产品开发，获得了市场的认可和消费者的青睐。

在 XM 创业项目中的角色分析：作为企业基层管理者，他是 XM 的创始人和领导者，负责项目的日常运营和团队协调，需要具备项目管理的基础知识，确保项目能够按照既定的时间和预算等完成；作为专业工作者，他在 XM 项目中承担了特定领域的专业技能任务，凭借在技术领域的专业知识和丰富实践经验，确保产品能够按照设计标准和市场需求进行开发；作为创新者，他在 XM 项目实践中展现了创新思维，发现了流程中的瓶颈和改进点，提出了创新的解决方案；作为决策者，他在授权范围内做出需要根据市场变化调整产品策略和供应链计划的重要决策，这对提升项目的响应速度和适应能力至关重要；作为质量守护者，他始终坚守 XM 产品的高标准质量要求，确保交付的工作成果达到预期的质量水准，从而满足消费者的需求和市场标准。

可见，通过明确界定这些角色与职责，企业基层人员能够更清晰地认识到自己在项目中的重要性，彰显个人的责任感，发挥个人的专业技能，为项目的成功贡献力量。

3. 深入探索提升企业基层人员以项目为载体的自身角色价值的实现路径

在项目化管理工作中，企业基层人员的角色并非简单的执行者，他们有更为复杂和关键的任务。基层人员是项目成功的关键推动者，更是实现企业战略目标的重要力量。通过项目这一载体，企业基层人员不仅在项目实施环节发挥着重要作用，更在日常运营层面承担着重要的责任。他们通过项目化这一平台，可以多方面实现自身价值，并与企业的长远发展紧密结合。

项目化管理的运营层面要求企业基层人员不仅要关注项目的具体执行细节，还要深入理解并参与企业项目的战略规划、资源配置、流程优化和持续改进。这种全面的参与确保了项目任务与企业战略的一致性，并最大化其效率和效果。项目化管理不仅包含项目实施，也涵盖运营管理的多个方面。因此，在讨论企业基层人员的角色时，不能局限于项目的执行，而应从有一个更广阔的视角来审视。

通过这种全面的角色定位，企业基层人员能够在项目化管理中发挥更大的作用，不仅在项目执行过程中展现能力，也在运营和战略层面贡献智慧。这样的角色定位有助于企业基层人员更深入地理解企业战略、更有效地参与项目管理，从而在推动企业战略目标实现的同时，也实现个人职业生涯的成长和发展。以下是 8 种主要的实现路径。

（1）建立坚固的感情纽带，增加真情实感融入，以实现岗位价值的深化

一是根植爱国情怀，强化国家意识。企业基层人员要将爱国情怀深植心中。感恩国家的繁荣稳定让我们有了安身立命的家园，正是国家的发展让基层人员拥有了展示才华的机会。因此，应将对国家的热爱转化为工作中的动力和责任感，以实际行动助力国家富强和企业发展。**二是感谢企业提供的工作机会。**企业是实现个人价值的重要平台。应以敬业和认真负责的态度对待每一项工作。敬业不仅是一种职业操守，也是个人品德的体现，要无愧于企业的信任和从企业中获得的报酬，以企业发展为己任，为企业的繁荣贡献自己的智慧和力量。

（2）企业基层人员要持续学习、精进专业技能

在基层岗位上，个人的专业技能和知识是完成工作任务的基础能力。因此，企业基层人员应不断学习新知识、掌握新技能，提升自身核心竞争力，适应项目化的需求和企业的发展，致力于专业领域的精进和终身学习。一是持续专业发展。不断丰富自身专业知识，通过参加专业培训、获得资格证书、参与行业交流等方式，保持自身在专业领域与时俱进。二是保持终身学习。在知识更新换代迅速的今天，应持续学习新知识、新技术，以适应不断变化的工作要求和市场需求。三是坚持实践与创新。将所学知识应用于项目实践，不断尝试和创新，解决工作中遇到的实际问题，提升工作效率和质量。四是强化自我反思。每周至少对工作进行一次反思和评估，重点放在理解和感悟"错误和挫折教育了我们，使得我们更加聪明起来"和"最好的学习成长从反思开始"，探寻提升空间，制定改进措施，确保反思的结果能够有效应用于未来与之相似的工作任务上。

（3）积极参与项目各项工作，培养团队协作精神

一是项目的成功离不开团队的协作。基层人员应积极参与项目团队活动，通过沟通和协调，促进团队成员之间的合作。在团队中，要发挥自身作用，为团队目标贡献力量，同时也在团队合作中实现个人的成长和发展。二是基层人员应养成帮助团队成员的意识与习惯。当团队工作其他人出现问题时，及时主动补位以确保工作流程的顺畅，当自身出现疏漏时，也能得到其他成员的及时支持和补位。这种相互支持协作，确保团队整体运转良好。三是每位成员都要起到模范带头作用。作为企业基层人员，应以身作则，成为同事、项目团队、部门的榜样，通过自身成长激励他人追求卓越。

（4）大胆创新革新，助力企业持续发展

创新是推动企业发展的第一动力。应深刻理解"做事靠知识，做人靠观念"的道理。这要求基层人员敢于突破传统，勇于尝试新方法，通过创新思维和实践，解决项目问题，为企业带来新的发展机遇。在项目执行过程中，积极寻求创新的机会，通过改进流程、采用新技术、新方法等手段，为企业的发展注入新的活力。

（5）塑造个人品牌，实现职业发展目标

个人品牌是职业发展的重要资产。通过展现卓越的专业水准和积极的工作

态度，塑造并提升自己的个人品牌。在参与项目时，更要充分展示自己的专业能力和管理潜能，借助个人品牌的影响力，为企业的发展做出更大的贡献，同时也实现自己的职业抱负，实现共赢。

（6）掌握项目化管理的运营技能

在项目化管理体系的运营层面，企业基层人员需锤炼并精通关键的运营管理技能，以确保流程的顺畅和高效。这涵盖了资源的合理配置、时间管理、成本控制和质量保证。通过对这些运营技能的运用，企业基层人员能够优化执行过程，提升项目整体绩效与成果质量。

（7）增强项目化管理的持续改进意识

企业基层人员在项目化管理中应秉持持续追求优化和完善的态度。他们应通过审视项目流程和建立反馈机制，识别项目化管理中的缺陷和潜在风险，并提出改进措施。这种持续改进的意识有助于提升项目化管理的成熟度和适应性。

（8）实现项目化管理的跨功能协作

在项目化管理的实践中，基层人员往往需要与不同职能部门协作。因此，培养和掌握跨功能的协作能力至关重要。通过加强不同专业领域的团队成员之间的沟通和协调，企业基层人员能够促进资源共享和知识整合，从而提升项目的整体执行效率和成果质量。

5.1.2 企业基层人员有效承接项目任务的正确方式

在基层岗位上，如何承接好上级派发的项目或任务，培养好的任务承接习惯，不仅是一项基本技能，更是一种重要的职业素养。正确的项目任务承接方式可以避免理解偏差导致的资源浪费和效率降低，确保项目顺利推进。

1. 承接项目任务的技巧和方法

有效承接上级下达的任务，能大幅助力项目成功。

为确保基层人员顺利承接并完成上级派发的项目或任务，以下是 6 个关键步骤和建议：

（1）明确任务要求

在接受上级分配的任务时，企业基层人员应与上级或者项目经理进行详尽且周密的沟通，以充分理解任务要求。确保对任务的目标、要求、期限和预期成果进行全面清晰的了解。基层人员应对任务的每个方面每个细节要求都有清晰的认识理解，包括任务的具体内容、质量标准、关键里程碑等方面，避免因对任务理解不足而导致工作偏差。

（2）主动询问

对于任务中的任何不明确或模糊之处，基层人员应主动向派发任务的上级或相关负责人提出询问，以消除疑问和不确定性。这一步骤对于确保信息的准确性和完整性至关重要，可以有效避免因误解而导致的工作失误和返工。

（3）记录和确认

基层人员应将任务要求和沟通结果进行详细记录，并与上级进行确认。这有助于确保双方对任务的理解和期望完全一致。这一过程不仅可以避免后续工作中的误解和重复劳动，还有助于后续项目的顺利进行。

（4）警惕假设条件

基层人员应对任务中的假设条件要特别警惕，并进行风险评估和假设约束条件思考。通过识别可能的障碍和风险，并提前制定应对措施，可以有效降低任务执行过程中的不确定性。

（5）制订计划与任务分解

为确保任务有序执行，基层人员应制订详尽的任务计划，包括任务分解、时间安排和资源分配。利用项目管理工具，如甘特图或看板等，将任务细化为可管理的小步骤，并跟踪进度。

（6）信息共享

基层人员应把信息及时准确地同步给团队成员，确保团队成员对任务要求有准确理解。同时，建立定期沟通机制，随时对重要节点信息进行共享和更新，确保信息的透明度和同步性。

作为项目化管理的企业基层人员，除自身掌握承接项目任务技巧，还有责任和义务分享并同化企业基层其他人员和团队成员，促进其养成优秀的项目任务承接习惯，这是项目化管理运营工作的重要内容。一是建立健全标准化流程。在继承企业现有流程的基础上，进一步在基层层面制定一套标准化的任务承接流程。该流程包括任务接收、确认、计划和执行等关键环节，以提高任务承接的效率和准确性。二是使用任务管理工具。利用项目管理软件或工具记录任务详情、设置提醒和跟踪进度，确保任务按计划进行。三是定期反馈进度。在任务执行过程中，定期向上级反馈工作进展和所遇问题，以便及时获得指导，确保任务顺利进行。四是践行"一次做对事情、不浪费组织资源"的理念。任务开始前，通过充分的沟通和准备，努力预防理解偏差导致的返工和资源浪费现象。五是做好持续沟通，在执行过程中，持续与团队成员和上级领导沟通，确保各方对项目任务的理解和执行方向保持一致。六是培养及时调整的意识。一旦发现偏差或问题，应立即采取措施进行调整，避免问题的扩大和资源的进一步浪费。

2. 确保项目任务与个人价值的匹配

在项目管理的实践过程中，确保项目任务与个人价值的匹配是提升团队效能和实现个人职业成长的黄金法则。

以下 3 方面措施能够帮助实现基层任务与个人价值的匹配：

（1）要识别与发挥个人优势

企业基层人员在承接项目时，应进行深刻的自我剖析，即所谓"认识自己"。通过专业的自我评估工具和技术，他们能够识别自身核心竞争力和潜在的热情所在。这一认知过程要求企业基层人员以批判性视角审视自己的技能和经验，同时对个人职业倾向保持敏感。企业基层管理者可借助企业人力资源系统和MBTI 职业倾向测试的 HR 辅助工具等来了解每位成员的优势。例如，企业的某位企业基层人员在销售数据分析项目中不仅识别了自身在数据分析上的优势，还主动承担了相关任务，从而有效提升了其在工作中的主导性和项目的成功率。

（2）要实现价值与需求的结合

在项目管理的全局中，确保个人的专业技能与项目需求之间的高度契合至关重要。企业基层人员需要在任务分配阶段展现出高度的主动性和前瞻性的战略眼光，通过与项目经理的有效沟通，争取最大化发挥自身专业技能的任务。在项目实施过程中，应持续追踪最新的行业动态和技能要求变化，通过不断学习和提升自己的专业能力，确保个人价值与项目需求同步发展。

（3）要促进个人与职业的持续发展

项目任务的承接不仅是完成工作的要求，更是企业基层人员超越自我的契机。企业基层人员应将每次任务视为个人职业技能提升的机遇，通过实践锻炼和证明自身能力。在项目执行过程中，企业基层人员应积极寻求反馈，识别成长方向和提升空间，并通过持续学习和实践，规划出清晰的职业发展路径。

综上所述，注重价值匹配的重要性不仅有助于提升工作效率和个人满意度，更能激发企业基层人员的内在驱动力，促进其以更加积极和富有创造性的姿态参与项目。反之，忽视价值匹配可能会导致个人潜能被埋没和团队资源被浪费。因此，企业基层人员在承接项目时始终以价值匹配为导向，以期实现个人与项目的共同进步和成功。

3. 提升项目任务承接的效率和准确性

在实际的工作情景中，企业基层人员经常面临同时肩负多项目、多任务的情况，在建项目正在实施，新的项目和任务也同样紧急，大幅增加发生失误的概率。为保证接手项目任务高效率、高质量，通常可以采取以下方法：

（1）构建规范的任务承接制度

在项目流、任务流管理中，流程、规范、制度是保持项目任务高效运作的软性基础条件。严谨高效的流程和规则为团队成员提供了明确的行动指南，确保了任务承接的一致性和可预测性。通过建立一套全面的项目流管理规范，包括任务分配、进度跟踪、质量保证和风险评估等，为团队成员提供一个清晰的框架，使其能够在规范的引导下，高效且准确地执行项目任务。

（2）驾驭效率管理工具，开展技术赋能实践

现代项目管理软件和工具如 Microsoft Project、飞书、印象笔记等的应用，是对接手项目效率的技术赋能。这些工具不仅能够辅助时间管理，更能助力团队协作和丰富知识共享的平台种类。它们使项目信息的透明度和可访问性得到显著的提升，从而极大地优化任务的承接效率，进而更高效地计划、执行和监控流程，保障项目按节点推进。

（3）持续学习的深化

在项目管理知识技能的学习过程中，持续学习成为探索未知领域的关键指引。通过积极参与高级研讨会、接受专业化培训以及努力获取项目管理资格认证，企业基层人员能够不断提升自身的专业素养，掌握最前沿的项目管理方法和技术。这种终身学习的态度不仅增强他们对环境变化的适应能力，也为他们

在项目化管理上不断前行提供有力支撑。

（4）严格控制质量

质量控制作为项目管理中不可或缺的一环，对于确保项目成果的精确性和可靠性具有决定性作用。通过建立严格的质量控制流程，包括质量检查点、阶段审查和 PDCA 循环等，企业基层人员能够确保每一项工作都精确无误，每项成果都经得起检验。这种对质量的坚定追求，不仅保障任务的准确性，也维护客户的信任和企业的良好声誉。

（5）培养良好习惯

良好的工作习惯不仅是专业素养的体现，也是项目成功的关键因素。通过规范制度的严格执行和持续的实践，团队成员能够逐渐养成高效的工作习惯。这些习惯，如主动沟通、及时反馈、细致规划和严格执行等，将成为团队文化的核心，从而推动项目不断向前发展。

通过这些方法，企业基层人员不仅能够在项目任务承接过程中展现出高效率和准确性，还能够在团队中树立专业可信赖的形象，为企业的项目化管理成功奠定坚实的基础。

5.1.3　增强企业基层人员个人贡献推动项目进展

在项目化管理的宏伟蓝图中，企业基层人员的贡献是推动项目化进展的宝贵动力。通过将个人价值与项目目标紧密结合，企业基层人员不仅能够最大化发挥个人潜能，还能为企业创造更大的价值。

1. 个人价值与项目目标要紧密结合

在项目化管理领域，个人价值与项目目标的紧密结合是项目成功的关键。这种结合不仅有助于个人价值的充分发挥，同时能够提升项目的执行效率、推动项目顺利进展，最终实现企业基层人员个人成长，推动形成个人与组织共同发展的局面。紧密结合个人价值与项目目标，是必要且至关重要的。从提升项目效率的角度看，当企业基层人员的专业技能与项目任务需求相匹配时，他们可以更快速、更高效地完成工作任务，从而提升整个项目任务的运行效率。从个人成就感增强的角度看，参与和自己专长紧密相关的项目工作，能够让企业基层人员感受到自身的价值和贡献，进而增强工作成就感和满足感。这种感受是个人价值与社会价值和谐统一后的结晶，也是个人在挑战自我之中走向成功的愉悦体验。从促进个人发展的角度看，与个人价值紧密相关的项目工作为企业基层人员提供了学习和成长的机会，有助于其职业生涯的发展。此种成长将呈现出波浪式前进、螺旋式上升的态势，形成有益的正向循环。从团队协作的角度来看，当每个团队成员都能在各自擅长的领域发挥专长时，团队协作将更加顺畅高效，项目目标的实现也将更加顺利。这不仅提升团队的整体执行力，还增强团队成员之间的相互信任和支持。

可见，在项目化管理中，个人价值与项目目标的紧密融合不仅是成功推进的关键，也是激发企业基层人员潜力、实现个人与组织共赢的桥梁。

在项目化管理的实践中，将个人价值与项目任务目标紧密结合是一项细致且系统的工作，需要遵循以下 4 个步骤。

（1）自我评估，认识自我

自我评估是认识自我的重要环节。企业基层人员应首先进行自我评估，这不仅是自我发现的过程，更是职业生涯规划的起点。通过自我评估，个人能够清晰识别自身的专业技能、优势和兴趣所在，进而明确在团队中的定位和发展潜力。

（2）主动沟通，与组织建立连接

主动沟通是项目管理中不可或缺的一环。企业基层人员应积极与项目经理和团队成员主动沟通，表达自己的意愿、专长和期望。这种开放的对话方式有助于确保个人的技能和兴趣与项目需求相匹配，同时也能够增强团队对个人能力的认知和信任。在此过程中，换位思考尤为关键，旨在实现沟通效果最大化。

（3）持续学习，适应变化

在快速变化的工作环境中，持续学习是企业基层人员适应项目需求、提升专业技能的关键。一定要牢记"读书是学习，使用也是学习，并且是更重要的学习"。通过不断学习新知识、掌握新技能来保持自身的竞争力，这不仅能为项目的创新和发展提供源源不断的动力，更是个人职业生涯持续发展的保障。

（4）寻求机会，创造展现自我的舞台

企业基层人员应在项目中积极寻找能够发挥自身专长的机会，深刻理解

"不是看到机会才开始行动，而是行动了才有机会"。基层人员应主动承担具有挑战性的任务，在项目的不同阶段贡献自己的独特见解与智慧。通过这些方式，个人不仅能够为项目的成功做出贡献，也能够在实践中实现自我价值和职业成长。

此外，该项工作还需要得到企业制度层面的支持。为了支持企业基层人员将个人价值与项目任务目标紧密结合，企业应建立相应的制度和机制，包括提供职业发展路径、建立技能认证体系、设立创新激励计划等，为个人的成长和发展搭建稳固的平台并提供有力支持。

总之，企业基层人员通过将自己的个人价值与项目目标紧密结合，不仅能够有效推动项目进展，还能够实现个人职业的成长和发展。职场中的每名成员都应该认识到自身价值所在，并积极寻找将其与项目任务紧密结合的机会和方式，共同创造个人与企业的美好未来。

2. 量化个人对项目贡献绩效

在企业绩效管理中，关键绩效指标（Key Performance Indicator，KPI）扮演着衡量项目成功与否的关键角色。将这一概念延伸到项目管理时，KPI 不仅作为评估项目的量化工具，更成为激励企业基层人员积极参与的动力源泉和管理的有效手段。企业中高层管理者需制定一套与组织战略紧密相连的 KPI 框架，确立关键的战略性指标，为项目任务提供明确指导，并为企业基层人员设定明确的目标。企业基层人员的角色至关重要，他们需将这些战略性 KPI 细化为具体的个人行动计划和可量化的成果。这不仅要求企业基层人员深刻理解项目任务的整体目标，还需将企业中层管理者设定的 KPI 指标转化为切实可行的个人目标。通过承接和分解这些指标，企业基层人员能够确保自身工作与项目目标保持一致，从而在各自的岗位上为项目的成功贡献力量。同时，他们还需关注 KPI 在个人整体工作中的角色和占比，确保形成企业基层人员综合的 KPI 体系，这不仅有助于提升个人绩效，也保障项目与组织目标的整体合理性和协调性。

（1）量化个人贡献对项目成功的重要性

1）明确目标：导航工作的"灯塔"。量化个人贡献首先为企业基层人员提供了清晰的目标导向。这些量化指标帮助员工准确地了解自己的工作目标，使他们能够更有针对性地开展工作。这种明确的目标有效减少工作中的迷茫和无效劳动，保障每一步行动都紧扣既定目标。

2）提升动力：激励进取的"火花"。当个人的贡献能够被量化时，它有效激发员工的进取心。员工能够直观地看到自己努力所取得的成果，这种可见的进步和成就显著提升工作积极性，促使他们不断超越自我，追求卓越。

3）客观评价：公正裁判的"天平"。量化指标为评价员工包括项目绩效在内的整体绩效提供了客观的标准，减少了评价过程中因主观判断产生的偏差。这种基于事实和数据的评价不仅让员工感到自身被公平对待，也为组织提供了一个坚实的绩效管理基础。

4）促进发展：职业成长的"阶梯"。通过量化指标，企业基层人员可以更准确地识别自身优势和提升空间。这些指标如同职业发展的阶梯，助力员工稳步攀升，推动个人职业发展。它们不仅反映了当前的绩效水平，也为未来的进步和发展指明了方向。

由此可见，在项目化管理中，关键绩效指标发挥着至关重要的作用，为企业基层人员的工作贡献提供了精准的衡量标准。

（2）应用关键绩效指标量化个人贡献

在项目化管理的过程中，KPI 为企业基层人员明确自身目标，指引前进方向，引导他们为实现个人价值与项目目标的紧密结合。

1）设定明确的 KPI，完成目标的清晰映射。KPI 的设定应当与项目任务目标和组织战略保持一致，以确保每名企业基层人员都能在其岗位上找到明确的方向。这些指标应具备具体、可量化的特征，并能够反映个人贡献对项目成功的直接作用。

2）KPI 与个人价值相结合，激发内在驱动力。通过将 KPI 与企业基层人员的专业技能和职业兴趣相融合，能够激发他们的内在动力，进而促使他们以更高的热情投入到项目中。这种关联不仅提升工作效率，也增强员工的成就感和归属感。

3）持续跟踪绩效，动态记录成长轨迹。KPI 的持续跟踪为企业基层人员提供一个实时更新的成长记录，使他们能够及时了解自身工作表现和潜在的改进空间。这一及时的反馈机制对于个人发展而言是不可或缺的。

4）定期进行绩效评估，提供认可与提升的机会。定期的绩效评估不仅为企业基层人员提供展示并认可自身成就的机会，也为组织提供评估和提升员工能力的重要依据。通过这一过程，可以确保 KPI 的设定始终与项目需求和个人发展保持同步。

5）加强反馈与沟通，构筑持续改进桥梁。KPI 的评估结果应通过开放和坦诚的沟通方式反馈给企业基层人员，以协助他们全面认清自身的优势和有待提升的领域，并为管理层提供优化项目任务资源配置的参考。

6）结合职业发展，协助规划未来的蓝图。KPI 的应用应与企业基层人员的长远职业发展规划相结合，确保其工作目标与长远职业规划相一致。通过 KPI，员工可以更有针对性地规划自身职业道路，实现个人职业生涯的持续发展。

7）推动制度化的 KPI 管理，构建持续成功的框架。将 KPI 管理纳入组织的核心制度中，以确保其在整个项目化管理流程中发挥关键作用。通过制度化的 KPI 管理，可以构建一个项目化管理持续成功的框架，为企业基层人员营造一个稳定、公平、透明的工作环境。

综上所述，KPI 在项目化管理中不仅作为衡量个人贡献的工具，更是推动企业基层人员成长、实现项目任务目标的重要驱动力。项目化管理中 KPI 的应用将有助于构建一个高效、协同、可持续发展的项目管理生态系统。

（3）实施 KPI 量化的步骤

在项目管理的规范流程中，实施 KPI 量化是一项细致的工作，它要求采用精确和系统的方法来进行，具体步骤如下：

1）精准识别并确定关键绩效指标。将项目任务目标和个人工作职责紧密结合，识别并量化对项目成功至关重要的因素。例如，任务完成数量、质量、时间效率等，均可作为量化的关键指标。

2）设定合理目标。目标设定是 KPI 量化过程中的核心环节。基于员工实际能力和项目的具体需求，设定既有挑战性又可达成的目标。这些目标应能有效激发员工的最大潜能，同时保证其可实现性和合理性，确保每名员工在追求目标的过程中能够获得个人成长和满足感。

3）定期跟踪与评估，设计进展监控罗盘。定期的绩效跟踪和评估是确保项目按计划进行的关键。通过持续监督员工的工作进展情况，可以及时发现问题并采取调整措施。这种定期的评估能够为项目团队提供指引，使其朝着正确的方向前进，还能保障每名员工的工作进度与项目任务的整体进度保持同步。

4）反馈与沟通，增强透明度。将评估结果及时反馈给员工，并与他们展开有效的沟通，是 KPI 量化过程中不可或缺的一环。这种反馈不仅帮助员工全面了解自己的绩效表现，还能进一步增强管理层与员工之间的信息透明度和信任感。通过开放的沟通，双方可以共同制定改进措施，从而确保每名员工都能在项目中实现持续进步和提升。

以上是系统性量化的主要方法、步骤，具体执行过程可以参考本章的案例分析部分。

通过具体量化的 KPI，企业基层人员能够明确自己的工作目标，并与项目的总体目标形成直接联系。这种绩效量化不仅有助于个人的职业发展，也为项目管理提供清晰的反馈机制，保障每名成员的努力都能有效推动项目向前发展。

3. 激励个人为项目成功做出更大贡献

在项目化管理实践中，提升企业基层人员的积极性和创造力对于推动项目成功具有至关重要的作用。企业应采纳有效举措和具有针对性策略，以培养和激发企业基层人员的创造活力，确保企业持续展现出生机和活力。

（1）明确激励的目的和意义

激励措施的核心在于激发员工的内在驱动力。通过清晰界定激励的目标，组织不仅能够提升工作效率，更能引导员工深刻认识到自身对项目成功的重要贡献。此种目标的明确化，有助于员工设立与组织目标相契合的个人目标，从而在工作中发掘更深层次的意义和动力。

（2）建立全面的激励体系

一个全面的激励体系应涵盖短期和长期两个层面的激励措施。短期激励，如项目里程碑达成奖金，可以及时地对员工的努力和成果给予认可，增强其工作的即时满足感。长期激励则通过股权激励、退休金计划等形式，鼓励员工对企业的长远发展贡献力量，增强其对企业的忠诚度和归属感。

（3）提供成长和发展的机会

为员工提供职业成长和发展的机会，是激励体系中不可或缺的一环。企业应帮助员工规划清晰的职业发展路径，提供必要的培训和指导，以支持其职业发展。同时，鼓励员工学习新技能，提供学习资源，创造学习条件，以促进其个人能力的提升和职业素养的完善。

（4）实施个性化激励策略

鉴于员工个体存在差异，实施个性化的激励策略至关重要。组织应根据员工的兴趣和需求提供个性化的奖励，如定制化的奖品或独特的体验。此外，提供灵活的工作安排，例如，设置弹性工作时间和远程工作选项以适应不同员工的生活方式和工作习惯。

（5）强化团队精神和归属感

团队精神和归属感的培养对于项目的成功至关重要。组织应定期组织团队建设活动，增强团队成员间的沟通和协作，提升团队凝聚力。在项目任务取得进展或成功时，与团队成员共同庆祝，共享成功的成果。这不仅有助于增强团队的荣誉感，还能激发团队成员的集体责任感。

（6）持续跟踪和优化激励措施

为确保激励措施的有效性，需要对其进行持续的跟踪和评估。组织应定期收集并分析员工的反馈，了解激励措施是否满足他们的需求和期望，并根据反馈结果进行相应的调整和优化。这种持续的改进过程有助于保证激励体系与员工的实际需求保持一致，从而最大化激励效果。

总之，激励在项目化管理中有着重要作用，它直接影响着员工的积极性、创造力和对项目成功的贡献。通过构建全面、公平、个性化的激励体系，组织能够有效地调动企业基层人员的积极性和创造力，推动他们为项目任务的成功做出更大的贡献。同时，激励也是塑造企业文化的重要组成部分，它传递了组织对员工的尊重和价值认可，有助于营造积极向上、团结协作的组织氛围。

案　例

量化个人对项目贡献绩效 KPI 的案例分析

软件开发项目的绩效量化。某软件开发企业的开发项目中，项目经理通过以下 6 个 KPI 量化团队成员的个人贡献。

1）代码提交量。衡量开发人员完成代码编写和提交的频率。

2）代码审查通过率。评估代码质量，审查提交的代码符合项目标准的比例。

3）缺陷密度。衡量代码的缺陷率，反映开发人员的质量意识。

4）任务完成率。跟踪每个开发人员完成分配任务的百分比。

5）团队协作指数。通过代码合并请求和代码审查活动来衡量团队协作效果。

6）个人学习进度。反映个人学习能力。

资深开发人员张三的个人 KPI 包括每月至少提交 150 个代码文件，代码审查通过率达到 95%以上，缺陷密度应保证每千行代码不超过 5 个缺陷。

表 5-1 为该企业项目个人指标量化表。

表 5-1　项目个人指标量化表

绩效指标名称	权重（%）	目标值	实际值	完成率（%）	备注
代码审查通过率	15	95%			
代码提交量 （次/月）	20	150 次			
缺陷密度 （缺陷/千行代码）	10	≤5 个			
任务完成率（%）	20	100%			
团队协作指数 （如代码合并请求数）	15	根据项目而定			反映团队协作效果
个人学习进度 （如新工具掌握情况）	10	根据项目而定			反映个人学习能力

表格（表头）对应数据项设计的具体含义如下：

1）权重（%）。每个绩效指标对员工总绩效的贡献比例。

2）目标值。基于项目需求和员工能力设定的具体目标。

3）实际值。员工在实际工作中达成的具体成果。

4）完成率（%）。实际值与目标值的比例，反映绩效指标的完成情况。

5）备注。对绩效指标或特殊情况的具体说明。

具体量化方法如下：

1）设定权重。根据项目任务目标和组织战略，为每个绩效指标设定权重，反映其重要程度。

2）确定目标值。与员工协商确定具体、可达成的目标值。

3）收集数据。定期收集与绩效指标相关的数据。

4）计算完成率。根据实际值与目标值计算每个指标的完成率。

5）绩效评估。根据完成率和权重计算每名员工的绩效得分，进行综合评估。

权重设定示例：如果项目特别注重代码质量，那么可以提高"代码审查通过率"的权重。如果项目需要快速迭代，那么可以增加"代码提交量"的权重。通过此类表格工具，组织可以更系统地量化和评估企业基层人员对项目的贡献，同时为员工提供清晰的工作目标。

5.2 重技多法，精准实施强执行

在当今快速变化的商业市场环境中，企业若想在市场竞争中稳固立足，必须确保企业基层人员具备迅速适应变革、解决一线实际问题的能力。本节将深入探讨这一主题，重点关注企业基层人员在项目化管理中如何通过持续提升技术与业务能力，确保项目能够精准而可靠地实施。

企业基层人员作为企业项目化管理的"最后一公里"，他们的专业素养和能力直接影响项目的执行效率和最终成果的质量。因此，本节将详细阐述企业基层人员如何通过不懈的学习和实践，掌握必要的技术与业务能力，并利用这些能力优化项目执行流程，提高项目成功率。

5.2.1 企业基层人员要持续保持过硬的技术与业务能力

技术与业务能力的结合对企业基层人员而言至关重要。这些核心能力的有效融合，不仅构成了个人职业发展的坚实基础，也为企业实现项目化管理的基层一线成功提供了重要保障。企业基层人员必须持续提升自己的专业素养和能力，以适应不断变化的工作要求和职场挑战。

1. 深刻认识技术和业务能力在项目实施中的关键作用

企业基层人员的技术和业务能力是确保项目成功实施的基础，同时也是企业基层人员在项目实施过程中不可或缺的核心竞争力。这些能力直接影响到项目的执行效率、质量控制和最终成果。通过深入理解技术和业务在项目中的融合应用，企业基层人员可以更准确地识别项目需求，制定有效的执行策略，保障项目目标的顺利实现。从企业基层人员价值实现的角度看，技术和业务能力是他们履行岗位职责、取得工作成效的关键，只有具备过硬的技术和业务能力，才能保障项目成功实施，并通过项目的实际成果突显个人价值，赢得企业的认可。

（1）专业技术：项目质量的坚实保障

专业技术能力是企业基层人员在项目实施中的核心竞争力，是确保项目质量的关键因素。专业技术能力是指在某个特定领域所具备的专业知识的理解、技能的掌握和经验的积累。它涉及了对相关理论的深入理解、熟练掌握和应用操作以及在实践中积累的应对各种情况的经验。例如，一名建筑工程师在建筑工地上严格遵守建筑规范，深刻理解材料特性，确保施工的每个环节都精准无误。这样的专业素养，不仅保障了工程的安全性，也提升了建筑的耐用性和美观度。在城市中心大厦的建设中，这名基层工程师还通过运用先进的 BIM[⊖] 技术，优化了施工流程，缩短了建设周期，节约了大量成本，展现了专业技术的巨大价值。

（2）业务知识：项目效率的有力支撑

业务知识是与特定工作、职业或业务领域相关的一系列信息、原理、流程和规则的总和。它涵盖了对业务的背景了解、概念的掌握、操作流程的熟悉，以及相关政策法规的认知。企业基层人员凭借对行业动态的一线洞察和对客户需求的深入理解，能够迅速响应上级领导的布置，制订出符合市场需求的项目计划。这种对业务知识的精通，使他们能够在项目实施过程中快速应对变化，灵活调整策略，从而显著提高项目的完成速度和市场适应性。例如，在一个软

　⊖　BIM 是 Building Information Modeling 的缩写，即建筑信息模型。这是一种数字化表示建筑物和基础设施的设计、建造和运营过程的技术。BIM 技术允许项目团队在实际施工之前，在三维数字环境中设计和分析建筑物的结构和系统，从而提高效率、减少错误和成本，并促进更好的项目管理。

件开发项目中，项目经理通过对最新技术趋势的了解和对软件开发流程的精通，带领团队开发出了一款创新的应用程序，该程序因其创新性和良好的用户体验迅速获得了市场的认可。

（3）技术与业务的融合：创新与优化的关键动力

技术与业务能力的融合，为项目带来了创新和优化的动力。企业基层人员在掌握专业技术的同时，结合对业务的深刻理解，能够在项目实施过程中发挥出巨大的创造力。他们不仅能保证项目质量，还能探索新的解决方案，优化现有流程，进一步提高工作效率。以著名的中国航天领域工匠高凤林为例，他凭借精湛的焊接技术被誉为"火箭心脏的焊接人"，同时，他对火箭发动机的业务流程和性能要求也有深刻的理解。这使得他能够在保证焊接质量的同时，提出创新的解决方案，优化生产流程，提高火箭发动机的性能和可靠性。在深海工程领域，管延安凭借其卓越的钳工技能和对深海作业环境的深刻理解，成功解决了多项技术难题。他不仅通过高明的专业技术保证了深海设备的安装精度和可靠性，还通过技术创新提高了深海作业的效率和安全性。在航空制造领域，方文墨以其精湛的技能和对飞机制造业务的深入理解，为飞机关键零部件的高质量加工和装配提供了保证。他的创新思维和对细节的极致追求，使他能够在保证产品质量的基础上，不断探索新的加工方法，提高生产效率。

总之，企业基层人员的专业技术和业务知识的融合对于项目成功极其重要。他们不仅是项目实施的执行者，更是项目质量的守护者和项目效率的推动者。基层人员应秉承工匠精神，努力超越自我、追求卓越。通过不断学习和实践，企业基层人员能够在项目中发挥出更大的作用，为企业创造更大的价值。

2. 提高自身的业务与技术能力的路径

"业精于勤而荒于嬉，行成于思而毁于随。"企业基层人员提高自身业务水平和技术能力，是对职业的尊重和负责，对企业的尽职和担当，同时也彰显了对人生目标的不懈追求。提升技术和业务能力是一个持续的过程，个体需通过学习和实践相融合，实现学以致用，用以促学的良性循环。

（1）终生持续学习

坚持将个人自学和外部学习相结合，确保学有所获，学有所用。在自学方面，应聚焦当前工作中亟待解决的重难点问题，深入研读匠心独运的专业书籍，悉心揣摩行业专家的实践体会，不断更新自己的知识体系，持续进步。同时，应积极参与由企业或行业协会组织的专业培训，适度进行跨领域技术研讨，及时跟进并掌握新理念、新思维、新方法和新工具，广泛结交专业领域的师资和同仁，积极开展探讨交流，不断取长补短，借鉴他人先进方法解决自身问题。

（2）实践多取经验

重视理论学习的同时，还应重视实践。知识只有通过实践应用才能转化为个人的能力。因此，应积极参与项目实践，主动承担专业工作，以此增加技术和业务经验值积累。通过实际操作，不断提升自身在认识问题、分析问题和解决问题方面的能力。同时，应主动承担项目的更多责任，实践中学习、学习中实践，以积极的心态面对失败，因为真正的经验有时会蕴藏在失败之中。实践是检验真理的标准，实践更是创造奇迹的过程，只有实践才能不断深化和提升经验。

（3）深化交流合作

在专业领域内，交流与合作是提升个人能力的重要途径。企业基层人员应积极参与行业交流会、研讨会和工作坊等活动，与同行分享经验、交流心得。这些活动不仅可以拓宽个人视野，使基层人员了解行业最新动态和技术发展趋势，还能够建立起宝贵的专业网络，促进知识和技能的交流和传播。此外，通过与其他专业人士的合作项目，企业基层人员能够在实际工作中学习借鉴他人的专业方法和解决问题的策略，从而在实践中提升自身技术水平和业务能力。

3. 持续学习和实践应用才能保持技术和业务能力领先

在知识更新换代迅速的今天，持续学习是企业基层人员保持技术和业务能力领先的重要途径。企业基层人员应将所学知识应用于实际工作中，以此来不断提升自己的专业水平，进而为企业创造更大的价值。同时，企业基层人员还应通过反思和总结经验教训，不断优化工作方法，实现工作效率的提升。

（1）持续学习与专业成长

企业基层人员应将持续学习作为职业发展的基石。通过不断更新自身知识体系，他们能够适应技术的快速变革，保持专业领先地位。这涵盖定期参加在线课程、研讨会、阅读行业刊物，以及通过专业认证来提升自己的专业资格。

践行终身学习理念还意味着要对新兴技术和行业趋势保持好奇心和开放态度，不断学习专业知识，拓宽视野，从而确保个人能力与市场需求保持同步。

（2）实践应用与创新突破

学以致用是提升个人能力的关键。企业基层人员应将新学知识应用于实际工作中，通过在实践中解决具体问题来提升个人技能。这可能涉及在工作中尝试新的工具或方法，对现有流程进行改进，还可能会引入其他行业的经验成果，实现颠覆式的创新。同时，还应鼓励创新思维，不断探索将新学知识与现有工作有效结合的新途径，形成独特的竞争优势，并将其复制推广应用到更广泛领域，在更大范围提高工作效率和质量。

（3）技术洞察与前瞻性探索

对新技术和行业趋势的敏锐洞察，能够帮助企业基层人员把握未来的发展方向。这要求他们主动追踪最新的技术进展，积极参与行业讨论，并通过实验和原型开发来验证新想法。前瞻性探索包括对潜在的市场变化的感知，以及对其他行业成功经验的深入研究，以便能捕捉新的技术增长点，保持技术的领先地位。

（4）反思总结与绩效优化

定期的反思和总结是提升工作绩效的重要环节。企业基层人员应通过日志记录、同行评审或自我评估等方式，定期回顾自身工作表现。这种反思不仅有助于识别并巩固成功的做法，也有助于从失败中汲取教训，从而不断优化工作策略，持续提高工作质量。

通过贯彻落实上述具体且深入的措施，企业基层人员能够在快速变化的工作环境中不断提升自身技术和业务能力，为企业的发展做出更大的贡献，并为自己的职业生涯奠定坚实的基础。

5.2.2　企业基层人员实施项目要精准可靠

在项目管理领域，精准可靠的实施项目任务，是确保项目成功的关键。企业基层人员作为项目实施的主要群体，他们的每项操作和行动都直接或间接对项目的成败产生影响。因此，提升企业基层人员在项目执行过程中的精确性和可靠性，对于提高项目成功率至关重要。

1. 项目精准可靠实施的关键步骤

项目精准实施的第一步是确立清晰、可衡量的项目目标。这要求企业基层人员与项目管理者进行深入沟通，以确保对项目的最终目标和关键里程碑有准确的理解。根据主流项目管理理论编制项目任务书是必不可少的环节。

（1）项目任务书的编制

项目任务书是指导项目实施的关键文件，它涵盖了项目目标、范围、资源分配、时间表、风险评估等核心内容。编制项目任务书的过程是确保项目目标符合 SMART 原则（具体、可衡量、可达成、相关、时限性）的起点（项目任务书示例参考本节附件部分）。

1）项目目标设定。在任务书中应详细阐述项目目标，确保每个目标都是具体和明确的。目标既不能超出能力和资源等所及的范围，也不能轻易达成导致不能获得真正进步和成长，应具有适度的挑战性。

2）项目任务范围界定。清晰界定项目的范围，避免目标过于宽泛或模糊。范围之内的事项应有序管理，范围之外的事项要保持适当关注，对于范围边界要有清晰的认识。做到既不过于计较细枝末节，也不疏忽大意。

3）资源需求分析。评估实现项目目标所需资源，包括人力、物资、技术和财务资源。分析过程应力求精准，保留必要的缓冲空间，以应对可能出现的变化。

4）时间规划。为实现项目目标制定详细的时间表和关键里程碑。时间规划是一门科学，更是一门艺术，需要合理安排和设计来优化任务完成效率。

5）风险评估。识别可能影响项目目标实现的潜在风险，并制定相应的风险应对措施。应确保能够做到"风险常在，无防范不立；安全为先，无保险不宁"。

项目目标是项目任务书中最重要部分，应符合 SMART 原则。彼得·德鲁克先生提出的 SMART 原则为项目目标设定提供了非常有效的框架。此原则强调了目标的具体性、可衡量性、可达成性、相关性和时限性。结合彼得·德鲁克的管理思想。

以下是对 SMART 原则的详细阐述：

● 具体性（Specific）。"目标不明确，就等于没有目标"。项目目标应具体到可以清晰描述项目完成后的状态，没有任何模糊或不确定性。

● 可衡量性（Measurable）。没有衡量就没有管理。项目目标应存在明确的衡量指标，如此一来，管理者和团队成员都能够跟踪进度，确保项目按计划进行。

● 可达成性（Attainable）。提倡设定具有挑战性但又切实可行的目标。项目目标不应该过于容易或不切实际，而应激励团队成员发挥最大潜力。

● 相关性（Relevant）。目标必须与组织整体战略和优先事项保持一致。项目目标应与组织的目标和价值观相协调，确保项目对组织的整体成功做出贡献。

● 时限性（Time-bound）。没有时间限制的目标很难实现。项目目标应该有明确的时间框架，如此，团队成员就能够在规定的时间内集中精力完成目标。

遵循 SMART 原则，企业基层人员可以科学设定项目目标并使其可操作，从而提高项目管理的成功率和效率。SMART 原则强调了目标设定的重要性，并提供了一种系统性的方法来保障目标的有效性。

例如，使用 SMART 原则，在一个软件开发项目的管理过程中设定项目目标。

SMART 原则应用示例见表 5-2。

表 5-2 SMART 原则应用示例

SMART 原则	描述	例子
具体性（Specific）	目标应具体明确，避免模糊不清	在下一个季度内完成软件的 Beta 版本开发
可衡量性（Measurable）	目标应有明确的衡量标准，以便于跟踪进度	Beta 版本需要包含所有核心功能，并通过所有预定的测试案例
可达成性（Attainable）	目标应具有挑战性但可实现	考虑到团队的能力和资源，Beta 版本的开发虽有难度，但是可实现的
相关性（Relevant）	目标应与项目和组织的整体战略紧密相关	Beta 版本的成功开发对于企业的市场战略和收入目标至关重要
时限性（Time-bound）	目标应有明确的时间限制，确保及时完成	Beta 版本必须在下个季度末之前完成，以满足市场窗口

通过 SMART 目标设定，企业基层人员可以更清晰地理解项目目标，更有

针对性地开展工作，并有效地跟踪任务进度。

（2）制订详尽的项目任务计划

一份详尽的项目计划是精准实施的基石。企业基层人员应积极参与到项目计划的制定中，确保每个任务、每个阶段都有明确的时间节点和严格的质量标准。项目管理基础技术工作分解结构（Work Breakdown Structure，WBS）是将项目细化为更小、更便于管理的任务单元，确保每个任务都有明确的责任主体、执行时间表和资源需求。

1）任务分解。将项目分解为具体的工作包，明确每个工作包的输入条件、输出成果和预期目标。**从空间维度出发，每项任务（工作、日常活动）只能分派给唯一指定的负责人牵头负责，其他人员可以参与，但主导权须明确归属一人。**

2）时间规划。使用甘特图等工具，为每个任务分配时间，确保项目按时完成。从时间维度出发，需充分考虑任务间的逻辑关系和并行任务的时间协调，力求实现项目执行过程的最优化。

3）资源分配。确保每个任务均能获得充足的资源支持，包括人力、物资和财务等资源，预留必要的资源储备，以应对可能出现的突发情况。要根据任务的优先级和资源需求，合理分配资源，保证 WBS 分解后的各项工作包顺利完成。

（3）严格执行和监控

在项目实施过程中，企业基层人员需要严格按照既定项目计划执行工作，并进行实时监控，以确保项目能够按计划顺利推进。同时，他们还需及时发现并解决项目执行过程中出现的各种问题。项目管理高度重视执行过程中的监控和控制的工作。

1）执行跟踪。执行跟踪是项目管理中确保任务能够按时完成的关键环节。企业基层人员应利用 Project 或飞书等项目管理软件，详细记录每项任务的进展情况。这不仅有助于团队成员了解各自的工作职责和完成期限，还能够使项目经理能够全面把握整体进度情况。通过定期召开的进度会议及提交的状态报告，可以确保所有项目参与者对项目进展保持同步，及时发现进度滞后的任务，并采取相应措施。

2）质量监控。质量监控是确保项目成果符合预期的重要保障。企业基层人员需根据项目的质量标准，对每个任务的输出结果进行严格的检查和评估。这包括对工作成果的细致审查，以及与质量保证团队之间的紧密协作，确保每项交付成果均经过严格的测试和验证。通过持续的质量监控，可以及时发现质量问题，避免缺陷累积到项目后期，从而减少返工现象和成本增加风险。

3）风险管理。风险管理是项目管理中的重要组成部分，它涉及识别、评估和应对项目过程中可能出现的问题或隐患。企业基层人员应根据企业高层管理者统筹推动的风险管理应对方案，做好在本职岗位上的风险管理工作。企业基层人员应通过工作中的深入挖掘和定期召开的风险评估会议，广泛收集并识别各类相关风险隐患。一旦识别出潜在风险，便需立即制定具体的应对策略，如风险缓解、转移或接受。此外，通过事前建立健全项目风险应对计划和应急机制，可以提高项目团队对不确定因素的适应能力，降低项目延误和成本超支的风险。

（4）持续沟通和协调

项目实施不是孤立的，持续的沟通和协调是确保项目顺利进行的重要保障。沟通管理是项目管理中的重要环节。

1）团队沟通。有效的团队沟通是保障项目团队协同工作和信息一致性的关键。定期举行的团队会议不仅用于更新项目进展情况，更是一个讨论问题、集思广益和分享解决方案的平台。通过这些会议，团队成员可以及时了解项目的最新动态，相互协作，共同克服障碍。此外，团队还应鼓励开放式沟通和建立积极反馈氛围，增强团队的凝聚力和创新能力。

2）利益相关方管理。利益相关方管理同样是确保项目成功交付的重要组成部分。与客户和供应商等利益相关方的持续沟通有助于及时了解和响应他们的需求变化，确保项目成果能够满足他们的期望。通过定期召开的会议、提交的报告和建立的反馈循环机制，可以逐步建立起信任关系，减少误解和冲突的发生。同时，保持透明的沟通也有助于在项目执行过程中获得利益相关方的支持。

3）信息共享。信息共享是保障项目团队和所有项目参与者保持同步的重要手段。借助如 Microsoft Project 或飞书项目等项目管理工具，可以实现项目计划、任务状态和文档的实时共享。这种高度的信息透明度不仅有助于团队成员获取最新的项目信息，还能够促进跨部门和跨团队的协作。此外，信息共享还有助于新成员快速了解项目背景和当前状态，加快他们的融入团队的速度。

通过以上这些措施，企业基层人员可以支撑项目实施过程中的沟通和协调工作，确保其得到有效管理，从而提高项目的执行效率和成功率。

2. 避免精准实施过程中的错误和失误

在项目管理中，避免错误和失误是确保项目精准实施的前提。企业基层人员在这一过程中扮演着至关重要的角色。

以下是避免项目实施过程中可能出现错误和失误的 3 个关键招法。

（1）风险识别和预防

在项目实施过程中，企业基层人员需具备一线现场具体风险的识别能力和防控能力。按照企业风险防控的整体要求，把具体任务和措施有效实施到一线日常工作中，把查漏补缺的具体措施落实到流程环节，成为"功在平时"的实践者，真正实现应急理念落地与细化。

1）风险识别。企业基层人员在项目实施过程中，需敏锐地识别可能遭遇的风险。这不仅包括对现有信息的分析，还需对潜在问题进行预判。例如，通过分析类似项目的历史数据，可以发现容易出现问题的环节，从而提前制定应对策略。

2）风险评估。识别风险后，企业基层人员需对这些风险进行评估，确定其严重程度和发生概率。此步骤至关重要，因为它有助于项目团队了解风险优先级，从而确定处理顺序。通过评估，可明确风险的潜在影响和紧迫性，为制定预防措施提供依据。

3）预防措施。针对评估为高优先级的风险，企业基层人员应立即制定具体的预防措施。这些措施可能包括技术改进、流程优化等，目的是减少风险发生的可能性或减轻其影响。例如，在中国航天领域的大国工匠"火箭心脏焊接人"高凤林，通过精湛的技艺和对细节的严格把控，成功识别并预防了焊接过程中可能出现的风险。他的工作不仅确保了火箭发动机的焊接质量，更为中国航天事业的成功做出了重要贡献。高凤林通过自身专业技能和对风险管理的深刻理解，展现了企业基层人员在项目风险防控中的重要作用。

（2）质量控制和保障

质量是项目成功的根本。企业基层人员需要严格执行质量控制流程，确保每一环节、每个产品都符合既定的质量标准。

1）明确质量标准。企业基层人员需与项目团队共同理解并遵守既定的质量标准和验收标准。这要求他们参与标准的制定和更新，并确保团队全体成员对这些要求有清晰且一致的认识。

2）进行质量检查。在项目实施的每个阶段，企业基层人员应定期或不定期的执行质量检查，包括对工作成果的细致审查，以及应用适当的工具和技术来验证产品或服务是否达到既定的质量要求。

3）持续改进。企业基层人员应利用质量反馈机制，识别存在的问题和不足，从而不断完善工作流程。此过程既涉及对现有流程的优化，又包括引入新的质量管理方法和技术，进而提高整体的产品质量和客户满意度。

（3）及时调整和优化

面对项目实施过程中出现的问题和挑战，企业基层人员需具备及时调整和优化的能力，灵活应对变化，避免出现遇到问题时无法应对的情况。基层人员应遵循企业风险防控体系要求，及时做出应急响应和调整，成为"用在及时"的行动派，充分体现日常准备工作的充分和富余。

1）问题识别。企业基层人员应结合风险管理措施，依托先前的风险评估结果，快速识别项目中出现的问题。这要求他们具备敏锐的观察力和分析能力，能够从日常监控中发现问题的初步迹象，并追溯到问题的根本原因。

2）调整策略。在识别问题后，企业基层人员需要根据问题的具体情况制定调整策略。这可能包括重新分配资源、调整项目时间表或变更实施方法。这种策略的调整应基于日常的准备和预案，以确保他们在面对问题时能够迅速而有效地应对。

3）优化实施。在项目实施过程中，企业基层人员应不断寻求优化工作方法的途径。这包括采用更高效的工具和技术、改进工作流程、提升团队协作效率等。通过这种持续的工作方法优化，可显著提升项目的整体执行效率和成果质量。

总之，通过风险识别和预防、质量控制和保障、工作方法及时调整和优化，企业基层人员能够有效避免项目实施过程中的错误和失误，保障项目目标的如期实现。这不仅提高项目的成功率，也为企业创造更大的价值。

3. 善用工具和信息系统支撑精准实施

在项目管理中，妥善运用工具和信息系统是确保项目精准实施的重要手段。企业基层人员需积极采纳现代技术工具和信息化系统，以提高项目管理的效率和准确性。

（1）利用项目管理软件

Microsoft Project、飞书项目、Tower 等项目管理软件为项目实施提供了强有力的支持。这些工具不仅可以帮助项目团队规划、组织和跟踪项目进度，还能促进团队协作和沟通。

1）规划和组织。项目管理软件的优势，首先体现在项目的规划和组织上。这些软件提供了强大的规划工具，允许企业基层人员详细分解项目任务，创建时间线，以及合理分配资源。通过这些工具，团队可以确保每项任务都有明确的开始和结束时间，以及清晰的人力和物质资源预算。例如，Microsoft Project 的甘特图功能可以帮助团队成员清晰地看到整个项目的进度和各项任务之间的依赖关系。

2）跟踪和监控。项目管理软件使实时跟踪和监控项目进度成为可能。通过设定项目里程碑和关键绩效指标（KPI），企业基层人员可以及时了解项目进展，并识别潜在的延误和问题。这些软件通常具备自动提醒和报告功能，助力项目团队迅速响应任何偏离计划的情况。例如，当项目进度滞后时，系统可以自动发送警报给项目经理和相关团队成员，以便他们能够及时采取行动。

3）团队协作。通过共享项目计划和文档等方式，促进团队成员之间的沟通与协作。项目管理软件强化团队协作效率。通过共享项目计划、任务列表、文档和通讯记录，团队成员可以实时了解彼此的工作进展，提出问题和建议，并相互协作解决问题。这种透明度和易访问性促进团队成员之间的沟通，减少误解和重复工作。例如，飞书中的即时通信和文件共享功能，极大方便了分散在不同地点的团队成员的交流和协作。

（2）利用知识共享平台

充分利用企业搭建的知识共享平台，企业基层人员可获取更多的资源与信息，学习最佳实践，提升项目实施的精准度。

1）资源获取。企业基层人员通过知识共享平台获取与项目管理相关的资源，包括模板、工具、政策指导、行业报告及专业论文等。这些资料有助于他们深入理解项目背景，把握行业趋势，从而在项目实施中做出更加明智的决策。

2）经验交流。平台上的经验交流不仅局限于项目执行的具体技巧和方法，还包括团队协作心得、领导力培养以及冲突解决策略等深层次内容。通过这些交流，企业基层人员可以从他人的经验中学习，避免常见的风险和问题，同时也能够分享自己的见解，促进团队的整体进步。

3）增强团队协作。通过知识共享平台，企业基层人员可以更便捷地与团队成员协作，不受空间限制。平台提供的协作工具如共享文档、实时讨论和虚拟会议等，可以帮助团队成员更有效地相互沟通、协调工作，提高团队的整体执行力。

4）支持决策制定。知识共享平台中积累的数据和信息可以为企业基层人员的现场决策提供支持。通过历史项目数据分析，企业基层人员可以更好地理解项目风险和成功因素，从而做出更加明智的决策。

总之，通过利用项目管理软件、采用先进 IT 技术手段、建立知识共享平台，企业基层人员可以更有效地支持项目精准实施，提升项目的执行效率。

5.2.3 企业基层人员强化个人执行力要责无旁贷

在项目管理过程中，个人执行力是实现项目目标的基础。企业基层人员应强化个人执行力，此举不仅能提升自身工作效率，还能同化团队其他成员，为项目的成功做出更大的贡献。

1. 识别并把握个人执行力的关键要素

个人执行力即个人完成特定任务的能力，它涵盖了时间管理、决策能力、沟通技巧和自我激励等多个层面。个人执行力直接关乎项目是否能如期交付和交付质量。

1）时间管理。高效的时间管理策略是提高工作效率的保障。借助优先级排序和任务批处理技术，个人可以优化自身工作流程，减少时间浪费，确保关键任务得到优先处理。此方法有助于在多任务环境中保持专注和高效。

2）选择能力。果断的选择能力使个人能够在关键时刻迅速做出决策，这要求个体能快速分析信息，并结合现有数据和个人经验，做出明智判断与合理选择。良好的选择能力往往来源于经验的积累和深思熟虑。

3）沟通技巧。沟通技巧直接影响信息传递的准确度和效率。有效的沟通不仅包括清晰表达自己的想法，还包括倾听他人的观点，并通过共情和理解来建立信任和尊重。这有助于在多元化的团队中促进团队和谐与协作。

4）自我激励。自我激励是推动个人不断前进的内在动力。通过设定具有挑战性的目标和庆祝已取得的成就，个人可以激发内在动力，克服困难和挫折。自我激励还包括自我反思，以识别个人成长领域并制定改进计划。

2. 在压力下维持和提升个人执行力

在项目管理中，压力是不可避免的。个人执行力的提升往往与应对压力环境紧密相关，这包括压力管理、情绪调节和技能提升等方面。以项目经理为例，其负责的大型项目成功与否很大程度上取决于他如何在压力下维持并提升个人执行力。

（1）自我压力管理

面对紧迫的项目期限和复杂的项目需求，要学会辩证地看待压力，面对压力保持乐观心态。压力大时往往意味着项目时间紧张，处于即将实现的关键时刻，应致力于将压力转化为动力。环境无法被个人改变，但个人可以调整自身态度，学会通过运动、冥想、深呼吸和瑜伽等方式来缓解压力，保持冷静和专注。

（2）自我情绪调节

在处理客户的投诉时，可以通过情绪调节技巧，如深呼吸和正念练习，保持专业和耐心，有助于有效解决问题。

（3）自我技能提升

随着项目需求的变化，技能也需要不断更新。例如，通过参加企业的项目管理在线课程，在实际工作中应用所学知识，提高专业技能。基层项目经理的个人执行力不仅体现在项目管理能力上，更体现在如何在压力下保持冷静、如何调节情绪以及如何提升自身技能等方面。

3. 持续不断加强反馈和调整优化执行过程

反馈和调整是项目管理中不可或缺的环节。企业基层人员需要通过持续的反馈和调整，优化执行过程，提升个人执行力。

（1）注重反馈机制

个人应主动建立和维护一个有效的反馈机制。这包括积极从同事、管理层以及客户等多方收集反馈，并将这些反馈作为改进工作流程和提高效率的依据。通过此方式，可以及时发现问题并进行调整，从而提升整体的工作质量。

（2）自我持续改进

持续改进是个人成长的重要保障。个人要及时调整自身的工作策略和方法，这种自我驱动的改进精神有助于个人更好地适应工作变化，提高工作的准确性和有效性。

（3）持续调整优化

个人需要不断地根据反馈和变化，调整自己的工作计划和策略。建立有效的沟通机制和反馈渠道，可以帮助个人及时了解项目进展和团队需求，从而灵活调整计划，确保目标的实现。通过这些方法，个人的执行力得以体现。在技术层面更加专业高效，并且能够通过建立反馈机制、持续改进和优化执行过程来提升工作成效。这种能力对于企业基层人员至关重要，它能帮助个人在不断变化的工作环境中保持强大的竞争力和高效率。

总之，通过识别并把握个人执行力的关键要素、在压力下维持和提升个人执行力，以及持续不断加强反馈和调整优化执行过程，企业基层人员能够显著提升自身执行力，为项目的成功实施提供强有力的支持。

5.2.4 人工智能（AI）让企业基层人员如虎添翼

人工智能（AI）的应用已经成为全球的热点和发展趋势。AI 正在全球范围内推动科技变革，对人类社会产生深远的影响，商业领域的各行各业亦深受影响。AI 技术的融入，为项目管理和运营提供了新的视角和工具，如 DeepSeek-R1 模型、通义千问多模态大模型、豆包大模型等，显著提高企业基层人员的工作效率和质量。为了全面把握 AI 带来的机会，必须积极采纳并整合 AI 技术，并将其结合到项目化管理工作中。借助智能化的工具和系统，企业基层人员可以更快速地获取信息、分析数据、优化流程，并且在工作过程中得到更强大的支持。此类转变不仅提升个人工作效能，也为组织创造更大的价值和竞争优势。随着 AI 技术的不断进步和广泛应用，它将在项目化管理领域发挥更加关键的作用，推动项目和运营实践朝着更高效、更智能的方向发展。

1. AI 在项目管理中的应用探索

人工智能（AI）的应用为项目管理的多维领域提供了新的空间，为传统的管理方法带来全面的革新。

（1）辅助决策制定

通过 AI 分析历史数据和实时信息，为项目经理提供决策依据。它能够识别模式、预测结果，并基于数据和信息提出建议。在项目经理面临关键决策时，AI 可协助其评估不同选择的潜在影响，从而做出更加明智的决策。

（2）提升自动化水平和效率

AI 的自动化功能可以大幅度提升项目管理的效率。自动化工具使项目经理能够从烦琐的行政事务和文书工作中解脱出来，更专注于项目的核心策略和创新设计。例如，国内先进的现场长文本模型 KIMI，可以高效收集和整理项目数据，生成报告，从而节省时间并减少人为失误。

（3）进行风险管理

AI 在风险管理领域发挥着重要作用。通过对项目数据的持续监控和深入分析，AI 能够预测项目潜在的风险和问题，并及时提醒项目团队采取必要的预防措施。这种前瞻性的风险管理策略有助于降低不确定性，确保项目顺利推进。

（4）强化沟通和协作

AI 工具为团队成员间的沟通和协作提供了有力支持。AI 平台能够使团队成员不受空间限制，即时进行信息的共享和有效交流。此外，AI 聊天机器人和虚拟助手可以全天候响应团队成员的查询需求，协调任务分配，确保团队协作的连贯性和一致性。

（5）丰富知识管理

AI 系统在知识管理方面展现出巨大应用潜力。它能够有序组织和索引项目文档、经验教训和最佳实践案例，使团队成员能够快速检索到所需信息。AI 的知识图谱和推荐系统可以帮助团队成员发掘新的联系和洞察，从而提升项目的整体知识水平。

AI 已成为项目管理重要的手段。AI 的应用不仅提升项目管理的效率和效果，还为项目经理提供强大的决策支持，协助他们应对复杂多变的项目环境。随着 AI 技术的持续进步，其在项目管理领域的应用前景将更加广阔和深入。

2. AI 赋能项目化工作的实践路径

在项目化管理的实践中，AI 技术的赋能为项目化工作开辟了新的路径，提供了新的解决方案。AI 在项目化工作中的应用主要有以下 5 种方式。

（1）引入 AI 工具

项目团队可以引入 AI 工具提升管理效率。这些工具可能包括自动化报告生成、智能风险评估和预测分析等，它们可以被集成到现有的工作流程中，帮助团队更高效地完成任务。

（2）接受 AI 教培

为了充分利用 AI 工具，项目团队成员需要接受相应的培训和教育。这不仅涉及 AI 工具的操作使用，还包括更好地理解 AI 在项目管理中的应用，从而提高团队的整体能力。

（3）利用 AI 数据

AI 的数据分析能力可以为项目管理提供数据驱动的决策支持。AI 能够通过分析项目数据，预测可能出现的风险和机会，帮助项目经理做出更明智的决策。

（4）持续优化改进

AI 系统可以持续收集和分析项目反馈和性能数据，帮助团队发掘改进机会。这种持续的改进过程有助于优化项目管理流程，提升项目执行质量。

（5）开展 AI 协作

AI 工具可以促进不同部门和团队之间的协作。通过智能协作平台，不同团队间可以更有效地共享信息、协调任务和整合资源，确保项目目标的一致性和协调性。

通过这些实践路径，AI 和 AIGC 为项目管理带来显著的效能提升。AI 技术的应用不仅能提高工作效率，还能优化决策过程、加强风险管理、改善沟通协作，并最终实现项目管理方法的持续改进。这些进步不仅能促进个人职业发展，也能为组织带来更大的价值。

总之，企业基层人员必须持续学习本行业的专业技术，掌握多种项目管理技能，利用更多先进技术和工具，才能切实保障项目实施和执行的有力推进。

附件：项目任务书示例

项目基本信息

－项目名称：某省公司数智化烟草应用平台研发项目

－项目编号：XZ-BK-01

－项目负责人：张三（项目经理）

－项目总监：李四

－编制日期：2024 年 01 月 15 日

－保存地点：项目管理部

－保存期限：3 年

任务概览

－任务名称：数智化烟草应用平台研发

－任务编号：XZ-BK-01-T01

－任务目标：

－完成数智化烟草应用平台的研发，实现数据集成与分析，提供实时监控和预警机制，增强用户交互体验。

任务详细描述

－任务输入条件：

－项目启动资金到位

－项目团队组建完成

－明确的需求说明书

－任务工作内容：

－系统架构设计

－功能模块开发

　　　　-系统集成测试

　　　　-用户培训材料编制

　　　-任务成果：

　　　　-完成的软件平台

　　　　-测试报告和用户手册

　　　　-用户培训完成证明

　　　-任务实施要点：

　　　　-采用敏捷开发方法，确保开发效率

　　　　-定期进行代码审查，保证代码质量

　　　　-与烟草公司紧密合作，确保满足业务需求

　　　-任务责任人：

　　　　-系统架构设计：李华（高级工程师）

　　　　-功能模块开发：王五（高级开发人员）

　　　　-系统集成测试：赵六（测试经理）

　　　　-用户培训材料编制：孙七（培训专员）

　　项目范围

　　-所需资源：

　　　-人力资源：项目团队共 10 人

　　　-物力资源：服务器 2 台，网络设备 1 套

　　　-财力资源：项目预算 500 万元

　　-交付物：

　　　-系统设计文档

　　　-源代码

　　　-测试报告

　　　-用户手册

　　-时间表：

　　　-启动阶段：2024 年 02 月 01 日至 2024 年 02 月 28 日

　　　-设计阶段：2024 年 03 月 01 日至 2024 年 04 月 30 日

−开发与测试：2024 年 05 月 01 日至 2024 年 07 月 31 日

−上线与维护：2024 年 08 月 01 日至 2024 年 08 月 31 日

−质量标准：

−符合 ISO/IEC 25010 软件质量标准

风险管理

−风险评估：

　−技术风险：新技术可能带来的不确定性

　−市场风险：市场需求变化

　−进度风险：项目延期

−应对措施：

　−技术风险：采用成熟技术方案，进行多次技术测试

　−市场风险：定期进行市场调查，及时调整产品方向

　−进度风险：设置里程碑节点，预留缓冲时间

组织保障机制

−攻关团队：由核心技术人员和管理人员组成

−协调机制：建立定期会议制度，确保信息畅通

−潜在问题及应对举措：

　−人员流动：制定激励机制，稳定核心团队

　−资金不足：申请专项经费支持，确保项目顺利进行

其他相关事项

−多领域申报：如项目涉及多个领域，需分别准备相应的任务书

5.3　擅于汇报，进展明确稳推进

在项目管理过程中，汇报和沟通是一个重要环节。良好的汇报和沟通能力是确保项目团队走向成功的必要条件。作为项目实施的一线主体，企业基层人

员的汇报能力不仅关乎其个人工作的透明度，更是推动项目不断向前发展的重要动力。汇报和沟通不仅能保障信息透明度，更是团队协作和一线决策制定的重要基础。企业基层人员作为项目实施的中坚力量，其汇报能力直接关系到项目团队的决策质量和协调效率，进而影响整个项目的稳健前行，甚至最终决定项目成败。

本节将深入分析如何通过高效的汇报技巧，为项目进展提供保障和动力。一旦掌握了有效汇报的方法，企业基层人员就能更加自信地驾驭项目沟通，确保项目信息的准确传达并促进团队成员间的有效协同。通过本节的学习，企业基层人员将能够掌握有效汇报的关键技巧，保障信息传达的准确无误；学会通过持续监控和适时调整，提升项目的可预测性和稳定性；理解系统化和流程化的风险和问题管控，从而增强项目的韧性和应对挑战的能力。

5.3.1 企业基层人员有效项目汇报是推进项目的重要手段

项目汇报对于推进项目进展具有不可替代的作用。它不仅是信息传递的媒介，更能激发团队协作与沟通。通过深入挖掘项目汇报的关键要素，能够保证汇报内容的准确性，提升汇报的简约性，加强团队的沟通与协作。使用实用的技巧和策略，直击项目管理关键环节，以确保每一次汇报都能为项目的成功汇聚力量。

1. 确定有效项目汇报包含的关键信息

在项目管理过程中，企业基层人员需对项目重要信息进行精准且全面的汇报，为此必须在汇报前围绕关键"十要素"进行梳理，并根据汇报的重要性和汇报对象进行筛选和调整，确保项目信息的透明和可靠，从而达到汇报目的。

汇报中"十要素"的具体内容如下：

（1）项目状态更新

细致描述项目的整体进展情况，包括已完成的任务和活动。通过对照原计划，明确指出实际执行过程中发生的任何偏差或延误，为项目团队提供当前状态的全景式视图。

（2）关键里程碑情况

明确阐述项目中的主要里程碑节点及其完成情况。深入讨论这些里程碑对项目整体进度产生的影响，以确保团队对这些关键节点保持重视和准确掌握。

（3）问题和挑战识别

如实反映项目管理过程中遇到的问题和挑战，从原因分析到对项目目标的潜在影响，每一环节都需详尽阐述，确保问题和挑战能够得到及时识别和有效解决。

（4）解决方案和建议

针对已识别出的问题，应提供具体的解决方案和建议。详细讨论这些建议的预期效果及其实施步骤，为项目的顺利推进提供明确的路径指引。

（5）资源和支持需求

详细说明项目推进所需的资源，包括人力、物资、财力资源，以及技术支持等。同时，强调资源缺口和额外支持对项目进度可能产生的潜在影响，为资源的合理配置和优化使用提供决策依据。

（6）风险评估和管理

全面识别可能阻碍项目推进和成功的潜在风险点，描述风险管理策略、消除或防控风险的措施，保障项目管理能够有效应对各种不确定性的挑战。

（7）质量控制和保证

报告项目成果的质量控制措施和效果，讨论在质量控制过程中发现的问题，及时采取纠正措施，以高标准确保项目成果的可靠性与稳定性。

（8）利益相关方反馈和期望

系统汇总并分析来自各利益相关方的反馈意见，包括客户和团队成员等各方面的看法和建议。描述这些反馈如何影响项目的方向选择和决策制定，为项目赢得更广泛的支持和认同。

（9）下一步计划和目标

描述即将展开的工作计划，并进一步明确短期和长期目标设定。同时，详细规划下一步行动的责任分配和时间安排，为项目团队提供清晰且可执行的行动指南。

（10）创新和改进机会

捕捉项目管理过程中的创新点和改进空间，讨论这些机会如何为项目带来额外的价值，推动项目不断向成功的目标迈进。

2. 确保汇报的简约性和有效性

在项目管理过程中，汇报的简洁性和高效性是确保信息传递精准、决策迅速的关键。企业基层人员在执行汇报任务时，为将复杂问题简明化，将关键信息突出化，提升汇报的质量和效率可参照以下"十大措施"：

（1）精炼内容

企业基层人员在筹备汇报时，应专注于提炼关键信息，即从大量数据中筛选出最能反映项目状况的指标，确保汇报内容既全面又精炼。此举有助于直接传达项目的重要的进展和存在的问题，避免汇报的接收者陷入无谓的细节中。

（2）逻辑清晰

一个逻辑清晰的汇报架构能够帮助听众更好地理解并记忆信息。企业基层人员需按照合理的逻辑顺序构建汇报内容，如依次介绍项目背景、当前状态、面临的挑战和应对策略，以及未来规划。这种结构化的方法有助于听众跟随汇报的流程。

（3）重点突出

在汇报中，企业基层人员应使用强调、色彩标注或图表等手段，突出显示最重要的信息。这样做不仅能够吸引汇报接收者的注意力，还能保障关键信息在汇报结束后被他们所牢记。

（4）避免过度

汇报的语言应贴近日常对话，避免行业术语的过度使用和堆砌，避免造成汇报接收者理解障碍。

（5）信息分层

考虑到汇报接收者对信息深度和广度的差异化需求，企业基层人员应将信息分层处理。例如，向企业高层管理者提供高层次的概述，而为技术团队提供更详细的数据和分析。

（6）控制时间

在时间的把控方面，企业基层人员应合理规划汇报时长，避免冗长陈述使汇报接收者的注意力分散并产生厌烦情绪。

（7）辅助工具

现代技术提供了多种辅助工具，如幻灯片演示软件、图表生成器和实时数据可视化工具等，均能增强汇报的视觉效果和信息传递效率。企业基层人员应充分利用这些工具，以提高汇报的吸引力，同时使其便于理解。

（8）注重互动

在汇报中设置互动环节，企业基层人员应激发汇报接收者的参与热情，使汇报成为一场思维的交流和碰撞。

（9）反馈机制

汇报结束后，企业基层人员应主动了解汇报的反响，认真收集反馈意见，评估汇报的实际效果。这种反馈可以来源于正式的调查问卷，也可以是非正式的讨论和建议。随后，应根据反馈进行细致的调整。

（10）持续优化

基于所收集的反馈意见，企业基层人员应对汇报内容和形式进行持续的优化与改进。这包括调整信息的展示方式、提升语言表达的清晰度和优化汇报的结构等，以期提高未来汇报的效果。

通过上述措施，企业基层人员能够确保项目汇报既简洁又高效，使上级领导和项目团队能够迅速把握项目核心要点，做出及时且准确的决策，从而推动项目顺利进展。这种汇报不仅能够提升团队的信息传递效率，也能够增强团队成员之间的沟通和理解。

3. 强化汇报促进项目团队的沟通和协作

在项目管理领域，汇报技术不仅能准确传递信息，还能产生艺术性的效果。它能够激发团队潜能，促进沟通与协作。

为确保汇报在实施过程中发挥最大作用、产生良好效果，需要掌握以下"九项手段"。

（1）激发团队共鸣

在汇报中，应明确阐述项目的核心价值和目标，并将其贯穿整个汇报过程。此举旨在确保团队成员深刻领悟项目意义，通过共享项目愿景，激发团队成员的责任感和使命感，从而促进成员之间的情感共鸣，巩固团队精神。

（2）促进信息共享

在汇报中，应强调信息共享的重要性。缺乏共享可能导致资源浪费、资源的重复投入或错误分配等问题。例如，设计团队和开发团队对项目需求理解出现分歧，可能会导致设计资源被浪费在不符合开发实际的设计方案上。信息共享可以确保团队成员及时获取项目进展和关键信息。通过建立有效的信息共享机制，鼓励团队成员主动交流想法和反馈问题，从而提升团队的透明度和协作效率。

（3）建立开放环境

为确保汇报顺利进行，需营造开放的环境，以保障沟通交流顺畅。企业基层人员应对此有深刻理解，并事先和会议或活动的组织者进行充分沟通，协助在议程设计、材料组织、现场布置等方面体现专业性，引导每位成员交流自己的想法，营造一个各抒己见、畅所欲言的交流氛围。

（4）协调不同意见

在汇报中，难免遇到意见分歧或争议情况。此时，应保持沉着冷静，灵活应对。企业基层人员应发挥自身作用，协助会议主持人整合各种观点，协助参会人员以事实为依据，以道理为标准，共同寻求项目推进的共识与差异的解决之道。

（5）增强信息透明度

为确保项目信息的高度透明，汇报应提供全面、准确的项目进展情况。这有助于团队成员清晰了解项目当前状态，坚决避免出现信息隐瞒或误解的情况。企业基层人员应确保信息的及时更新和精确传达，通过建立透明的信息共享机制，使团队成员对项目进展和决策过程有充分了解，并能充分表达意见建议，从而增强团队间的信任和协作。

（6）鼓励主动参与

企业基层人员应通过汇报激发团队成员的主动参与意识，鼓励和引导他们积极提出意见和建议。通过明确展示个人贡献对项目成功的重要作用，促进团队成员主动参与项目讨论和决策过程，提升团队的凝聚力和创新能力。

（7）建立信任和尊重

在汇报中，企业基层人员应以诚信和尊重为基础，助力构建团队间的信任。要深刻感受并珍视他人对自己的理解和帮助，表达诚挚谢意，并坚持实事求是的原则。要认识到自己的不足，虚心向他人学习，以确保每位成员都能感受到自己的尊严和价值得到尊重和认可。

（8）促进跨部门协作

汇报应成为促进跨部门协作的手段。通过展示项目对其他部门的意义和价值，促进各部门间达成共识并解决问题。企业基层人员应协助建立跨部门沟通渠道，推动资源共享和协同工作，以实现组织内不同团队之间的有效合作，共同推进项目目标的实现。

（9）及时解决问题

汇报的目的是更好地解决问题。对汇报中提出的问题，应高度重视，应重点关注并研究思考解决方案。企业基层人员要懂得闭环管理的重要性，明确汇报并非全部任务，应及时跟踪后续的处理情况，提供必要的协助和支持，助力问题的妥善解决。

通过上述手段，企业基层人员能够掌握汇报的技巧和注意事项，从而在项目团队中发挥积极作用。通过增强信息透明度、引导主动参与和促进跨部门协作，为项目的成功实施创造有利条件。

5.3.2　企业基层人员进行监控和适时调整是有效汇报的前提

监控项目进展并适时进行调整是确保项目按计划进行的基础。基层人员需掌握监控项目进展的工具和方法，灵活调整项目执行中的偏差，主动研判监控信息，以提升项目的可预测性，进而为达到预期汇报效果奠定基础。

1. 牢固掌握监控项目进展的常用工具方法

企业基层人员在监控项目进展过程中，应该展现出细致入微的洞察力，运用各种工具和方法捕捉项目的每一个微小变化，迅速准确的分析判断，以确保问题得到及时有效解决。

对以下工具的具体操作和使用，将会使基层人员能够高效监控项目进展。

（1）甘特图

甘特图是一种项目管理工具，最早由化学工程师亨利·甘特在 20 世纪初提出，用于生产计划和控制。它通过条状图的形式展示项目的时间表和任务依赖关系，使项目管理者能够清晰地看到整个项目的进度和关键路径。甘特图作为项目监控的"时间地图"，能够使企业基层人员有效地监控项目进展，确保项目按计划有序推进，减少延误风险。

（2）关键路径法

关键路径法是一种项目管理技术，由杜邦公司的工程师于 20 世纪 50 年代开发并应用于优化项目计划和时间管理。该技术通过分析项目任务的依赖关系，确定项目的关键路径，即决定项目完成时间的最长任务序列。这是项目管理中的"生命线"，通过确定项目中时间最长的路径，帮助项目管理者识别可能影响项目完成日期的关键任务。

（3）敏捷看板

敏捷看板（Kanban）是一种视觉化项目管理工具，起源于日本的精益生产方式，后被广泛应用于软件开发和项目管理。敏捷看板通过在白板或数字板上展示任务卡片，帮助团队实时监控任务进度和状态变化，提高信息的透明度和团队协作效率。作为项目监控的"信息流"，敏捷看板让项目管理者能够实时监控任务状态，有效推动团队成员之间的协作和沟通。

2. 灵活准确调整项目任务执行偏差

面对项目任务执行过程中的偏差，企业基层人员的应对策略和调整能力是确保项目顺利进行的关键环节。通过科学寻根溯源、风险重新评估、资源重新分配和进度压缩技术等方法，可以有效纠正项目中的偏差。这些策略的实施不仅展现企业基层人员在项目管理中的应变能力，更彰显其决策智慧，为项目的成功提供保障。

（1）科学寻根溯源

识别偏差的根本原因至关重要，应采用科学的方法进行深入分析。这要求企业基层人员知识储备充足，经验阅历丰富，具备敏锐的观察力和分析能力，科学搜寻每一个可能导致偏差的线索，不遗漏任何细节。通过详尽的分析和研究，准确锁定问题根源，为制定解决方案奠定基础。

（2）风险重新评估

项目任务的偏差可能表明原有的风险评估不够充分、评估手段有待改进，或者项目环境条件已发生新的变化而未能及时察觉。因此，企业基层人员需要重新评估风险，特别是反思之前评估时存在的问题，以此为依据更新风险管理计划。这包括识别新的风险、重新评估各类风险发生的概率和影响程度，以及制定或更新相应应对策略。

（3）资源重新分配

在资源有限的情况下，企业基层人员必须将资源重新分配，确保关键任务和里程碑得到充足的资源支持。这一过程可能包含对任务重新优先排序、调整团队成员的工作重点，或重新分配预算和物资。例如，在一个建筑项目中，因供应链问题导致部分材料延迟到达，可能会影响关键的施工里程碑。在此种情况下，基层项目经理需重新评估现有资源，识别出哪些施工任务可以暂时放缓或调整，从而为关键任务保留充足的资源。又如，如果外墙施工所需的材料延迟，项目经理可能会决定先集中资源完成内部结构的建设，同时与供应商沟通以解决材料供应问题。通过此种方式，项目经理可确保关键施工任务不因资源短缺而受阻，从而保持项目的整体进度。

（4）进度压缩技术

当项目进度落后时，企业基层人员可以采用多种进度压缩技术以加快项目进度。这是较为有效的方法，可能包括赶工（增加资源以缩短任务时间）、快速跟进（重叠任务的某些阶段）或采用更高效的工具和方法。

1）赶工（Crashing）。赶工是通过增加资源，以最小的成本增幅来压缩进度工期的一种技术。例如，在建筑项目中，若主体结构的施工进度落后于计划，可通过增加施工人员、延长工作时间（如安排加班）、引入额外设备或材料等手段来加快该部分的工作进度。尽管这种做法可能增加一定的成本，但能够显著减少项目的整体完成时间。

2）快速跟进（Fast Tracking）。快速跟进是指在关键路径上，将原本执行任务的顺序进行调整，使其至少部分并行开展，从而缩短整个项目的工期。例如，在软件开发项目中，通常会将编码、测试和文档编写等任务安排得更加紧凑，以便这些任务可以同时进行，而非依次完成。这种方法虽然有可能增加返工风险，但在某些情况下是必需的。

3）采用更高效的工具和方法。除上述 2 种主要方法外，还可以通过引入更高效的工具和方法来提升工作效率。例如，在制造业项目中，可以采用自动化生产线代替手工操作，从而大幅提高生产效率；在信息系统的开发领域，可以采用敏捷开发方法，通过短周期迭代和快速反馈机制来优化开发流程。

例如，某公司正致力于开发一款新的手机应用程序，原定于 3 个月内完成。然而，在开发过程中遭遇了一些意外情况，导致项目进度延迟了半个月。为确保产品按时发布，项目团队决定采取以下措施：

①赶工。增加开发人员数量，并安排加班以确保关键功能模块能如期完成。

②快速跟进。将顺序进行的 UI 设计和前端开发调整为并行进行，以减少等待时间。

③使用更高效的工具。引入新的代码审查工具，提高代码质量，减少后期修复的工作量。

（5）再监控和再跟踪

调整措施实施后，企业基层人员需要密切再监控项目后续进展，及时再跟踪项目运行状态，确保调整措施得到有效执行。这有助于他们评估调整措施的效果，并在必要时进一步调整策略。

（6）记录和文档化

养成良好的记录和使用的习惯，并确保所有偏差原因、调整措施及其结果均得到详细记录和文档化管理，最佳实践是将这些信息保存在电子文档中，以便随时记录、保存和取用。这不仅有助于未来项目的学习和改进，也为项目审计和评估提供了重要信息和依据。

通过上述措施的实施，企业基层人员能够在项目出现偏差时迅速、有效地进行调整，保障项目目标的实现，并提升项目的整体成功率。

3. 主动研判监控信息提升项目可预测性

在项目管理过程中，预测项目的未来走向是一项至关重要的能力。作为项目成功的关键因素，企业基层人员需通过深入分析监控信息，提升项目的可预测性。这不仅要求对项目数据进行深入分析，还涉及对假设条件的测试、模拟和预测技术的恰当应用，以及持续的学习和改进过程。通过"四项技术"，企业基层人员能够有效地识别项目成功的潜在障碍，并采取相应的措施，以确保项目能够按计划顺利推进。

（1）趋势分析技术

趋势分析是项目管理中的"水晶球"，它允许基层人员通过历史数据和项目当前进展预测项目的未来走向。企业基层人员应利用统计工具和图表精准识别项目数据中的发展趋势，以便预测可能的前景和挑战。这种方法有助于提前制定应对策略，降低意外情况的发生概率。

（2）假设条件测试技术

项目计划往往基于一系列假设条件，需在项目开始前进行设想验证。企业基层人员对这些假设进行测试时，要评估它们在现实条件下的可靠性。通过挑战和验证这些假设，可以揭示项目成功的潜在障碍和原始假设的不足之处，及时调整计划以适应实际情况。

（3）模拟和预测技术

蒙特卡洛模拟（Monte Carlo Simulation，MCS）等技术可以帮助企业基层人员评估不确定性对项目的影响。通过这些技术模拟多种场景和结果，为项目决策提供科学依据，使项目团队能够更全面地理解潜在风险和机遇，从而制定更加明智的策略。

蒙特卡洛模拟是一种基于概率和统计的数值计算方法，通过随机抽样模拟复杂系统的行为，在项目管理和风险管理中具有重要应用价值。

蒙特卡洛模拟能够解决涉及不确定性和随机性的复杂问题。它通过生成大量随机样本并计算它们的平均值，估算未知量的数值。其基本思想是将问题与一定的概率模型相联系，用电子计算机实现随机数（或更常见的伪随机数）的生成和抽样。

过程描述：首先设定随机过程。此过程需为每个变量设定一个概率分布，如正态分布、均匀分布等，之后反复生成时间序列。通过反复生成时间序列，计算参数估计量和统计量，进而研究其分布特征。

模拟不同场景：通过多次重复上述过程，可以模拟多种项目场景和最终结果。

（4）持续学习和改进技术

项目管理是一个动态循环学习和改进的过程，基层人员应聚焦问题的发现、复盘和处理，重视实践对于提升认知和积累经验的重要性。企业基层人员应不断总结和运用经验，学习行业最佳实践，并特别关注风险预先防范、科学方法应用和工作质效提高等方面的亮点，并将其应用于自身项目。通过持续的学习和改进，提高对项目挑战的应对能力，增强项目的适应性和韧性。

通过运用这些方法，企业基层人员能够确保项目监控的有效性，并在必要时进行及时调整，保障项目按计划推进。正如彼得·德鲁克所说："没有衡量，就没有管理。"企业基层人员的监控和调整工作正是项目管理中衡量和改进的关键指标，有助于提升项目的整体成功率。为达到预期汇报效果，应通过多种手段做好充分准备和基础工作，保障项目汇报工作顺利进行，有力推进项目进展。

5.3.3　系统化和流程化管控项目任务风险与问题

在项目管理过程，风险和问题管控是保障项目顺利进行的基石，更是进行有效汇报的先决条件。应通过系统化和流程化的方法，管控项目风险和问题，进而提升企业基层人员在汇报中的表现，保证汇报的高质量。

1. 不当"救火英雄"，树立项目风险管理意识

华为公司流传这样一句话，不做扁鹊，做扁鹊大哥。其寓意在于，项目管理不应出现后期产生大量问题，需要补救的情况，应认真做好前期工作。例如，大型网络设备开放过程中，若工程师疏漏了一行代码的编写，埋入隐患，测试阶段测试人员又未能及时发现，最终导致客户侧出现重大故障，此时用赶工的方式定位问题，安抚客户，解决问题，看似是很高效的应急处理措施，其实暴露了亡羊补牢的被动与无奈。

可见，企业基层人员在项目管理中，应避免成为"救火英雄"，而是应成为"防火专家"。这要求他们坚持 2 个原则：一是预防优于补救，提前做好各项防范风险的准备，时刻保持警觉，最大限度防患于未然；二是持续保持警惕，对项目潜在风险保持敏锐洞察力，严密监控，确保风险在成为问题之前被发现与处理。

2. 熟练掌握风险管理五步法

风险管理五步法为企业基层人员提供了一套系统化的工具和流程，帮助他们在项目管理过程中识别、分析、规划、监控和应对风险。通过此方法的应用，企业基层人员能够全面地搜集线索，科学地研究风险的性质，敏锐地追踪风险的发展，最终果断且冷静地应对和处置风险。这不仅能增强基层人员对项目风险的控制能力，也为项目的顺利进行提供坚实的保障。

以下是对风险管理五步法的详细阐述。

（1）风险识别

风险识别是风险管控的第一步，也是风险管控的基础。企业基层人员应使用 SWOT 分析、历史数据分析等技术识别风险，用感知、判断或归类的方式对现实及潜在的风险性质进行鉴别，并重点关注生产风险、环境风险、市场风险、技术风险、财务风险等领域。企业基层人员应在风险登记册中记录已识别的风险，通过共享方式让团队所有成员对已识别风险充分了解与掌握。

（2）风险分析

在风险分析阶段，企业基层人员需要通过生产流程分析、资产状况分析、分解分析、失误树分析等多种方法进行全面诊断，通过定性分析和定量分析相结合的方式进行系统判断，评估每个风险发生的概率，以及对项目目标的影响程度。此过程可以通过风险矩阵来完成，该矩阵根据风险发生的概率和影响分类风险，筛选出需要优先处理的风险。

（3）风险规划

风险规划是针对风险分析得到的结果，做出恰当的决策，降低风险的负面影响，从而提高项目目标实现概率的过程。风险规划涉及制定缓解、转移、接受或避免风险的策略。企业基层人员应制订风险应对计划，包括预防措施和应急措施。这可能需要使用决策树模型和风险减轻策略，例如，增加资源、改变策略或引入风险保险。

（4）风险监控

风险监控旨在监控项目进展和项目环境，目的是核对采取的策略和措施的实际效果是否符合预期。风险监控是持续的过程，企业基层人员应使用风险追踪图和风险烧录图等工具实时监控风险的发展。这些工具帮助团队跟踪风险的状态和趋势，支撑风险应对措施的有效执行，并及时更新风险管理计划以适应项目环境变化。

（5）风险应对

风险应对的措施主要有规避风险、接受风险、降低风险和转移风险。当风险发生时，企业基层人员需立即执行风险应对计划以确保项目的顺利进行。他们需使用变更请求和风险审计等机制应对风险事件，确保项目能够适应变化，根据具体情况调整原有项目计划。

通过严格遵循并执行上述步骤，企业基层人员能够系统、有效地管控项目风险，增强项目团队对不确定性的应对能力和抗风险能力。

3. 坚定执行风险应对策略提高项目韧性

防范风险是每位成员的共同责任，应鼓励他们负起应有的责任。在风险应对和管理过程中，企业基层人员必须坚定地执行风险应对策略，提高项目的抵御风险能力，使项目能够有效应对不确定性和潜在威胁。

（1）采取果断行动应对风险

在项目管理过程中，面对风险时，企业基层人员需展现出果断的行动力。这要求他们迅速做出决策并沉着应对挑战。果断行动不仅能够及时遏制风险的扩散，还能够展现自身应变能力，增强团队信心，将潜在风险降到最低。

（2）进行风险评估与策略制定

企业基层人员应定期进行风险评估，及时发现新的风险，迅速制定相应的风险应对措施。在制定策略时，需考虑多种可能的情况，制定出灵活的策略应对不确定性，并根据实际情况进行调整。这些策略应包括预防措施、缓解措施、应急计划和恢复计划，确保所制订计划具有针对性、连续性和有效性，避免片面应对。

（3）培养风险防控氛围

企业基层人员应互相激励，共同提高团队成员的风险意识，营造积极的风险管控氛围，形成"人人防风险、个个能发现"的工作环境。这种氛围鼓励团队成员齐心协力，共同参与到风险应对策略的制定和执行中，实现风险的"早发现、早报告、早处置"。

（4）高度重视模拟演练

通过模拟演练和情景规划，企业基层人员可以检验风险应对策略的有效性，并增强团队成员之间的沟通、协作和配合能力，提高团队对风险事件的整体响应能力。此类演练有助于团队成员理解自身在风险应对过程中的角色和责任，通过模拟紧急情况，使其能够深刻认识到突发事件的严重性和紧迫性，进而培养冷静、果断的风险应对能力。

通过上述这些风险防范措施的实施，企业基层人员不仅可以提高项目应对风险的韧性，同时也能提高自身的应急处理能力，保障项目在面对不确定性和挑战时能够保持稳定和持续发展。

5.4 自我驱动，成果贡献显佳绩

在项目化管理的过程中，每一名企业基层人员都扮演着重要角色。他们是项目成功的基石，是创新思维和执行力的源泉。然而，为实现个人价值的最大化并为项目贡献卓越成果，企业基层人员应具备强大的自我驱动力。这种内在力量能够激发他们的潜能，推动他们在项目中不断奋进，即便面临困难和逆境也能有效应对。

本节内容将深入探讨自我驱动的重要性，以及如何通过增强自我驱动以提升项目绩效和促进个人职业成长，包括：如何培养和维持自我驱动，如何在项目团队中发挥个人价值，以及如何将个人的发展与团队的目标协调一致，共同推动项目成功。

此外，还将了解如何以成果为导向开展工作，如何确保个人的工作成果与项目的整体进程相契合，以及如何通过成果导向促进提高团队的执行力和创新力。最终，揭示如何在项目团队中实现个人价值，如何在团队协作中最大化个人贡献，在合作中促进个人的职业成长。通过学习本节内容，企业基层人员将能够深刻理解自我驱动的力量，掌握实现个人价值和项目成功的策略和技巧。在项目管理领域，自我驱动是通往成功的重要途径。应通过自我驱动为项目做出贡献，实现个人与企业的共同成长和进步。

5.4.1 企业基层人员不断持续激发和保持自我驱动

"老牛亦解韶光贵，不待扬鞭自奋蹄。"在项目化管理中，自我驱动是企业基层人员不断超越自我、实现目标的核心动力。这种内在驱动力使他们充分发挥主观能动性，面对挑战时展现出坚韧的品质和创新的精神。

1. 自我驱动的内在动力是进步的不竭源泉

自我驱动不仅是一种个人特质，更是一种可通过实践和学习不断提升的能力。在此过程中，应探索如何设定明确目标、如何通过反馈机制进行自我激励，以及如何在面对困难和挑战时保持积极乐观的心态。

自我驱动的内在动力源于个人对成就的渴望、对工作的热爱，以及对个人成长的追求。这种动力会促使企业基层人员保持持续的进取心，是他们在项目管理中不断取得进步的重要保障。

（1）内在动力的培养

企业基层人员需激发对工作的热情，这不仅关系到任务的顺利完成，更关系到个人潜能的充分发掘和实现。通过深入反思个人对社会的奉献、对企业的贡献与个人价值之间的关系，他们才有可能理解工作的真正意义，从而激发内在动力。培养内在动力的方式如下：首先，基层人员应从自我认知出发，明确个人兴趣、爱好、特点和目标；其次，基层人员应设定与个人价值观和社会主义核心价值观相符的具体目标，并通过不断取得的小成果持续激励自我；最后，基层人员应保持持续学习的习惯和健康的生活方式，以维持动力和活力。

（2）热情与兴趣的探寻

正如爱因斯坦所说，对于一切来说，只有热爱才是最好的老师。企业基层人员应发现并发展自己的兴趣，并怀揣热情将其与他们深入探索的专业领域相结合，不断努力超越、追求卓越。目标与愿景的设定。设定清晰的个人目标和职业愿景，与为社会奉献和为企业贡献紧密挂钩，为自我驱动提供正确的指引。这些目标和愿景使企业基层人员能够出色完成项目任务，助力企业发展。设定目标和愿景的意义在于，只有为社会和企业创造价值，才能真正最大化彰显个人价值。自我激励是保持内在动力的关键。企业基层人员应学会在完成任务或达成里程碑时给予自己适当的奖励，这种正向反馈能够持续激发他们的积极性和自我认同感。

（3）面对失败的韧性

在实际工作过程中，失败是难免的。企业基层人员需要培养面对失败的良好心态，将失败视为学习和成长的机会，从中汲取经验并转化为成功的动力。罗伯特·肯尼迪曾言，只有那些敢于失败的人，才能获得真正的成功。

（4）自我实现的需求

亚伯拉罕·马斯洛提出的需求层次理论指出，自我实现是人类需求的最高层次。企业基层人员应在项目化管理过程中追求自我实现，通过不断挑战自我，为社会和企业做出更大贡献，实现个人价值和职业发展的双赢。内在动力与团队目标的结合。企业基层人员的内在动力不应孤立存在，应与团队目标相结合，形成合力，促进共同提升。当个人的追求与项团队目标方向一致时，他们将投入更多的热情，达到事半功倍的效果。

"白首壮心驯大海，青春浩气走千山。"企业基层人员的自我驱动将成为他们职业生涯中的强大精神支柱。这种内在的动力将支撑他们在项目化管理的道路上不断前进，克服困难，实现自我价值最大化。

2. 通过目标设定和及时反馈激发自我驱动

"目标明确，努力有方向；用心前行，定能创辉煌。"在项目管理过程中，目标设定和及时反馈是激发企业基层人员自我驱动的核心要素。它们为企业基层人员提供更清晰的职业发展方向。

（1）目标设定是激发自我驱动的重要手段

SMART 原则为基层人员提供了设定目标的有效框架。同时，及时反馈让企业基层人员能够清晰地审视自身表现和进步，从而不断调整和优化行动策略。目标设定的力量极为强大。目标是行动的纲领，为企业基层人员提供了明确的方向并注入强大动力。清晰的目标能够充分激发个人的积极性和主动性，推动其不断前进。高尔基曾说，一个人追求的目标越高，他的能力就发展得越快，对社会就越有益。

（2）重视反馈的价值

及时反馈对企业基层人员自我驱动有重要的推动作用。它可以使企业基层人员获取众多所需信息、沟通思想、掌握进度、发现问题、研究改进等。管理大师彼得·德鲁克曾言，质量在于令顾客满意，而顾客满意度是通过反馈来衡量的。企业基层人员应积极参与构建项目中的反馈机制。一是定期的一对一会谈，与团队成员交流工作进展，用谦虚的态度接受指导；二是利用项目管理工具收集数据，量化工作效率和效果；三是鼓励团队成员间的交流沟通，营造开放和建设性的团队沟通文化，加强反馈。企业基层人员还应将反馈视为学习和成长的机会，对收到的反馈保持开放态度，虚心接受批评、勇于面对问题、积极承担责任。从失败中汲取教训，将错误和失误视为成功的一部分。

（3）两者循环的意义

目标设定和技术反馈之间存在动态良性循环。企业基层人员在达成一个阶段性目标后，应参考反馈信息设定下个阶段新的目标。同时，利用反馈信息不断优化目标设定过程，保障阶段性目标始终围绕项目整体目标展开。在目标达成和反馈循环的基础上，企业基层人员应学会并实施有效的自我激励。一是设定合理的奖励机制，当阶段性目标达成时给予自己奖励；二是与他人分享成果和经验，争取获得团队支持和企业认可；三是保持对个人成长和职业发展的热情和追求，不断深化个人对自我驱动内在动力的理解。

通过目标设定和及时反馈，企业基层人员的自我驱动将在现有状况的基础上得到进一步激发和增强。他们将在项目管理过程中以更加明确的方向和更加坚定的决心，追求成功。

3. 面对困难保持自我驱动要乐观积极

在项目管理的过程中，每一名企业基层人员都应积极探索未知领域。面对不可避免的挑战和困难时，他们需保持一种乐观积极的态度，这种态度是激发自我驱动力、实现既定目标的必要条件。

（1）培养乐观心态

乐观的心态能够让企业基层人员在逆境中看到希望。正如罗伯特·弗罗斯特所言，最好的出路，永远都是穿过去。这种心态有助于基层人员有信心和勇气面对困难，情绪饱满，态度积极向上，不停寻找克服办法。

（2）积极面对挑战

面对挑战时，企业基层人员应认清现实情况，以勇敢的心态积极应对。随后应坦然接受挑战，因为挑战是成长的机会。海伦·凯勒的哲学证明，尽管世界充满挑战，但同时蕴含战胜困难的力量。这种力量源于人们面对挑战时的积极态度和果断行动。

（3）从失败中成长

每一次失败都是学习和成长的机会。企业基层人员应将失败视为成功的必要前提。爱迪生发明电灯过程中，经历过约6000次失败，每次失败都是对策略与能力的检验和提升，都是通往成功的必要过程。

（4）保持灵活适应

在项目管理多变的环境中，适应性和灵活性是保持自我驱动力的重要因素。企业基层人员需展现出快速适应和应对变化的能力，及时有效处理突发问题或状况，避免损失和不良影响扩大。这不仅有助于他们在不确定性中保持稳健，还能成为推动他们持续前进的动力。

（5）拥有支持团队

企业基层人员应建立和维护一个强大的支持团队，该团队应包括领导、同事、导师和家人等成员，他们在困境中能够提供资源和鼓励，在顺境中能够给予提醒和点拨。他们不一定时刻体现价值，却一定会在必要时给予帮助。

企业基层人员可以在项目管理中保持乐观积极的心态，将挑战转化为推动个人和项目成功的契机，实现自我驱动力的持续激发与提升。正如查尔斯·凯特林所说，如果你想要成功，就不要害怕失败。这不仅是对待失败应有的态度，也是对整个项目管理过程中保持自我驱动精神的深刻诠释。

5.4.2　企业基层人员应以成果为导向开展工作

在项目管理过程中，成果导向是推动项目向前发展的原动力。企业基层人员作为项目实施的支撑，他们的工作成效直接影响着项目的成败。

1. 养成"成果导向"习惯提升项目绩效

在项目管理过程中，企业基层人员的角色非常重要，他们以成果为导向的工作实践是项目取得成功的关键要素。成果导向的思维方式是一种围绕实现项目目标展开的思考方式。这种思维方式要求企业基层人员在项目管理的每个环节中都以成果为起点和终点。

（1）目标明确

企业基层人员首先需对项目目标有清晰的认识。这包括理解项目的整体愿景、具体目标以及预期成果。目标明确化意味着将高层次目标转化为具体的、可执行的任务和里程碑。此过程可以通过 SMART 原则辅助实现，确保每名成员均能明确自身的工作目标和努力方向。

（2）划分优先级

在明确项目目标后，企业基层人员需对各项任务进行优先级划分。这要求对任务的紧急程度和重要性进行评估，从而确定哪些任务对项目成果的实现最为关键。通过合理分配资源和时间，企业基层人员可以确保关键任务得到优先处理，从而提高项目完成的可靠性。

（3）监控与评估

监控与评估包括定期检查任务完成情况、评估工作质量、监控项目进度与原定计划的偏差等，任何环节都不可疏忽。通过持续的监控和评估，企业基层人员可及时发现问题，根据实际情况调整策略，调配对应的资源保障，确保项目始终朝着既定方向前进。

坚持成果导向，强化责任担当。通过养成成果导向的思维习惯，企业基层人员不仅能够提升自身的工作效能，还能够为项目的成功贡献价值。

2. "抬头看路" 确保个人交付与项目成果契合

在项目管理的过程中，企业基层人员不仅要完成本职工作，更要"抬头看路"，确保自身每一项任务都与项目的整体目标和愿景保持一致，更要确保自身产出与项目预期成果相契合。这不仅是对个人岗位职责的履行，也是对项目成功的贡献。全局意识的培养至关重要。史蒂夫·乔布斯曾言，保持饥渴，保持愚蠢。"饥渴"象征着对成功的追求，对全局的渴望。企业基层人员需培养对项目整体的感知度和理解力，从而在自身岗位上做出符合项目整体利益的决策。沟通协调的持续必不可少。有效的沟通是保障个人工作与项目成果相契合的纽带。乔治·萧伯纳曾说，最大的问题就是沟通的错觉。企业基层人员应通过持续的沟通协调，共享信息，消除误解，达成共识，促进团队成员之间的协同合作。应坚持一致性检查。定期的工作检查和反思是确保目标一致性的重要环节。哲学家苏格拉底提倡自我反省，未经审视的人生不值得过。企业基层人员应定期审视自身工作是否与项目目标保持一致，及时消除偏差，调整方向。

基层人员应深度掌握项目管理工具。项目管理工具能够帮助企业基层人员高效地规划、追踪和管控项目，是实现项目成功的关键。古希腊哲学家阿基米德曾说，给我一个支点，我可以撬动地球。项目管理工具就是企业基层人员撬动项目成功的支点。个人成长与项目成功应实现双赢。个人的成长不应与项目的成功分开讨论，而应该相辅相成，共同提升。企业基层人员应在追求个人成长进步的同时，思考自己如何为项目的成功和企业的发展做出更大的贡献。

"抬头看路是方向，低头拉车要清醒。"企业基层人员切记不可盲目努力，陷入错误的方向。而应明确目标，高效执行，确保个人的工作产出和交付与项目成果的要求高度契合。

3. "成果导向"是提高团队的执行力和创新力的抓手

在项目管理过程中，成果导向不仅是一种思维方式，也是一种工作方法，更是一种工作文化。它能够激发团队的执行力和创新力，营造积极向上的工作氛围，推动项目朝着预定目标稳健前行。

团队目标的认同。成果导向要求团队成员对项目目标有共同的理解和认同。罗伯特·K·格林里夫所强调领导原则，领导者是那些服务他人的人。在项目团队中，每个成员都应肩负起服务项目目标的领导责任，共同为实现项目目标而努力。执行力的提升。成果导向的工作方式能够显著提升团队执行力。当团队成员清晰理解他们的工作如何为项目成果做贡献时，他们更有可能采取主动行动，迅速有效地完成任务。**彼得·德鲁克表达了同样的观点，效率是做正确的事情，成效是正确地做事**。创新力的激发。成果导向鼓励团队成员不断寻求更有效的工作方法和解决方案。这种工作文化能够激发团队的创新力，亨利·福特曾说，如果你总是做你已经做过的事情，你就会得到你已经拥有的东西。在追求成果的过程中，应鼓励团队成员超越传统思维，探索新的可能性。

跨功能协作的促进。成果导向注重不同团队成员之间的协作，以实现共同的项目成果。这种跨功能的合作模式能够汇聚多样化的视角和技能，促进创新和问题的有效解决。持续改进的效果。成果导向的工作方式倡导持续改进的理念，鼓励团队成员不断寻求提高效率和效果的方法。这与 W. 爱德华·戴明的质量管理理念，持续改进是一个永无止境的过程相契合。成果激励与认可。通过成果激励和认可机制，团队成员的贡献得到肯定，进一步增强他们对成果导向的认同。亚伯拉罕·马斯洛的需求层次理论指出，人们有被认可和自我实现的需求。

以成果导向为纽带，才能凝聚人心，集结团队力量，进而激发出持续的创新力和执行力，推动项目朝着成功的目标前进。

5.4.3 企业基层人员要在项目团队中实现个人价值

在项目团队中，企业基层人员不仅是执行任务的个体，更是团队中的一分子。他们的个人成长与实现团队目标相一致，是实现项目成功的重要因素。不能助力实现团队目标的个人不能称为优秀员工，不能助推实现个人价值的团队也存在问题。个人和团队必须相辅相成，共同进步。

1. 个人成长目标与实现团队目标要协调融合

"个人融入团队，团队成就个人。"个人的成长路径与团队的发展方向应当一致，营造和谐共进的良好氛围。从目标对齐的重要性角度出发，个人目标与团队目标一致是实现协同效应的基础。当企业基层人员的职业发展目标与团队愿景相契合时，他们将更有动力投入项目，为共同的目标贡献力量。从角色认知的深化角度出发，企业基层人员需清晰认识到自身在团队中的角色和责任。这种认知不仅包括了解自身日常工作，还包括理解自身工作如何影响团队整体表现和促进项目成功。从持续的自我提升角度出发，在与团队目标对齐的基础上，企业基层人员应持续追求自我提升。这包括参加专业培训、获取新的技能认证或参与更具挑战性的项目任务。从积极参与团队决策角度出发，通过提出自己的独特、专业的见解和建议，影响团队的方向和决策。这种参与不仅能够促使团队集思广益，也能够让企业基层人员感受到自身意见得到重视，从而提高工作满意度和投入程度。从建立个人品牌角度出发，在团队中，企业基层人员可以通过展现自身专业能力和领导潜质等能力，建立个人品牌。个人品牌不仅能够提升基层人员在团队中的影响力，也能够为他们的未来职业发展创造有利条件。

"双赢之路，始于合作，终于成功。"通过上述举措，企业基层人员可以在项目团队中实现个人价值，同时也为团队的成功做出积极贡献。这种个人与团队的协调融合，将推动项目成功，并助力个人向着更高的目标前进。

2. 在项目团队环境中最大化个人贡献

"为事业添砖加瓦，让企业更加美好。"企业基层人员在项目团队中的作用不仅限于完成任务，更需通过自身专长和专注，为项目的成功做出最大化的个人贡献。务必实现技能与项目需求对接。企业基层人员应准确识别自身专业技能，并对此有深刻认识，将其与项目的具体需求相对接。这要求他们要积极寻找机遇，将个人的专业能力应用于项目的关键环节，充分显现其独特价值，以提升项目成果的整体质量。亚伯拉罕·林肯指出，每个人都应该精于一艺。专业能力能够增强个人的职业竞争力，也能够为团队带来实质性的贡献。应具备主动性与创新精神。在项目团队中，主动性是推动个人贡献的重要因素。企业基层人员应展现积极主动的态度，通过自身洞察力发现问题，通过自身创新力推动解决问题。这种主动性和创新精神能够激发团队更大活力，推动项目向前发展。应坚持学习与提升能力。面对不断变化的项目环境，持续学习是企业基层人员提升自身能力的有效手段。通过参加专业培训、专题研讨或自学自修，企业基层人员不断加强实践应用、掌握新的技能、开拓新的思路、适应新的挑战、产生新的成果，从而在项目中发挥更大的作用。应积极参与跨界合作与知识共享。企业基层人员应积极参与跨界合作，与不同专业领域的团队成员交流并分享知识和经验。这种交流不仅能够促进团队内部的知识整合，还能够激发新的创意和解决方案，增强团队的整体创新能力和知识储备。

通过以上 4 点，企业基层人员能够在项目团队环境中最大化自身贡献，为企业发展贡献聪明才智，同时也为自身职业发展打下坚实基础。

3. 在项目团队合作中有效实现个人成长

在项目团队合作中实现个人成长不仅是一个学习和积累经验的过程，更是一个建立职业网络和个人品牌的机会。在项目团队合作的环境中，企业基层人员的职业成长是一个多维度的发展过程，涉及经验积累、技能提升、以及职业网络构建等，这些都是个人宝贵的财富。

（1）经验积累与应用

参与项目实践是企业基层人员积累经验的宝贵机会。通过参与项目的各个阶段，从计划到分解，从执行到反馈，再从监控到收尾，企业基层人员能够获得实际操作的经验。亨利·福特曾说："经验是一个人给自己所犯错误取的名字。"实践经验不仅能丰富基层人员的工作履历，更能深化他们的认识，为未来解决其他类似问题提供实践基础。

（2）技能提升与认证

在团队合作中，企业基层人员应抓住机会学习，掌握新的技能。无论是通过正式的培训课程，还是日常工作中的自学自修，技能的提升都是职业成长的关键。此外，获取相关的专业认证不仅能够证明个人的专业能力，也能够提高行业竞争力。

（3）建立职业网络

项目团队是一个天然的职业网络场所。企业基层人员应积极与团队其他成员建立良好的工作关系，这有助于未来的职业发展。通过参与团队活动、行业会议或社交活动，企业基层人员能够扩大自身职业网络，为未来的职业发展打下坚实的基础。

（4）领导力的培养

在团队合作中，企业基层人员有机会通过承担更多的责任，担任领导角色，来培养自身领导力。约翰·C·马克斯韦尔曾言，领导力是影响力，没有头衔的领导才是真正的领导。领导力不仅包括管理团队和项目的能力，还包括影响力、决策力和战略思维。

（5）个人品牌的塑造

在项目团队中有积极表现和专业贡献的企业基层人员，应塑造自己的个人品牌。个人品牌应基于专业技能、工作态度和工作成果塑造，旨在提高在组织内外的可见度和影响力。个人品牌的塑造有助于提升企业基层人员知名度，获得赞誉，在职业道路上获得更多的机会和认可。

通过这些方式，企业基层人员不仅能够在当前的项目团队中实现个人价值，还能够为自身长期职业发展奠定坚实的基础。企业基层人员在项目团队合作中的成长是一个全面且深入的过程，它不仅涉及经验的积累和技能的提升，还包括职业网络的构建和个人品牌的塑造。通过积极参与项目实践，基层人员能够积累经验，并通过获取专业认证来增强自身竞争力。同时，通过建立和拓展职业网络，他们为未来的职业发展打下坚实的基础。在团队中培养领导力和塑造个人品牌，进一步增强他们在组织内外的知名度和影响力。这些努力不仅使他们在当前项目中实现个人价值，还为长期职业发展创造广阔空间，使他们能够在不断变化的工作环境中保持竞争力和创新能力。

延伸阅读 企业项目化管理能力修炼纪实

以上围绕企业项目化管理，系统介绍了针对企业高层管理者、中层管理者、基层人员能力修炼的原则、方法、内容、重点等。以上内容是在国内外众多企业特别是知名企业高层管理者、中层管理者、基层人员有关实践案例的基础上总结而来，并在众多企业各层级人员职业成长过程中得到了验证。下面将以本书第一作者（以下简称"笔者"）近25年的职业发展作为例证，具体说明不同阶段能力修炼的场景、内容、方法、感受和成果等，希望给广大读者提供借鉴。

需要阐明的是，笔者在大学阶段主修工科时，在潜意识的层面就已经开始个人能力的修炼。修炼的起点是辅修企业管理的本科课程，学习的主要原因是响应当时国家提出的"打造复合型人才"号召，次要原因是预判以后进入企业工作，只有了解管理知识，才能让专业技术更好地在实践中发挥作用。笔者修炼萌芽阶段的成果是对企业管理学有了初级的理解，获得了辅修的经济管理学学士学位。

一、企业基层人员项目任务锻炼，实现快速成长

2000年7月，笔者参加工作之后，在某省级电力企业所属的某电力单位被分配到与笔者主修工科专业非常匹配的工作岗位，主要负责电力系统设备的运行和维护工作。尽管笔者当时没有项目化的概念，对项目管理的内容也只是略有了解，但所从事的专业工作具有非常明显的项目特征。

首先，项目团队具有临时性。电力系统设备运行维护的每个项目都有明确的开始和结束时间，项目的生命周期是有限的，项目专注于在规定的时间内达成特定目标。项目团队可能是固定的，也可能是临时的，项目一旦完成，临时

团队即会解散。

其次，项目具有独特性。电力系统设备运行维护的每个项目都是独特的，不存在完全相同的两个项目，即使两个项目的成果或产品相似，它们的过程、方法、工具和环境等也都是相对独特的。

再次，项目具有目标性。电力系统设备运行维护的每个项目都具有明确的目标，其中以成果性目标和时间性目标为主，以约束性目标和其他需满足的要求为辅。

最后，项目具有约束性。电力系统设备运行维护的每个项目都会受到各种相关资源的限制，需要具备充足的相关资源作为项目实施的保障。时间、质量和成本构成了项目成功的"三重约束"。

笔者每年平均参与80多个项目，其中约一半为重点项目，并在这些项目中承担了多项重点工作。由于项目工作的需要，笔者在工作实践的过程中持续学习，实现了在工作中学习，在学习中锻炼，相较于同龄同岗人员，取得了更为快速的成长和显著的成效，形成了个人的独特修炼心得。

心得一：一线无小事，个人工作关乎项目成败

电力系统设备运行维护的每个项目都关乎众多居民和企业的正常用电，与整个地区的用电安全紧密相连，不能有任何懈怠。作为一线运维人员，笔者每天都要接触种类繁多、功能各异、数量庞大、连接复杂的带电设备器件，每天都要与各个相关专业的技术人员进行交互，或同步或顺序协同开展各项运维操作任务。因此，必须时刻将自身置于项目中，时刻提醒自己，任何一点疏忽都可能引发严重后果。这种后果不仅会影响作者参与的项目，还可能会影响其他项目，进而对人民群众的生产生活和地方经济社会的发展产生不利影响。因此，在工作中无论是拧紧一颗螺丝、核对一个编号、连接一个插头，笔者都格外小心谨慎，至少核对3遍，确保不会出现任何失误。

心得二：主动去承接，以干好项目工作为荣

能够在电力企业中从事所学的专业技术工作，笔者深感荣幸和自豪，企业不仅给全体员工提供了施展专业能力的平台，还给予他们关心和教育引导，让全体员工心中感到温暖。在实际工作中，笔者认为主动承接任务就是义务，出色完成项目工作就是责任，应以实际行动回报企业。电力系统设备运行维护的

项目具有周期性特点，例如，每年春季和秋季都要分别组织集中运维检修，以重点应对夏季和冬季安全输供电和电力负荷增长的需求。在承接项目过程中，对于已经明确工作职责的任务，笔者会积极主动做好准备工作，提前查看图样、备齐工具材料、准备相关手续，做到"到岗又到责"；对于团队内其他人员负责的部分，在有需要的情况下，积极提供协助配合，做到"到位不越位"；对于其他团队需要支持的地方，在条件允许的前提下，主动提供配合支持，做到"补位不缺位"。

心得三：增强风险防范意识，全面贯彻安全理念

电力系统设备运行维护面对的风险隐患，客观上不同程度存在。因此，必须时刻保持警惕，严格按照各项规章制度行事，并落实各项安全防护措施，以确保各类项目在实施过程中安全风险可控、能控、在控。在思想上，绝不能消极松懈，这是风险防控的关键所在，必须保持如履薄冰和时时放心不下的心态，时刻提醒自己风险隐患就在身边。笔者经常收听收看权威媒体报道的安全事件，经常性查阅安全警示教育的文件，举一反三，保证坚决不引发同类型的安全问题。在行动上，服从命令、听从指挥，体现在项目事前的安全风险点分析和预防措施制定，体现在项目开工前安全交底和工器具及图样检查，体现在现场查勘情况和检查有关安全措施具体布置，体现在工作服和安全帽穿戴等，笔者每次均严格落实相关规定，听从现场专业负责人指挥，把对安全的承诺落实落细到每个项目当中。笔者在基层工作期间，始终未发生安全问题。

心得四：持续学习，增加知识储备

笔者发现大学所学知识技能与实际工作需求之间，的确存在一定的差异和差距，如果不能及时跟进学习，将很难满足实际需要。而且，笔者认为学习是一项愉悦的行为，既能够增长知识，又能够开阔眼界，也能够为自身成长锻炼增添动力。在主专业的学习上，除了研读和一线操作有关的专业书籍外，还向前辈师傅们现场请教专业问题，并与场外研习相结合，因为从师傅们那学到的，主要是长期现场实践的经验积累，都是非常直接实用的知识，辅以离开现场后的自我复盘研究及重温书本，再到现场进行实际操作，专业能力提升迅速。在其他专业的学习上，笔者参加工作以后，与人交往的频率明显增多，经常需要与班长、组长和同事、其他各专业技术人员进行沟通，有时还需与企业

中层管理者沟通联系，偶尔也会接触到企业高层管理者。随着本人承担一些专业管理工作，感到自己在沟通、计划、组织、项目等方面的管理知识和技能有所欠缺。笔者利用业余时间准备，通过了全国联考，考取了单位所在地某省财经大学 MBA 专业，利用业余时间攻读，学习了生产运作管理、组织行为学、营销学等专业课程，对项目管理有了初步的了解，毕业时获得学历和学位双证。在此期间，笔者相继通过了大学英语六级和全国计算机三级等级考试，这在一定程度上，弥补了自己的不足。

5 年多的一线经历让笔者深切感受到，基层一线是绝佳的实践平台，通过参与每个项目，在其中学习和成长，享受扎根一线、为企业奉献的快乐。也正是通过这些项目，笔者深刻领悟到理论和实践相结合的重要性，初步探索了一条能力提升的路径，相较于同龄同岗人员，取得了相对较快的成长和更为出色成绩。

二、企业中层管理者项目管理修炼，实现转岗提升

2005 年 10 月，笔者从某省财经大学 MBA 专业毕业约 3 个月后，恰巧遇到了原单位上级机关本部招聘一般管理人员的契机。此次招聘报名者众多，竞争十分激烈。在经过资格审查、笔试、面试和试岗等一系列程序之后，笔者脱颖而出，被录用成为原单位上级机关本部办公室的管理岗位人员，负责督查督办管理工作。

通过这次招聘考试，笔者成功实现第一次转岗提升，主要归因于以下 3 点：一是企业关心、鼓励和支持，为年轻人提供成长和发展的平台，投入丰富的教育资源进行培训，通过多种方式表达关心关怀，笔者对企业深表感激；二是笔者在一线不懈努力，在每一个项目中历练成长，具备了坚实的条件基础，对项目管理充满期待；三是笔者秉持持续学习的态度，不论是主修课程还是辅修课程，不断储备知识并付诸实践，找到差距之后再返回，有针对性地学习，满怀着终身学习的坚定信念。

通过这次招聘考试，实现第一次转岗提升，主要还有两点感悟。

感悟一：未雨绸缪，项目工作成绩显价值

具体来说，招聘通知中明确指出需具备中级职称资格，而根据国家职称评

定相关规定，本科毕业要满 5 年后才能申请"评定"，而笔者报名时还差 2 个月满 5 年。但是，笔者是本科双学位毕业（且都在大学 4 年期间取得），同样按照国家职称评定相关规定，本科双学位毕业满 4 年就能申请"认定"中级职称资格，笔者符合这项报名条件。回顾往昔，无论是在大学里辅修，还是工作后利用业余时间攻读 MBA，都是在完成项目，完全符合项目的所有特征，并且学业项目收尾时均取得了学历和学位证书，项目获得成功。需要特别指出的是项目中还蕴含更多潜在价值，往往在项目完成时不会直接显现，而需要量的积累，直到某个特定时刻发生质的变化。

感悟二：主辅协同，项目协同生亮点

以这次招聘为例，无论是笔试还是面试环节，都包含电力专业和管理专业等多方面知识与实践经验考察。笔者若没有主辅双修的项目学习经历，没有攻读 MBA 的项目深造过程，没有 5 年来在工作实践中的项目实践，以及它们之间的相互协同，就不会有本次转岗提升的机会。此外，笔者在大学毕业时英语水平为大学英语四级，计算机水平为全国计算机等级考试二级。毕业后，通过自修，这两项技能都得以提升，为主辅协同提供了有力支持。

"雄关漫道真如铁，而今迈步从头越。"加入机关本部工作不是终点，而是一个新的起点。面对机遇与挑战，笔者深知必须继续努力、深化实践修炼、扎实做好本职工作，才能为企业贡献个人力量。

（一）现实充满挑战，继续修炼不容易

从基层一线到机关本部转岗提升之后，笔者开始遇到问题和挑战。一是角色转变速度慢。从一线的专业技术角色向机关的专业管理角色的转变耗时较长。对于上级领导的指导和要求，虽自觉已经理解，然而在具体业务管理工作中往往难以契合，思想上总觉滞后。经常抓不住专业管理工作要领，既往所学的知识和项目经验变得难以发挥作用，行动上感觉力不从心。二是工作方法不得当。从督查督办管理本身来说，管理的对象是企业年度各类重点任务，目标在于确保任务高质量完成，涉及的人群包括机关本部各部室和基层各单位，工作性质具有固有的刚性特点。然而，刚性管理的工作更需柔细落实的策略实施，既需有效督办重点任务，又需妥善服务相关人群，达到事半功倍的效果。而本人有较长时间不得要领，虽付出诸多努力，却遭遇更多的问题和批评。三是换位思考不到位。从本部室之外看，单纯从工作角度出发，缺少对于服务对象的深入分析，单纯满足于业务工作本身的完成，忽略服务对象的感受和体会，事倍功半的情况不止一次出现。从本部室之内看，缺乏专业协同工作的经验，也缺少服务的本领技巧，虽经上级领导多次点拨，依然未见显著成效。四是工作成果差强人意。从获奖情况看，无论是在企业系统内部还是外部，获得创新成果类、集体和个人奖励类都很少，即便是有，级别和数量往往也不令人满意。从服务对象满意度看，在专业测评中，排名靠后，主观方面的意见建议相对较多，主要集中在服务质量和方式上。面对这样的情况，本人深感迷茫与无助，虽已付出诸多努力，却始终难以抓住问题关键，没有明确的方向。

（二）寻觅很漫长，发现秘籍再修炼

古诗有云："踏破铁鞋无觅处，得来全不费工夫"。出乎预料的成功往往在不经意间出现。一次偶然的机会，笔者接触到《企业项目化管理范式》这本书（以下简称《范式》），细读之下，如获至宝，极大提高了对企业项目化管理的认知，不仅为解决当前专业管理上的困惑提供了清晰的思路，还将笔者既有的管理专业知识和实践经验（正反两方面）融会贯通，由此对项目的认知得以升华，初步形成项目化思维。

1.《范式》是创新突破的管理思想与实践结合的成果

针对企业整体管理系统提出的解决方案，从管理的世界观和方法论的角度出发，系统融合了知识管理、战略管理、运营管理、项目管理、组织管理、人员管理和信息化管理等实践理论成果，切实展现了"对内系统整合、对外及时应变、自身落地实操"的科学和实效管理思想三大特征。无论读者以前对项目的了解程度是何水平，《范式》都能让读者对项目管理产生浓厚兴趣，激发其探索项目化管理的热情。

2.《范式》中"项目与运营相结合而形成项目化"的简洁理念在实践运用中的具体操作较为简单

笔者此前一度认为，只有工程建设、工程运维、大型活动等才能称为项目，而没有发现"为提供某种独特产品、服务或成果所做的临时性努力"（以下简称"临时性努力"）才是项目真正的本质。结合对运营——"连续不断、周而复始、有固定规律遵循的经常性用力"（以下简称"经常性用力"）的新见解，笔者整合形成了个人对项目化认识的独特**"两力模型"**。对笔者而言，**"两力模型"**概念的建立，为重新审视专业管理工作提供了全新的视角与切实的抓手。

3.《范式》的价值不仅体现在工作当中，更可在生活中产生意想不到的效果

笔者发现在生活当中同样普遍存在着"临时性努力"和"经常性用力"。例如，购置并装修房屋，之后于其中展开日常生活，《范式》中的理念和工具可以让人们的生活变得美好。在面对生活中的"两力"挑战时，也同样能优化人们的思维方式，指导人们的生活实践，推动人们的生活变得更加美好。

此后，笔者就开始在专业管理实践中应用项目化管理思想和工具，结合工作实际，不断探索前行。

（三）突破在眼前，持续修炼有成果

"工欲善其事，必先利其器。"想做好专业管理工作，应秉持"师父领进门，修行在个人"的理念，以自我为主导，不断锤炼提升专业技能。技能越精湛，工作成果往往越显著。

在深入领悟《范式》思想并掌握其方法后，笔者主要在以下 3 个方面进行转变。

1. 在企业既有的管理体系框架内，紧密结合专业管理岗位工作实际，以项目化思维构建专业管理创新原则和创新理念

在笔者所从事过的办公室专业管理中，如督查督办、文档管理、保密管理、行政值班管理等，都是企业整体管理体系中不可或缺的一员。根据这一特点，笔者从项目化管理角度出发，建立了"小题大做"和"冷灶热烧"的专业管理创新原则：无论从事什么样的专业管理工作，都是企业这艘巨轮航行中不可或缺的一环。应从细微之事做起，关注容易被忽视的细节，通过"临时性努力"顺利完成项目，通过"经常性用力"确保高效运营，再通过"两力结合"，实现专业管理的全链条优化提升，以创新成果为企业发展贡献力量。创新理念则需根据专业的具体特点，有针对性地进行分析，一事一议，确保主旨明确、易于推广。例如，在行政值班管理方面，笔者提出的创新理念是"应急前哨无处不在"，即强调行政值班在搜集、汇总、处理各类与企业有关信息方面的重要作用，特别是管理与突发事件相关信息的职能，如同哨兵一般，全天候观察突发情况并保持警惕，时刻保卫组织安全。

2. 在企业本身发展目标指引下，深入查找专业管理中的痛点和难点，整合形成项目，扎实推进日常工作，以项目化为抓手全力争取创新成果

1）督查督办专业的项目化管理。在不违反工作原则的基础上，笔者采取"刚性工作，柔性管理"的方针，以"大力加强信息化建设"为重点项目，先构建企业督查督办管理系统，后迁移到绩效管理系统中，通过加强制度建设进行成果固化，同时加强与某省政府办公厅督查室月度沟通汇报，形成标准化、规范化、信息化的督办工作新格局，保障企业重点任务的落地实施。取得的成果包括：获得某省级电力企业上级总部授予的督查督办专业管理标杆称号 1 次（第三名），在总部"全系统工作动态"上发表专业管理成果交流论文 1 篇；支撑获得某省政府办公厅授予的政务督查先进单位称号 3 次，作者个人获得某省政府办公厅授予的政务督查先进个人称号 1 次，同时论文获得二等奖 1 次。

2）文档专业项目化管理。笔者深刻认识到公文和档案是企业形象展示的重要窗口，文档专业管理的重点是充分利用并维护这个窗口，不断提高文档管理质量，以确保企业形象不因文档问题而受到损害。以"严把公文和档案质量关"为重点项目，大力加强文档流程管理和质量管控，运用名师培训、季度通报、年度考核、重点宣传、信息化支撑等手段，激励每位团队成员重视并认真完成文档工作、维护企业形象。在此期间，笔者取得的成果有：获得某省级电力企业上级总部授予的文档专业管理标杆称号 1 次（第二名），支撑获得某省省委办公厅授予的电子文件管理先进单位称号 1 次。

3）保密专业项目化管理。笔者深刻认识保密管理的重要性，以"保密工作，人人有责"为管理理念，以"确保坚决不发生失窃密事件"为重点项目，大力加强全员保密宣传和培训工作，强化保密重点人员和重点部位管控，推进保密信息化建设。此外，笔者尝试开展员工保密意识的量化测评，深化与上级保密主管部门定期汇报联系机制，及时消除保密风险隐患，为企业发展提供坚实保障。取得的成果有：国家保密局相关领导在某省保密局领导陪同下进行专题调研 1 次，在国家保密局主管公开发行的《保密信息技术》上发表论文 1 篇；

支撑获得某省省委保密局授予的保密工作先进单位称号 1 次，个人论文获得某省企业联合会和企业家协会联合授予的经济与管理优秀论文一等奖 1 次、二等奖 1 次；获得某省电力企业上级总部授予的保密工作先进工作者称号 1 次。

4）行政值班专业项目化管理。深入反思专业管理中存在的短板和不足，深入挖掘专业管理中容易被忽视的细节，致力于转变员工对值班工作的传统片面认识，以"在工作中和生活中都要做好值班应急"为重点项目，创新性地开展了企业全员值班应急培训，创新性地开发了"应急前哨无处不在"宣传动漫短片和口袋书，创新性地实施了员工值班协同意识量化测评，创新性地建立了应急信息管控中心，深入进行了值班制度建设、团队建设、信息系统建设和值班室软硬件改造等工作，形成了以"应急前哨无处不在"为亮点的"大值班"工作格局。取得的成果如下：一是值班亮点经验被某省政府进行推广，并邀请原国务院办公厅（应急办）有关领导、某省电力企业上级总部办公厅有关领导莅临参加了在某省电力企业本部召开的全省推广大会；二是获得某省企业管理现代化创新成果审定委员会颁发的管理创新成果一等奖 1 次，作者论文获得某省企业联合会和企业家协会联合授予的经济与管理优秀论文二等奖 1 次；三是获得某省电力企业上级总部原主要领导批示肯定 1 次，管理创新推广成果三等奖 1 次，在"全系统工作动态"上刊发值班专业管理成果交流 1 篇；四是获得某省电力企业授予的企业年度先进个人 2 次、企业本部卓越员工 1 次。

3. 根据专业管理岗位工作需求，应有重点地持续加强学习，并突出学以致用和用以促学的原则，为专业管理提供坚实支撑

"书山有路勤为径，学海无涯苦作舟。"笔者深刻体会到，在专业管理岗位上工作，要想取得卓越的工作成果，除了掌握《范式》，还需广泛学习、掌握和运用多方面的知识。例如，鉴于专业管理的规范性和程序性要求，学习法律相关知识显得尤为重要。笔者结合专业实际，在上级领导的引导、鼓励和支持下，启动了考取全国法律顾问资格的项目。从实事求是的角度出发，笔者当时法律零基础，需在 2 年内通过 4 门课程的考试，每年仅有一次考试机会，若超过 2 年未能全部通过，则已考过的课程需重新考试。经过半年有余的准备，笔者一次性参加了 4 门考试，通过了《综合法律知识》《企业法律顾问实务》《企业管理知识》3 门考试。遗憾的是，《经济与民商知识》以一分之差未能通过。在调整心态后，作者继续努力推进项目，并再次投入半年有余的时间重新学习，最终以较高的分数通过了这门考试。笔者拿到全国法律顾问资格之后，将所学知识运用到办公室专业管理当中，为上文所叙述的项目化后的有关成果提供支撑。

在持续修炼的过程中，得益于组织的持续鼓励与信任，笔者先后经历了办公室内设机构临时负责人、负责人的管理岗位变化，随后又转岗至其他内设机构担任负责人岗位，实现了第二次转岗提升。这一成就主要归功于以下 3 点：**一是企业关爱、支持和信任**。企业为笔者提供了更广阔的成长空间和发展舞台，创造了鼓励创新和允许有限容错的良好环境。**二是笔者发现了《范式》这本指导锻炼管理能力的书籍**。掌握了一定的项目化管理理论和方法，并在实践中提高了能力水平。**三是笔者坚持终身学习**。将学习视为增长知识和提高能力的关键途径，实现了从"要我学"到"我要学"的转变，为提高工作成效奠定了坚实基础。

三、企业高层管理者项目化管理能力修炼，为企业发展贡献更多力量

2020 年 3 月，在组织的培养和关爱下，笔者从某省电力企业本部调到该企业党校（培训中心）工作，相继分管了教育培训、后勤、财务、综合等多项工作。此次调动是笔者自参加工作以来，专业跨度较大的一次调整，实现了第三次转岗提升。履新之初，笔者便深思如何能迅速转变角色定位，融入新的团队，适应新的岗位，借鉴以往在办公室专业管理岗位项目化经验，在新的工作领域中持续发挥作用，产生新的工作成果。经过一段时间的工作，笔者发现了一些问题。

教育培训工作有显著的"项目化"特征。例如，教育培训项目可分为职工培训项目、人才评价项目、培训开发项目和培训购置项目等，其中人才评价项目又涵盖了人才选拔与考核、能力等级评定和竞赛调考等多个方面，这些工作均或多或少具有"临时性努力"的特征。此外，日常工作还包括规章制度建设、内部员工培训、学员宿舍维护、信息化支撑保障等运营任务，"经常性用力"特征也比较明显。笔者发现绝大部分中层干部和基层员工尚未形成项目化

管理的概念，他们对项目管理的理解和运用也存在不同程度的问题，在大型项目管理上，手法较为粗放，项目化管理能力的提升空间较大。同时，本人修炼了项目化管理能力，但缺乏系统分享的经历和经验，且尚未有过高级修炼的机会和实践的支撑，短期内造成了一定的能力短板。

（一）协同联动共同在教培工作实践中修炼提升

1. 个人层面

1）继续深入学习《范式》理论。重点关注与当前岗位工作密切相关的章节内容，深化对企业发展战略的理解与实施。同时，侧重于对分管部门和人员进行项目化管理的解读、宣传、培训和赋能工作。

2）向资深项目化管理教授请教，重点解决笔者在实践中遇到的困惑，获取有价值的指导意见和建议。此外，还在新的岗位上持续运用项目化管理的理论和方法进行实践，做到知行合一。

2. 分管领域层面

1）秉承创新管理原则，参考建构主义教学理论和"刻意练习"教培思想，提出了"教培立心无时无刻"和"培训班结束，培训不结束"的管理理念，旨在深化"项目化修行在个人"的实践内涵，为员工职业生涯持续发展提供有力支撑。

2）深化对教育培训类项目价值的理解，引入广受好评的视频演讲《教育的意义》，强化培训师对教育培训工作深层价值的理解，并从多个视角深刻分析行业，广大培训师深受触动，彰显了其深刻的启发性和感染力。

3）积极开展项目化管理培训，邀请项目化管理实战派专家教授分别到党校（培训中心）和系统内部分兄弟单位项目现场临池授渔，结合实际项目案例，传授项目化管理和实战的精髓；邀请全国知名物业项目化管理专家到党校（培训中心）交流，给后勤、物业等专业人员提供专业指导，并现场调研解答相关疑惑；邀请知名专家讲师来校，为广大青年培训师课堂展现相关技巧，培养团队成员的课堂掌控力、幽默表达能力和情绪感染力。

4）在相关人员招聘选聘和校园优化项目中，充分运用甘特图、WBS、里程碑、质量门和成本点等工具和项目化管理方法，克服新冠疫情的不利影响，大幅度提高了工作效率和质量，得到了上级领导的充分肯定，并成功固化项目化管理成果，形成常态化机制。此外，亲自参与课堂分享，以"刻意练习"教培理念为纲，融入项目化管理方法，自主开发并讲授了公文写作、沟通交流等实用课程，授课方式为系统内外有关培训班，培训班结束后主要以"线上方式"巩固成果，累计授课时长超 150 课时。

（二）助力企业取得显著成果

助力所在企业首次获得全国文明单位称号，并在 2021 年度某省级电力企业负责人业绩考核中首次获评 A 级，取得历史性突破；牵头首次获得中国企业评价协会颁发的合规管理成果一等奖 1 项，获得某省企业管理现代化创新成果审定委员会颁发的管理创新成果二等奖 1 项，某省级电力企业管理创新成果一等奖 1 项。分管部门的干部员工项目化管理能力有了切实的提高，分管部门的绩效水平也有了一定的提升，先后累计有 10 余人次得到了转岗提升。

此外，笔者用了两年多的时间自修钻研，于 2024 年 12 月 31 日通过了全国教师资格考试（思政）全部科目，将在今后为进一步深化项目化管理的广阔应用进行更加努力的探索和尝试！

参 考 文 献

[1] 张金成. 走向成功之路——评《成功的项目管理》[M]. 北京：机械工业出版社，2004.

[2] 吉多，克莱门斯，贝克. 成功的项目管理（第7版）[M]. 张金成，杨坤，译. 北京：清华大学出版社，2024.

[3] 王兰云，张金成. 论企业竞争优势的来源 [J]. 当代财经，2003（4）：91-94.

[4] 韩连胜. 企业项目化管理范式：企业整体管理系统解决方案 [M].3 版. 北京：机械工业出版社，2022.

[5] 马克思，恩格斯. 德意志意识形态（节选本）[M]. 北京：人民出版社，1995.

[6] 董振华. 系统观念 [M]. 北京：商务印书馆，2023.

[7] 田俊国. 非凡心力：5 大维度重塑自己 [M]. 北京：机械工业出版社，2023.

[8] 艾利克森，普尔. 刻意练习：如何从新手到大师 [M]. 王正林，译. 北京：机械工业出版社，2022.

[9] National Institute of Building Sciences. BIM handbook：a guide to building information modeling for owners，designers，engineers，contractors，and facility managers [M].3rd ed. New York：Wiley，2018.

[10] Project Management Institute. 项目管理知识体系指南（PMBOK®）：第六版 [M]. 北京：电子工业出版社，2018.

[11] Project Management Institute. 项目管理知识体系指南（PMBOK®）：第七版 [M]. 北京：电子工业出版社，2023.

[12] KERZNER H. Project management：asystems approach to planning，scheduling，and controlling [M].12th ed. New York：John Wiley & Sons，2017.

[13] 海史密斯. 敏捷项目管理：快速交付创新产品（第 2 版修订版）[M]. 李建昊，译. 北京：电子工业出版社，2019.

[14] 丁荣贵. 项目管理：项目思维与管理关键 [M]. 北京：机械工业出版社，2014.

[15] 王守清，马莹，陈传. 项目管理案例教程 [M]. 北京：清华大学出版社，2012.

［16］ 成虎，肖杨．现代项目管理：原理与实践［M］．北京：电子工业出版社，2011.

［17］ 李玉龙．项目管理工具与方法［M］．北京：中国人民大学出版社，2009.

［18］ 张斌，赵丽坤．项目管理：知识、方法与实践［M］．北京：经济管理出版社，2013.

［19］ 黎亮，肖庆钊，宋瑾．项目管理——PRINCE2+PMBOK［M］．2版．北京：清华大学出版社，1995.

［20］ MYERS I B，MYERS P B．天生不同［M］．闫冠男，译．北京：人民邮电出版社，2016.

后　记

　　多年来，我们一直在学习和研究企业项目化管理，并在工作实践中应用，从而有了为企业项目化管理系列丛书增添新成员的想法。本书的出版，凝结了众多企业项目化管理资深专家、学者和有关人士的支持和帮助。在此，要特别感谢南开大学张金成教授、《项目管理技术》杂志社张星明主编、管理咨询专家王旭老师对本书研究、撰写和出版等给予的鼎力支持和倾情帮助；还要特别感谢项目管理资深专家杨可观老师、中共保定市委党校刘潇教授对本书的悉心指导。此外，还有很多专家、老师、朋友给予了我们无私的帮助，限于篇幅不再逐一列举，在此一并表示感谢。

　　希望本书重点阐述的企业项目化管理能力修炼的思想、理念、方法、措施、案例等，对企业不同层级的人员都有所裨益。同时，希望本书的出版能够促进企业项目化管理系列丛书这个"大家庭"欣欣向荣，共同为企业"凭借卓越管理之道，再创辉煌发展成就"贡献新的力量。

　　当前，AI 的发展和应用如火如荼。特别是，2024 年诺贝尔物理学奖和化学奖均授予了与 AI 密切相关的项目和科学家。其中，诺贝尔物理学奖授予了美国科学家约翰·J·霍普菲尔德和加拿大科学家杰弗里·E·辛顿，以表彰他们"基于人工神经网络实现机器学习的基础性发现与发明"；诺贝尔化学奖授予了华盛顿大学的戴维·贝克教授、DeepMind 人工智能公司的德米斯·哈萨比斯博士和约翰·M·江珀博士，表彰他们开发的 RoseTTAFold 算法和 AlphaFold 2 大模型等用在"计算蛋白质设计"和"蛋白质结构预测"领域取得的突破。这标志着 AI 技术在基础科学研究中的突破性贡献获得国际最高等级认可。作为企业项目化管理研究者和从业者，我们也应顺应第四次工业革命的发展大势，深刻认识全面掌握 AI 项目管理技能的重要性，并在自己所处的行业领域引入 AI 工具或方法，如使用当前热火朝天的 DeepSeek-R1 模型等，逐步探索

AI 在项目管理中的应用，为打造新质生产力而创新求索。

最后，希望各位读者读有所思、研有所得、用有所成，为企业的持续建设和永续发展共同努力，为中国式现代化加快推进下的世界一流企业建设共同献计出力！